La revue Legs et Littérature est une publication de l'Association Legs et Littérature (ALEL). L'Association remercie l'Institution Éducative Notre Dame (INEND), Haïti Monde et la Fondation Konesans ak Libète (FOKAL) pour leur soutien financier.

Ce numéro est dédié à Maximilien Laroche, professeur et critique littéraire haïtien, mort au moment de sa préparation, le 26 juillet 2017.

Redactrice en chef
Mirline Pierre

Sous la direction de :
Carolyn Shread
Dieulermesson Petit Frère

Les points de vue contenus dans les articles sont exprimés sous la responsabilité de leurs auteurs. Tous les textes de ce numéro sont protégés par le Bureau haitien du droit d'auteur (BHDA).

ISSN : 2307-0234
ISBN : 978-99970-86-30-3
LEGS ÉDITION
Dépôt légal : 17-05-245
Bibliothèque Nationale d'Haïti

© Legs et Littérature, octobre 2017

Contact :
www.legsedition.com
alel.legsedition.net
legsetlitterature@venez.fr
509 37 48 59 51
509 37 45 33 05
26, Delmas 8, Port-au-Prince, Haïti.

La rédaction

Wébert Charles
(Haïti)

Dieulermesson Petit Frère
(Haïti)

Jean Watson Charles
(France)

Catherine Boudet
(Ile Maurice)

Mirline Pierre
(Haïti)

Carolyn Shread
(États-Unis)

Guillemette de Grissac
(France-Réunion)

Jean James Estépha
(Haïti)

Fritz Calixte
(Guadeloupe-Haïti)

Claudy Delné
(États-Unis-Haïti)

Kokouvi Dzifa Galley
(Togo)

Marie-Josée Desvignes
(France)

Éditorial

LITTÉRATURE, CRITIQUE LITTÉRAIRE ET SENS CRITIQUE

Il y a cinquante ans si on s'était demandé à quoi ressemblait la littérature haïtienne, on aurait répondu, sans langue de bois, à *Gouverneurs de la rosée, Compère général soleil* ou *Amour, Colère et Folie.* Si l'on se posait la question aujourd'hui, l'on ferait probablement les mêmes considérations mais l'on prendrait soin d'ajouter *Bain de lune, Bicentenaire, Manhattan Blues* ou *La dernière goutte d'homme.* Beaucoup d'œuvres de fiction et très peu de réflexions sur la création. Est-ce à dire que la critique mobilise ou suppose un certain degré de représentation et d'appropriation du monde et un sens plus poussé dans le discernement, dans la décomposition des objets du monde que la création ? La critique n'est-elle pas, elle aussi, une œuvre de création ou en constitue-t-elle un prolongement ?

Dans son essai *Défense de la littérature* (1968), Claude Roy écrit ceci : « la critique littéraire n'est pas une science exacte, et j'ai beau essayer de pénétrer ce que cela veut dire, je n'arrive pas à comprendre très bien le sens, si ce n'est par métaphore, ou par anticipation optimiste, de l'expression "une science de la littérature" »[1]. Face à cette ambiguïté de définir et de saisir le sens de la notion, il importe de nous demander à quoi sert la critique

---

1. Claude Roy, *Défense de la littérature*, Paris, Gallimard, 1968, p. 159.

littéraire ? Cette question, aussi simpliste qu'elle semble paraître, présente des ambiguïtés dont la compréhension renvoie autant à deux problématiques indispensables et fondamentales, soulevées par Jean-Paul Sartre et Tzvetan Todorov, dans toute tentative de réflexion sur la création littéraire : l'essence et le pouvoir de la littérature. Considérée ou perçue comme un système idéologique, selon une conception marxiste, puisqu'elle véhicule ou reproduit des phénomènes de la vie, des rapports sociaux donc humains de telle époque, la littérature, nonobstant son aspect immatériel, est un lieu de création et de proposition de formes et de valeurs. Tout en étant œuvre de fiction ou création de l'esprit, elle prend sa source dans la réalité car l'écrivain produit à partir d'un cadre spatio-temporel. Fort de ce constat, l'on soutiendra qu'elle participe à la construction de l'identité –qu'elle soit individuelle ou collective. En même temps que l'œuvre littéraire présente tel objet de la réalité ou la réalité comme objet, cet objet de la réalité ou la réalité tout simplement devient sujet de représentation auquel l'individu peut s'identifier ou s'approprier l'identification de l'objet de l'œuvre tel qu'il y est représenté suivant le système d'identification de l'œuvre en question. La littérature a donc, de ce fait, un double statut : social et culturel.

> *« La littérature est un lieu de création et de propositions de formes et de valeurs »*

C'est donc en ce sens qu'il faut comprendre le point de vue de Sartre soulignant que la littérature, comme acte de création « permet de dévoiler le monde »[2] puisque l'écrivain n'a affaire qu'aux significations. Et Todorov de préciser que la littérature « peut nous tendre la main quand nous sommes profondément déprimés, nous conduire vers les autres êtres humains autour de nous, nous faire mieux comprendre le monde et nous aider à vivre »[3]. Autrement dit, elle permet à l'être de mieux appréhender le monde qui l'entoure, en ce sens qu'il n'est plus fermé sur lui-même. Elle propose des modèles par le biais des vécus évoqués dans les récits, les tranches de vie qu'elle met sous les yeux du lecteur.

---

2. Jean Paul Sartre, *Qu'est-ce que la littérature ?*, Paris, Gallimard, 1949, p. 17.

En effet, la littérature rapproche. Fait tomber les murs, élimine les frontières pour nous mettre ensemble en dépit des différences et des contradictions. Les œuvres littéraires charrient des pensées et des valeurs, car qu'on le veuille ou non, les écrivains parlent toujours de nous-mêmes, de nos aspirations, de nos sentiments, de nos rêves et de tout ce par quoi nous sommes obsédés. Pour Sartre, la littérature est une « complicité », c'est « le miroir du monde ». Pour Paul Morelle, cité par Claude Roy, « les grandes œuvres [par ricochet, la littérature], doivent ajouter à la clarté du monde cette part jusqu'ici incommuniquée mais non pas forcément incommunicable du comportement humain, réduire la part de l'obscur en établissant de nouvelles lois »[4].

« C'est le rapport entre le secret de la création et le mystère de la réception que la critique tend à cerner»

À cet effet, la littérature, comme œuvre de création, « au moment où elle [l'œuvre] éclate, perd son caractère sacré, l'unité de sa signification, [et] a besoin d'exégètes qui nous transmettent sens et forme : l'interprétation fait partie du texte »[5]. C'est le rapport entre le « secret de la création » et le « mystère de la réception » que la critique littéraire tend à cerner. Comme « espace de résonnance », elle se veut le prolongement de l'œuvre, cette littérature sur la littérature, explorant la question du sens et des valeurs au regard de la « pluralité des virtualités sémantiques qu'autorise le régime de lecture littéraire qui caractérise notre époque »[6]. Ainsi, la critique littéraire comme « discours sur les œuvres littéraires [qui] met l'accent sur l'expérience de la lecture, [qui] décrit, interprète, évalue le sens et l'effet que les œuvres ont sur les (bons) lecteurs, mais sur des lecteurs qui ne sont pas nécessairement savants ni professionnels. La critique apprécie, elle juge ; elle procède par sympathie (ou antipathie), par identification et projection : son lieu idéal est le salon, dont la

---

4. Claude Roy, Défense de la littérature, Paris, Gallimard, pp. 171-172.
5. Jean-Yves Tadié, *La critique littéraire au XXe siècle*, Paris, Belfond, 1987, p. 9.
6. Sébastien Marlair, « Marchescou Mircea (1974 ; 2009). Le concept de littérarité. Critique de la métalittérature », *Repères*, no 40, 2009, p. 250.

presse est un avatar, non l'université ; sa forme première est la conversation »⁷. L'œuvre littéraire est, par essence, « ouverte », c'est-à-dire qu'elle laisse la voie à une pluralité d'interprétations, des lectures plurielles. Tout est question d'une « sémantique de la réception », ce qu'Eco appelle l'*intentio lectoris*. D'où il parle de deux catégories de lecture ou d'interprétation du texte : l'interprétation sémantique ou sémiosique par laquelle le lecteur naïf, se basant sur la linéarité du texte, cherche à le remplir de sens et l'interprétation critique ou sémiotique qui cherche dans le texte le sens des énoncés.

En Haïti, le discours sur la question littéraire a toujours eu écho auprès des écrivains, des professionnels et des chroniqueurs ou des journalistes. Donc les trois degrés ou catégories de critiques distingués par Thibaudet dans ses *Réflexions sur la critique*. Cela dit, dès les premiers moments de notre littérature, autrement dit dès l'époque classique, l'œuvre littéraire a été l'objet d'interprétation et de compréhension tant par les pairs que par les esprits intéressés à la chose littéraire. Il suffit de prendre en compte la création des différentes revues et journaux de l'époque pour s'en convaincre. Ces espaces de publication et de légitimation sont légions et ont beaucoup contribué à la vulgarisation des créations et des réflexions sur la question littéraire, question de voir ce qu'il y a en deçà et au-delà de l'œuvre. Citons entre autres pour le dix-neuvième siècle : *L'Abeille Haytienne*, le vingtième siècle : *La Jeune Haïti, La Revue de la Ligue de la jeunesse haïtienne, La Ronde, l'Essor*, la *Revue Indigène, Le Temps, Haïti littéraire et Scientifique*. Cependant, la critique littéraire, de manière générale, n'a pas toujours été une pratique bien perçue dans les milieux littéraires, particulièrement chez les écrivains. Malraux disait « je ne crois pas à la critique des écrivains. Ils n'ont pas lieu de parler que de peu de livre : s'ils le font, c'est donc par amour ou par haine. Quelquefois pour défendre leurs valeurs… un critique professionnel s'engage parce qu'il parle de beaucoup

« *En Haïti, le discours sur la question littéraire a toujours eu écho auprès des écrivains, des professionnels et des chroniqueurs ou des journalistes* »

---

7. Antoine Compagnon, *Le démon de la théorie*, Paris, Seuil, 1998, p. 20.

d'ouvrages, et qu'il est contraint par-là à une hiérarchie »[8]. À propos de Sainte-Beuve, Proust écrit ceci : « je me demande, par moments, si ce qu'il y a encore dans l'œuvre de Sainte-Beuve, ce ne sont pas ses vers. […] Comme un homme habitué à l'alcool et qu'on met au régime du lait, il perd, avec la vigueur factice, toute sa force. « Cet être, comme il est gauche et laid » Il n'y a rien de plus touchant chez le grand et prestigieux critique, rompu à toutes les élégances, les finesses, les farces, les attendrissements, les démarches, les caresses de style »[9]. Il est surtout reproché à Sainte-Beuve sa méthode dite biographique ou critique contextuelle qui « consiste à ne pas séparer l'homme et l'œuvre »[10].

Conçue comme une réflexion, un acte ou un regard discursif porté sur une œuvre aux fins de la restituer dans sa singularité, la critique littéraire est formellement une discipline qui date du dix-septième siècle, et la figure du critique s'est construite peu à peu à la fin du dix-huitième pour enfin s'imposer au dix-neuvième siècle. Toutefois, les activités de critique ont toujours existé –que ce soit dans les salons ou les cercles d'amis –ce que Thibaudet appelle la critique spontanée que l'on désignerait sous l'appellation de critique de mode– qui s'attèlent, tant bien que mal, à donner une seconde vie à l'œuvre littéraire. S'appuyant sur les travaux de Thibaudet qui stipule que « la vraie et complète critique ne naît qu'au XIXe siècle »[11], il faut souligner que les méthodes d'analyse des textes sont aujourd'hui légions. Chaque école, chaque courant ou théoricien y apporte, avec l'élaboration des outils théoriques, une touche nouvelle. De nos jours, la critique textuelle ou analytique qui privilégie le texte et la langue –donc le signe linguistique (formalisme, structuralisme, *new criticism*, sémiotique, poétique et narratologie) et la critique gnostique axée sur une esthétique de la réception (déconstruction

---

8. Jean-Yves Tadié, *La critique littéraire au XXe siècle*, p. 10.
9. Marcel Proust, *Contre Sainte-Beuve*, Paris, Gallimard, pp. 145-146.
10. Ibid., p. 127.
11. Albert Thibaudet, *Réflexions sur la critique*, p. 210.

sémiotique, intertextualité et autoréférentialité) se présentent comme des courants qui dominent le champ de la critique.

Si la littérature dispose du pouvoir de « créer et transmettre des valeurs dans le monde actuel »[12], en jugeant de la valeur esthétique de l'œuvre, la critique littéraire tend à rendre compte du fait et du fonctionnement littéraires, des rapports entre le savoir et la société. Patrick Sultan résume l'activité critique à trois fonctions principales : la description, l'interprétation ou l'évaluation et l'appréciation. D'où la question de savoir comment et avec quels outils évaluer et apprécier une œuvre littéraire ? Peut-on, en dehors de tout *à priori*, rien qu'avec des considérations d'ordre théoriques évaluer/interpréter un texte littéraire ?

« La critique littéraire tend à rend compte du fait et du fonctionnement littéraires, des rapports entre le savoir et la société »

Loin l'idée de faire l'inventaire des théories critiques ou des figures de la critique haïtienne, ce numéro de la revue *Legs et Littérature* entend produire un discours sur la critique littéraire et proposer de nouvelles pistes pour mieux réfléchir sur l'œuvre littéraire. Il se propose de soulever les grandes questions portant sur les théories esthétiques, le genre et les pratiques littéraires. Tout en n'étant pas limité exclusivement à la littérature haïtienne, à la lumière de diverses théories, et d'études d'œuvres appartenant à des catégories génériques différentes, il suscite la réflexion sur la manière d'aborder l'œuvre. À partir d'une approche culturelle comparative faisant appel tant à la sémiotique qu'à la poétique, sans négliger l'aspect narratologique, Loudiyi Mourad « s'attarde sur les repères sociaux, politiques et littéraires [pour] expliquer la quête de l'identité » (p. 22) dans le roman de Mohamed Hmoudane, *French Dream*.

Dans son essai *Haïti (re)penser la citoyenneté*, Lyonel Trouillot écrit que : « Si l'on compare le corpus littéraire haïtien à ceux des

---

12. Antoine Compagnon, *La littérature, pour quoi faire ?*, Paris, Fayard, 2007, p. 17.

pays d'Amérique Latine (Cuba, le Brésil, le Mexique…), Haïti a produit une littérature souffrant d'une grande carence d'épopée et de référents nativistes. […] Par ailleurs, quel héros de l'Indépendance (ou plus largement de l'Histoire) d'Haïti a acquis le statut littéraire de José Marti ou d'Ernesto Guevara ? »[13] En écho à cette remarque sensée du poète-romancier et grande figure de la papauté littéraire haïtienne, le Dr Alix Émera a proposé, à travers son article, une analyse assez poussée de l'appropriation de Dessalines par les littéraires haïtiens. À la lumière des œuvres étudiées, l'on découvrira que si aux yeux d'un groupe, il est perçu comme le mal-aimé, pour d'autres, il est un « démiurge omniscient et même omniprésent, que le soldat appelle son père et en l'absence duquel (en cas de maladie par exemple) le pays tombe vite dans le chaos » (p. 46) ou « un héros de légende » (p. 46).

« *La critique littéraire est un exercice qui nécessite un certain niveau de culture littéraire* »

Les critiques Nadève Ménard et Darline Alexis se sont évertuées, dans un dialogue portant sur la littérature et la critique, à s'interroger sur les défis et enjeux liés à l'existence d'une critique rigoureuse et de qualité en Haïti. À bien comprendre leur démarche, l'on se rend compte qu'il s'agit bien d'un exercice qui nécessite un certain niveau de culture littéraire. Tenant compte du fait que « La critique aurait donc son rôle à jouer en amont et en aval » (p. 185) dans le processus de déconstruction/reconstruction du texte –ce qu'Eco appelle l'esthétique de la réception– Ménard et Alexis persiste à croire qu' « il faudrait que les journaux et autres publications fassent appel à des critiques ou au moins à des gens ayant une connaissance de base de la littérature quand il s'agit de produire des notes de lecture, par exemple » (p. 185). Cela aiderait à maintenir un certain équilibre dans la qualité et le bien-fondé du discours. Cependant, il ne faut pas oublier que les critiques n'ont pas toujours été bien perçus dans la sphère littéraire. D'où Yanick Lahens a raison de souligner que « il y a toujours eu de la part de certains auteurs comme de certains

---

13. Lyonel, Trouillot, *Haïti (re)penser la citoyenneté*, Port-au-Prince, HSI, 2001, pp. 56-57.

écrivains une méfiance vis-à-vis des critiques littéraires » (p. 207). Déjà au dix-huitième siècle par exemple, Montesquieu les considérait « comme les mauvais généraux d'armée qui, ne pouvant conquérir un pays, en corrompent les eaux »[14]. Néanmoins Lahens estime que « La critique littéraire devra trouver sa juste place dans le paysage qui se dessine » (p. 208).

Cultivons l'esprit critique et élevons-nous au-dessus de la mêlée en prenant le temps de penser !

Dieulermesson Petit Frère, M.A.

---

14. Gaston de Montesquieu, *Pensées et fragments inédits de Montesquieu*, Paris, Imp. De G. Gounouilhou, 1989, p. 418.

Sommaire

• **La Critique littéraire**

19 La quête de l'identité entre biculturalisme et transgénéricité dans *French Dream* de Mouhamed Hmoudane
    Par Loudiyi MOURAD

41 Dessalines dans la littérature haïtienne
    Par Alix ÉMERA

63 Nan remanbrans Jak Estefèn Aleksi
    Par Carrol F. COATES

73 Jean-Claude Fignolé : la parole comme totalité
    Par Eddy Arnold JEAN

87 *Le choc* de Léon Laleau : entre occupation et révolte
    Par Mirline PIERRE

99 Lire *La marquise sort à cinq heures* de Frankétienne
    Par Marie-Josée DESVIGNES

113 Anthologies de littérature haïtienne : entre contexte et justification
    Par Jean James ESTÉPHA

127 Écriture de l'onomastique et figuration d'un archétype socio-humain dans *L'Otage* : entre subversion et postulation
    Par Pierre Suzanne EYENGA ONANA

155 Voix de femmes, violence et désir dans *La couleur de l'aube* et *Guillaume et Nathalie* de Yanick Lahens
    Par Dieulermesson PETIT FRERE

• **Témoignages et Entretiens**

181 Critique littéraire en Haïti : Enjeux, difficultés et nécessités
    Par Nadève Ménard et Darline Alexis

197 Stéphane Martelly : Pour un renouveau de la critique littéraire haïtienne
    Propos recueillis par Dieulermesson Petit Frère

205 Yanick Lahens : « Il y a toujours eu une méfiance vis-à-vis des critiques »
    Propos recueillis par Mirline Pierre

Sommaire

• **Lectures**

211   *Le chant des blessures*
      Par Mirline PIERRE
214   *Port-Melo*
      Par Lagnoh K. Robert SILIVI
218   *Effeuillage*
      Par Kokouvi Dzifa GALLEY
221   *Emma ou la rage de vivre*
      Par Jean Florentin AGBONA
225   *Le sang et la mer II. Hérodiane*
      Par Carl-Henry PIERRE
228   *Le jeu d'Inéma*
      Par Jean Watson CHARLES
231   *...des maux et des rues*
      Par Marie-Josée DESVIGNES
235   *Les trois femmes puissantes*
      Par Dieulermesson PETIT FRERE

• **Créations**

243   *Le voyageur*
      Lagnoh K. Robert Silivi
247   *Deuil*
      Kokouvi Dzifa Galley
251   *Sablier et boussole*
      James Stanley Saint-Simon

• **Regards**

257   *En lisant, un festival de théâtre à Port-au-Prince*
      Par Carl-Henry Pierre

261   Prix, distinctions et événements

Sommaire

• **Repère bibliographique d'œuvres critiques de la littérature haïtienne**

265   Recensement sélectif d'œuvres critiques de la littérature haïtienne

275   **Liste des contributeurs**

Première partie

La critique littéraire

19 **La quête de l'identité entre biculturalisme et transgénéricité dans *French Dream* de Mohamed Hmoudane**
Par Loudiyi MOURAD

41 **Dessalines dans la littérature haïtienne**
Par Alix ÉMERA

63 **Nan remanbrans Jak Estefèn Aleksi**
Par Carrol F. COATES

73 **Jean-Claude Fignolé : la parole comme totalité**
Par Eddy Arnold JEAN

87 ***Le choc* de Léon Laleau : entre occupation et révolte**
Par Mirline PIERRE

99 **Lire *La marquise sort à cinq heures* de Franketienne**
Par Marie-Josée DESVIGNES

113 **Anthologies de la littérature haïtienne : entre contexte et justification**
Par Jean James ESTÉPHA

127   **Écriture de l'onomastique et figuration d'un archétype socio-humain dans *L'Otage*: entre subversion et postulation**
       Par Pierre Suzane EYENGA ONANA

155   **Voix de femmes, violence et désir dans *La couleur de l'aube* et *Guillaume et Nathalie* de Yanick Lahens**
       Par Dieulermesson PETIT FRERE

La quête de l'identité entre biculturalisme et transgénéricité dans *French Dream* de Mohamed Hmoudane

Mourad LOUDIYI est un enseignant-chercheur et formateur au Centre Régional des Métiers de l'Éducation et de la Formation de Fès-Meknès au Maroc, depuis 2011. Il a soutenu son doctorat en Approche et poétique des textes, et son HDR (habilitation à diriger des recherches) en Approches des textes littéraires. Ses publications couvrent un large spectre de sujet, notamment les approches des textes littéraires, la didactique de la littérature et le développement de la professionnalisation chez les futurs enseignants du FLE. Chercheur associé d'une équipe : Didactique du français langue étrangère.

Résumé

L'écriture du roman French Dream *par Mohamed Hmoudane est traversée, de manière permanente, par la quête de l'identité à travers son être culturel et linguistique. Le déploiement de cette revendication ne constitue nullement un régime scripturaire postiche, mais représente le couronnement d'une poule narrative. Ainsi présenté, il faut rappeler que notre objet d'étude, en plus de l'identité, met au jour deux schèmes qui structurent leur manifestation de manière pertinente et justifient notre intérêt. Ces deux concepts sont, d'une part, le biculturalisme et, d'autre part, la Transgénétricité chez Mohamed Hmoudane. Deux notions dont nous déclinerons l'économie générale.*

Mots clés

Identité, biculturalisme, Transgénétricité, altérité, post-colonialisme.

LA QUETE DE L'IDENTITÉ ENTRE BICULTURALISME ET TRANSGÉNÉRICITÉ DANS *FRENCH DREAM* DE MOHAMED HMOUDANE

Dans le panorama, aussi riche que diversifiée, de ce qu'il est coutume d'appeler la littérature marocaine d'expression française, le nom de Mohamed Hmoudane, à l'instar de Abdelkébir Khatibi ou Mohamed Khaïr Eddine, s'impose comme un auteur à part. Auteur polymorphe, il a écrit notamment, *Parole prise, parole donnée* (La Différence, 2007), *Blanche Mécanique* (La Différence, 2005), *Incandescence* (Al Manar, 2004) et *Attentat* (La Différence, 2003) ainsi que deux romans *French Dream* et *Le Ciel, Hassan II et Maman France*, parus respectivement en 2005 et 2010 aux Editions de La Différence. Il dérange et ne s'arrange pas à écrire et s'écrire dans un style conventionnel, comme ses précurseurs. Son écriture s'inscrit dans ce mouvement du postcolonialisme qui, pour reprendre l'expression de Homi K. Bhabha, témoigne « des forces inégales et inégalitaires de représentation culturelle qui sont à l'œuvre dans la contestation de l'autorité politique et sociale au sein de l'ordre mondial moderne »[1].

La publication de *French Dream* en 2005 a été largement saluée par la critique. Ce roman inclut des réflexions plus ou moins explicites sur la vie publique, quand leur thème n'est pas ouvertement politique. La critique ne s'accorde pas quant à la classification de cette œuvre qui cultive l'indécision générique. L'espace autobiographique envahit le roman, et la confession

---

1. Homi K. Bhabha, *The location of culture*, Londres et New York, Routledge, 1994, p. 171.

intime s'articule sur le fonds d'une critique acerbe, le tout dans une composition harmonieuse de portraits originaux et d'anecdotes. L'identité des personnages peut ainsi être voulue ou purgée suite à des événements politiques qui ont un retentissement sur eux. Ils sont conscients de l'impact de cette expérience, l'intègrent dans leur vécu, réfléchissent à ses conséquences et constatent son influence sur l'évolution de leur identité.

Notre article porte un intérêt particulier aux fluctuations incessantes du Je par rapport à l'Autre. Un sujet dispersé et pluriel qui affronte ses hantises concernant une altérité imposée par son pays natal (le Maroc) et le pays d'accueil (la France). Si l'interrogation identitaire entraîne un constant réaménagement du rapport avec l'Autre, à travers la langue, la culture, la religion… Notre analyse s'attarde sur les repères sociaux, politiques et littéraires capables d'expliquer la quête de l'identité, avec à l'appui deux concepts d'investigation : le biculturalisme et la transgénéricité.

L'individuation et l'altérité comme traduction de la crise identitaire

Dans *French dream*, Mohamed Hmoudane opère un tournant dans sa production littéraire ainsi que dans sa technique d'aborder les sujets qui lui sont chers. Il nous guide dans la recherche d'une poétique relative à l'expérience du biculturalisme et de la transgénéricité littéraire. La majorité des personnages (Nadir et Adam les deux frères aînés du narrateur, Mouss et Mourad les amis du narrateur) sont aussi importants dans la mise en question de l'identité que pour établir des comparaisons nécessaires entre les deux cultures : marocaine et française. Cette mise côte à côte des cultures mène Najib Walou à une connaissance plus profonde de lui-même, et il active les rapprochements identitaires et les paraboles culturelles. Dans ses jugements, nous remarquons que le personnage-narrateur esquive dans l'étalement de ses verdicts sur sa société de recourir au ton subjectif pour tenter d'émettre des vérités générales : « Dieu et par conséquent la religion, toute religion, était pour lui l'épicentre de l'aliénation »[2]. Le personnage principal a un vécu semblable à celui de son auteur, dans le parcours d'émigré. Son point de départ est généralement une situation du quotidien ou un événement d'actualité

---

2. Mohamed Hmoudane, *French dream*, Paris, La Différence, 2005, p. 25.

politique qui est ensuite analysé dans le but d'en tirer des conclusions sur la culture : « Je n'en reviens toujours pas d'ailleurs. Un fonctionnaire du ministère marocain des Affaires étrangères, alcoolique comme il n'en existe plus, qui connaît du monde dans les hautes sphères, avait fini, en échange de cette bouteille, par regarder dans son carnet d'adresses bien fourni »[3]. La frontière entre l'autobiographie et la fiction est extrêmement délicate à situer. Souvent, cette part est même impossible à faire. L'influence de l'expérience personnelle de Mohamed Hmoudane en tant qu'écrivain résident en France semble la condition principale de l'écriture. Le parcours du héros y correspond pour partie à celui de l'auteur. Il témoigne de la recherche de cette conscience nouvelle. Elle naît dans le texte au fur et à mesure que les héros repoussent l'aventure romanesque au second plan pour mettre en avant un questionnement poétique et philosophique sur la nature d'un individu à la fois particulier et représentatif : « [...] la voix qui m'accompagnait tout au long de ce récit devenait de plus en plus insistante [...] m'enjoignant de me taire, de faire offrande au feu de toutes ces pages. Mais les noircir était pour moi une question de vie ou de mort. De vie surtout. Cette dernière phrase vaut peut-être tout le livre »[4].

Le Je du narrateur qui s'affirme comme sujet du récit est un personnage qui endure un déchirement intérieur et ressent comme une aliénation imposée mais qu'il veut utiliser pour réaliser un projet à la fois existentiel (la quête de soi) et idéologique (changer la société par la révolution). *French dream* est avant tout un roman d'un ''je'' vers l'Autre et d'un Autre à l'envers du ''je''[5]. Cette tendance se traduit à travers l'inconvenance que le personnage-narrateur éprouve sans cesse et contre lequel il essaie de lutter et d'opérer un rapprochement entre soi et l'Autre (compatriote ou allochtone), avec le risque

---

3. Ibid., p. 16.
4. Ibid., p. 123.
5. L'ouverture à l'Autre et la propension à établir avec lui des relations interindividuelles est, semble-t-il, une disposition naturelle chez tout individu : « L'Autre me change et je le change. Son contact m'anime et je l'anime. Et ces déboîtements nous offrent des angles de survie, et nous descellent et nous amplifient. Chaque Autre devient une composante de moi tout en restant distinct. Je deviens ce que je suis dans mon appui ouvert sur l'Autre. Et cette relation à l'Autre m'ouvre en cascades d'infinies relations à tous les Autres, une multiplication qui fonde l'unité et la force de chaque individu [...] chaque Moi contient une part ouverte des Autres, et au bordage de chaque Moi se maintient frissonnante la part impénétrable des Autres. J'avais quitté

de devenir métèque : « Je ne me serais en effet assigné, de bout en bout, qu'une seule ambition : réussir le prodige d'être à la fois le marionnettiste et la marionnette, en me travestissant jusqu'à ne plus me reconnaître »[6]. Atténuer le déchirement qu'impose ce décalage l'incite à l'assumer en le vivant consciemment. Suite aux propos d'Amina Rachid : « L'identité se forme au contact de l'altérité »[7], nous pensons que l'identité instable du narrateur, et celle éventuellement de l'auteur condensé dans l'instance pronominale ''Je'', s'affirme dans la relation avec l'Autre.

Une première forme d'aliénation apparaît dans la relation du héros avec son père qui, giflé par la police lors d'une perquisition, s'avère être, selon un langage très cru, « Le monstre à terre. Le bourreau humilié. Et j'en passe des meilleurs »[8]. Il lui arrive même, lors des violences correctionnelles qu'il lui a infligées, de se défendre en rendant des coups et des injures : « (…) d'ailleurs, je lui rendais coup pour coup, l'injuriant »[9]. L'identité du narrateur est représentée dans un rapport avec la violence paternelle mais aussi avec sa propre violence, ainsi que par une aliénation sociale et culturelle. C'est pourquoi, il cherche à s'affranchir de l'autorité parentale pour pouvoir se déterminer à travers une nouvelle identité :

> *On pourrait croire que je suis en train de tailler pour mon père une statue indéboulonnable devant laquelle je me prosternerais en bon musulman, cinq fois par jour, allumant les cierges, brûlant l'encens et déclamant des prières et des versets. On se tromperait à coup sûr. Je n'ai jamais adoré mon père. Nous nous aimons tout simplement*[10].

---

un acmé des rêves, l'identité ancienne. » (Patrick Chamoiseau, *Écrire en pays dominé*, p. 202. In CHANSON, Philippe « Identité et Altérité chez Édouard Glissant et Patrick Chamoiseau, scripteurs visionnaires de la Parole créole », *Recherches Haïtiano-antillaises*, n°3, 2005, pp. 65-89 .
6. Op. cit. p. 118.
7. Amina Rachid, « Autobiographie et quête(s) d'identité », in « Identité et Altérité : Jeux d'Échos et de Miroirs», *Horizons*, No. 10, numéro spécial, Le Caire, 27-29, Mars 2005, p. 105.
8. Op. cit., p. 35.
9. Ibid., p. 35.
10. Ibid., p. 36.

Cette tentative de libération n'a pu être envisagée que par l'apport des deux frères Adam et Nadir. C'est grâce à ceux-ci que le narrateur fuit le rôle que lui a attribué l'autorité parentale conçue comme construction sociale aliénante et pré-déterminée : « Il n'en demeure pas moins que ce sont eux, mes deux grands frères, qui, d'une manière ou d'une autre, ont fait de moi ce que je suis à présent. Et c'est avec eux que j'ai appris, tant bien que mal, le dur métier de vivre »[11].

La volonté ardente de reconstruire son identité instigue le héros à choisir la France comme berceau de cette reconstruction. Le renouvellement de son identité est une prédisposition personnelle, encouragée par ses convictions idéologiques et politiques : « Ma pensée est figée. Et la révolution suppose de la mutabilité. Du progrès. Moi, je fais un autodafé de la Raison »[12]. Devenir acteur de son histoire, de sa vie et de ses choix, passe par la fuite du foyer familial et de la patrie afin d'entreprendre la quête de soi. L'entame de la recherche d'identité est enclenchée par « un voyage sans retour »[13] qui, grâce à « la "clé du paradis", le visa »[14], lui permettra d'atteindre « La France, ce territoire jusqu'alors fantasmatique »[15]. Mohamed Hmoudane doit se définir et définir sa littérature à travers un mouvement complémentaire de référence et d'opposition à la France, qui est au cœur de la problématique de définition de l'Être marocain. Pour le héros, se sentant exilé dans son propre pays natal, s'éloigne de cet exil par l'exil. C'est un exil désexilant, du moment qu'il est volontaire. En s'exilant d'un espace dysphorique, il compte sortir de l'isolement et du désespoir pour habiter un espace plus positif. L'anti-exil peut s'avérer une « expérience rédemptrice » permettant au sujet « non seulement de rétablir son identité en exil mais aussi de remplir ses aspirations »[16]. Ne s'agissant pas d'un arrachement de force à sa terre natale, ce déplacement opère un transfert du narrateur de sa société d'origine vers une autre réputée

---

11. Ibid., p. 43.
12. Ibid., p. 50.
13. Ibid., p. 14.
14. Ibid., p. 16.
15. Ibid., p. 16.
16. Neil Bishop, *Anne Hébert, son œuvre, leurs exils*, Bordeaux, Presses Universitaires de Bordeaux, 1993, p. 44.

accueillante et idéale à la reconstruction de la nouvelle identité.

Le personnage-narrateur va entamer ce que Carmel Camilleri appelle la "dynamique identitaire"[17]. Les stratégies individuelles qu'il se pourvoit l'amènent à entreprendre une aptitude d'action pour choisir son nouveau groupe de référence et d'appartenance. Najib Wallou entreprend, alors son insertion[18] sociale et professionnelle par le mariage et la certification universitaire : « je venais juste de me marier pour le pire et pour la carte de dix ans. Et j'avais pris mes précautions. Je tenais tout de même à soutenir mon mémoire de maîtris »[19]. À travers ces deux subterfuges, il compte, contrairement à toute attente d'acculturation, préserver et développer son identité ethnique[20], une fois assurant son séjour dans cette nouvelle société : « [...] maintenant que la Nation me comptait parmi ses enfants, je demanderais solennellement à la France, via ses ministres successifs de l'Intérieur, de

---

17. Pour Carmel Camilleri, la concrétisation de la dynamique identitaire passe par la mise en œuvre de stratégies en tant que : « Procédures mises en œuvre (de façon consciente ou inconsciente) par un acteur (individuel ou collectif) pour atteindre une ou des finalités (définies explicitement ou se situant au niveau de l'inconscient), procédures élaborées en fonction de la situation d'interaction, c'est-à-dire en fonction des différentes déterminations (socio-historique, culturelle, psychologique) de cette situation. » (« Les étudiants étrangers en France et leurs discours sur « l'identité culturelle » », *Bulletin de Psychologie*, Tome XXXVII, N° 364, 1984, p. 24).

18. Refusant une terminologie trop vague, comme l'assimilation ou l'intégration, A. Girard préfère le concept d'adaptation : «Le problème consiste pour l'immigrant à s'adapter à de nouvelles circonstances, et la notion d'adaptation paraît mieux rendre compte du processus psychologique qui se développe en lui que celle d'assimilation. [...]. Car l'immigré reste différent des nationaux qui l'entourent. Sa conscience, s'il y réfléchit, est habitée par ce sentiment de différence. La naturalisation, même s'il la désire et l'obtient, ne change rien à ce fait. Exprimées dans son comportement de la lecture de la presse par exemple, ses attitudes se modifient, mais n'en persistent pas moins. Il apprend plus ou moins une langue nouvelle, il n'en oublie pas pour autant sa langue maternelle. Être adapté, c'est vivre sans hiatus permanent avec l'entourage, ce n'est pas lui ressembler en tous points. » (Alain, Girard, Jean Stoetzel, « Problèmes psychologiques de l'immigration en France », *Population*, Vol. 8, n° 1, 1953, pp. 73–78.).

19. Mohamed Hmoudane, *French dream*, Paris, La Différence, 2005, p. 60.

20. Dans l'identité « ethnique » s'affirment des exigences sociales, historiques, économiques et politiques. Sélim Abou la définit comme suit : « Un groupe dont les membres possèdent, à leurs yeux et aux yeux des autres, une identité distincte, enracinée dans la conscience d'une histoire et d'une origine communes ». (*L'identité culturelle : relations interethniques et problèmes d'acculturation*, Paris, Anthropos, 1981, p. 29).

répondre à mon cynisme... »[21]. C'est pourquoi, la fête de mariage est mue en espace diasporique transnational où la nourriture et la musique, à travers leurs dimensions sémiotiques, établissent un lien notable entre le Maroc et la France[22]. Chaque plat desservi est un rite et constitue un rituel, car prenant place au sein d'une culture et d'un territoire : « Méchoui, alcool, cigares, DJ : raï, rock, chaâbi, de la variété française...Tout devait traduire le mélange, cette rencontre entre Orient et Occident que notre couple était censé incarner »[23]. Si le choix de certaines nourritures répond à la religion et à la culture d'origine ou d'accueil, notre héros n'hésite pas à consommer une nourriture prohibée par l'Islam (en l'occurrence le porc). Loin d'être un signe de loyauté ou de trahison envers l'une ou l'autre des deux cultures, la consommation du porc est une manière de mélanger les habitudes alimentaires, surtout celles qui résistent au changement, et de signer par là son insertion sociale : « Mes efforts étaient récompensés. On ne manquait jamais une occasion de me féliciter de manger du porc »[24]. L'attitude et les comportements mobilisés par le héros répondent, stricto sensu, aux trois critères arrêtés par le Haut Comité à l'Intégration, à savoir : l'articulation coopérative, le rejet de l'assimilation et la notion d'équilibre du système[25] :

> *Je tenais impeccablement le rôle dans lequel on voulait me confiner. J'agissais exactement selon les conventions établies. Mieux encore, je renvoyais une image la plus nette que ce que l'on espérait. Je m'appliquais tout le temps à corriger les petits flous. Rien ne devait dérobait du cadre : un Arabe pas comme les autres, marié à une des nôtres, imprégné jusqu'à la moelle*

---

21. Op. cit., p. 60.
22. Cf. Yassine Essid, (sous la direction de), Alimentation et pratiques de table en Méditerranée, Colloque du GERIM, Sfax 8-9 mars 1999, Paris, Maisonneuve et Larose, 2000.
23. Op. cit., p. 61.
24. Ibid., p. 64.
25. Le Haut Comité à l'Intégration donne la définition suivante de ce qu'est l'intégration des immigrés : « L'intégration consiste à susciter la participation active à la société toute entière de l'ensemble des femmes et des hommes appelés à vivre durablement sur notre sol en acceptant sans arrière-pensée que subsistent des spécificités notamment culturelles, mais en mettant l'accent sur les ressemblances et les convergences dans l'égalité des droits et des devoirs, afin d'assurer la cohésion de notre tissu social » Direction de la population et des migrations, Ministère de l'emploi et de la solidarité, 1991, p. 41).

des valeurs qui fondent la République[26].

Un tel degré d'intégration est qualifié par Pierre Tap d'assimilation ou de « dilution ou fusion »[27], mais qui, en réalité, est une sorte d'annihilation des caractéristiques de l'élément intégré : « L'Arabe-pas-comme-les-autres était bien sûr de toutes les fêtes. Il riait aux éclats quand on laissait, un peu ivre, échapper une blague raciste. Ça ne le touchait pas, lui, ça ne le concernait pas »[28]. Or, l'ébauche d'une telle assimilation suppose le dépouillement de l'identité de l'être et le déracinement de ses origines ; ce qui implique inéluctablement une aliénation envers soi. S'adapter ne signifie en aucun cas être comme l'autre. Pour l'Autre, le "Je" se manifeste dans des références distinctes : « L'altérité est, selon le dictionnaire de l'altérité et des relations interculturelles, l'antonyme du même. On réserve la majuscule à l'Autre pour désigner une position, une place dans une structure »[29]. Dans le même sens, l'Autre est, pour Edgar Morin, le « dissemblable par ses singularités individuelles ou ses différences ethniques. Autrui porte effectivement en lui l'étrangéité. »[30]. C'est ainsi que pour Karine, épouse du narrateur qui « adorait l'image dont [il] étai[t] l'écran de projection »[31], fervente militante et révolutionnaire, « l'Arabe devait cristalliser, à lui seul, tout ce que l'humanité compte d'anti-occidental […] plus occidental qu'un Arabe, tu meurs »[32].

Le "Je" entre le "Je" narratorial et le "Je" auctorial :

French dream est un récit de vie assumé par un narrateur qui dit "Je". Ce narrateur est intradiégétique : il raconte sa propre histoire dont il est le personnage principal et le héros « ne cède pour ainsi dire jamais à quiconque […] le privilège de la fonction narrative »[33]. Sa présence garantit à priori

---

26. Op. cit., pp. 64-65.
27. Pierre Tap, *La société Pygmalion ? Intégration sociale et réalisation de la personne*, Paris, Dunod, Bordas, 1988, p. 12.
28. Mohamed Hmoudane, *French dream*, Paris, La Différence, 2005, p. 65.
29. Gilles Ferreol, Guy Jucquois, (dir.), *Dictionnaire de l'altérité et des relations interculturelles*, Paris, Armand Colin, 2003, p. 5.
30. Edgar Morin, *La méthode 5 : L'humanité de l'humanité*, Paris, Seuil, 2001, p. 81.
31. Mohamed Hmoudane, *French dream*, Paris, La Différence, 2005, p. 68.
32. Ibid., p. 68.
33. Gérard Genette, *Figures III*, Paris, Seuil, 1972, p. 254.

l'authenticité du récit, l'unicité du point de vue et abolit l'opposition sujet-objet puisque le sujet est l'objet de sa narration. La texture romanesque se dessine en deux ensembles : le premier est celui du territoire de la fiction; le second concerne, quant à lui, l'espace du récit supposé autoréférentiel car « le récit à la première personne est le fruit d'un choix esthétique conscient, et non le signe de la confidence directe, de la confession, de l'autobiographie »[34]. Il importe pourtant de s'interroger sur les liens éventuels entre le "Je" intradiégétique et le "Je" de l'auteur et de mesurer la portée référentielle de ces textes. Cette œuvre se situe à la croisée de l'autobiographie, des mémoires et de la fiction. Récit rétrospectif que le narrateur fait de sa propre vie, *French dream* se consacre surtout à décrire et à analyser longuement la vie de ce dernier au Maroc, mais il intègre aussi de nombreuses tranches de vie en tant qu'immigré, retraçant en particulier son itinéraire à Paris. Ce sont ensuite, pour reprendre une expression de Roland Barthes, les « effets de réel »[35] qui sont susceptibles d'interprétation. Dans *French dream*, Mohamed Hmoudane définit un espace-temps, les années 1980 au Maroc : « [...] suite aux événements qui ont secoué le bled pendant l'année mille neuf cent quatre-vingt-quatre »[36]. Les toponymes « La France[37], Brest[38], La Mecque[39], Tabriquet[40], la ville de Salé[41], à la prison de Laâlou à Rabat[42]... », ainsi que les anthroponymes, « Oum Kalthoum[43], Elyazghi, le chef de file de la 'Sociale-Démocratie'' marocaine[44], Che Ghevara[45], Ben Barka[46] », sont nombreux, créant alors un effet de réel et facilitant peut-être la représentation pour le lecteur. Grâce à ses différents éléments, l'hypothèse d'une lecture

---

34. Ibid., p. 255.
35. Cf. Roland Barthes, « L'effet de réel », *Communications*, Vol. 11, n° 1, 1968, Recherches sémiologiques sur le vraisemblable, Paris, Seuil, pp. 84-89.
36. Mohamed Hmoudane, *French dream*, Paris, La Différence, 2005, p. 21.
37. Ibid., p. 20.
38. Ibid., p. 21
39. Ibid., p. 25.
40. Ibid., p. 30.
41. Ibid., p. 35.
42. Ibid., p. 36.
43. Ibid., p. 17.
44. Ibid., p. 18.
45. Ibid., p. 31.
46. Ibid., p. 49.

autobiographique de *French dream* se trouve confirmée. Cependant, tous les événements narrés dans le texte ne trouvent pas d'échos dans la voix de l'auteur. C'est donc toujours avec réserve, et comme un choix d'interprétation possible du roman de Hmoudane, que nous employons le terme « autobiographique » pour le désigner.

Quoique certains éléments garantissent apparemment le statut autobiographique du texte, l'auteur ne semble pas souhaiter que son texte soit directement identifié comme tel : son nom n'apparaît pas dans le cadre du récit et l'avertissement placé au début du récit : « Ce livre est un roman. Toute ressemblance avec des personnes réelles relève du pur Hasard », vient démentir tout pacte autobiographique. En outre, le mot « roman » est mentionné sur la couverture. Nous estimons que *French dream* est à ranger du côté de ce que Philippe Lejeune appelle " espace autobiographique " et qu'il définit comme un territoire où le cloisonnement entre fiction et non-fiction n'est plus opératoire mais où roman et autobiographie, envisagés "l'un par rapport à l'autre" sont créateurs d'un "effet de relief"[47] : « Les textes de fiction dans lesquels le lecteur peut avoir des raisons de soupçonner, à partir des ressem-blances qu'il croit deviner, qu'il y a identité de l'auteur et du personnage, alors que l'auteur, lui, a choisi de nier cette identité, ou du moins de ne pas l'affirmer »[48].

De toute évidence, il paraît que le recours au ''je'' d'un narrateur intradiégétique est un subterfuge de la part de l'auteur pour ne pas s'exhiber et de dépasser la simple confession individuelle pour atteindre l'universel. Selon Dominique Maingueneau, cette marge opérée entre les faits biographiques de l'auteur et les événements vécus par le héros est à placer du côté de l'énonciation[49] :

> *Ce concept permet d'envisager le procès de l'énonciation du point de vue de l'attitude face à un énoncé : le procès sera décrit comme une distance relative que le sujet met entre son énoncé et*

---

47. Philippe Lejeune, *Le Pacte autobiographie*, Paris, Seuil, 1975, p.42.
48. Ibid., p. 25.
49. De son côté, Mikhaïl Bakhtine pense que ce procédé de distanciation est le propre du roman : « Le roman a pour singularité de faire éclater tout discours univoque ; non seulement l'auteur

lui-même. Si cette distance tend vers zéro, le sujet prend totalement en charge l'énoncé, le "je" de l'énoncé et le "je" de l'énonciation s'identifient parfaitement. À l'inverse, si la distance est maximale, c'est que le sujet considère son énoncé "comme partie d'un monde distinct de lui-même"[50].

French dream s'avère moins un roman au sens traditionnel du terme[51], qu'un recueil de passages, d'anecdotes, de portraits, d'extraits de poèmes, de souvenirs, de réflexions, un vif tableau de la situation des immigrés, le tout encadré dans une fine fiction. Dans sa quête inlassable d'une nouvelle norme du dire littéraire, selon le mot d'ordre rimbaldien des « *formes* nouvelles », l'auteur emprunte des aspects distinctifs des différents genres et les combine dans une forme truculente. Mohamed Hmoudane mélange la poésie dans un panorama romanesque absorbé par le narratif. À ce propos, il affirme lors de sa présence au Salon international du Livre à Casablanca : « *French dream*, mon premier roman, alterne style narratif et extraits de poésie. L'écriture permet de transcender le réel, de le modeler à travers ce travail de la langue et, peu importe finalement la forme qu'elle prend »[52]. Il choisit de marquer typographiquement le statut poétique de ses passages par l'emploi des italiques. Il ne s'agit pas de poésie versifiée : il n'y a pas de rimes et le rythme n'est pas régulier. Certes, la prose l'emporte sur la poésie ; en revanche, ce phénomène est difficile à délimiter entre la poésie et la prose, comme dans

ne parle pas "en son nom propre", mais il fait jouer entre eux les différents discours. L'énonciation romanesque est donc foncièrement plurielle. Les personnages introduisent dans le texte du roman des voix multiples ; cette stratification des voix contribue de manière décisive au plurilinguisme. La polyphonie est la caractéristique de tout discours romanesque » (cité par Nathalie Piagay Gros, *Introduction à l'intertextualité*, Paris, Dunod, Coll. « Lettres SUP », 1996, p. 26).
50. Dominique Maingueneau, *Initiation aux méthodes de l'analyse du discours-problèmes et perspectives*, Paris, Hachette, 1976, p. 119.
51. De même, nous avons des écrivains tels que Nabile Farès, Habib Tengour qui s'interrogent sur l'identité individuelle ou collective dans des textes volontairement opaques. Nous dirons avec Jean-Louis Joubert que « L'écrivain marocain pratique dans ses textes la transgression des genres comme principe d'écriture, nous avons entre autres Khair Eddine, Tahar Ben Jelloun pour leur mise en homologie de la culture maghrébine et française. » (*Littérature francophone, Anthologie*, Paris, Nathan, Groupe de la Cité internationale Création-Diffusion, 1992, p. 193).
52. Entretien Mohamed Hmoudane et Houria Abdelghani, Propos recueillis par Houria Abdelghani. En savoir plus sur : http://femmesdumaroc.com/interview/3-questions-a-mohamed-hmoudane13#DEsPLDtYvZ4MCqSb.99

l'exemple suivant : « [...] on enculait plus faible que soi, on balafrait les filles...*Et pourquoi pas, tant que j'y suis, villes impériales, villes-palimpseste qui ne livrent leurs mystères, tel un texte inédit, qu'aux initiés, poètes-nés, enfants prodiges, élus de toute éternité ?* »[53]. Parfois, la mise en forme du texte peut, toutefois, déjà évoquer une strophe ou au moins un paragraphe poétique. Cette disposition participe aussi au rythme du texte et imite en quelque sorte le souffle du poète :

> *Le navire était maintenant prêt à appareiller à la conquête d'autres terres. Milles chimères fracassaient l'horizon. Un feu d'artifice qui égayait le ciel de plomb. Les rêveries m'absentaient. Que de fois je me surpris en train de déambuler dans le Paris baudelairien, spleenétique et troublant : exquises rêveries/ niaiseries de mes vingt ans*[54].

Ces exemples, s'il confirme l'écriture poétique de Mohamed Hmoudane, ne permettent pas, cependant, de qualifier le roman entier de « poème », puisque ce dernier repose tout de même sur une continuité thématique. Nous devons donc nous en tenir au concept de « prose poétique »[55] étant donné que le texte n'échappe pas à la narration, même si celle-ci est comme contaminée par des formes poétiques. La présence de poèmes dans le roman n'est pas arbitraire. Mohamed Hmoudane les utilise non pas pour interrompre le récit mais, au contraire, pour le servir. Les vers ou les passages poétiques sont déterminés par la logique de l'action du récit. Leur intérêt réside dans la caractérisation des personnages et la mise en exergue de leur monde intérieur. En référence aux travaux de Gérard Genette dans *Figures III*, nous pouvons en effet distinguer les types de poèmes en fonction de l'instance (personnage ou narrateur) qui énonce le poème : nous aurons des poèmes intradiégétiques, énoncés par le narrateur à l'intérieur de l'histoire :

> *Mais chantez avec moi :*

---

53. Mohamed Hmoudane, *French dream*, Paris, La Différence, 2005, p. 30.
54. Ibid., p. 33.
55. Pour Jean Louis Joubert, la prose poétique ne peut être considérée réellement comme une catégorie générique à part, car elle « [...] ne fait qu'intégrer une recherche prosodique à un flux narratif qui reste prééminent » (*La poésie*, Paris, Armand Colin, 1985, p. 136).

> *Tabriquet si je t'oublie...*
> *Ma Jérusalem à moi*
> *mon ghetto*
> *mon enfance brigande*
> *Tabriquet si je t'oublie...*[56]

et des poèmes extradiégétiques, qu'il faut rapporter à la parole d'un narrateur. Nous distinguons le poème cité, qui peut être produit par le narrateur ou par des personnages, mais qui est nécessairement une parole extérieure qui vient s'insérer à l'intérieur du récit :

> *C'est l'homme nouveau, le citoyen*
> *C'est la route asphaltée de crânes...*
> *L'Histoire fauche...Mais pourquoi n'extermine-t-elle*
> *Pas une fois pour toutes la race humaine ?*[57]

Maintenant que nous avons mis en lumière « l'activité poétique »[58] dans *French dream*, nous pouvons nous demander à quelle catégorie générique ce texte pourrait appartenir.

L'intérêt porté à l'hybridité par Mohamed Hmoudane le poussera à inventer de nouvelles stratégies romanesques afin de réunir les différentes scènes qu'il tire du réel. La question de la négation des normes génériques est au centre de *French dream*. Bien que celui-ci soit purement formaliste sur le plan de l'écriture, nous pouvons toujours l'admettre dans le genre romanesque de par la présence d'un narrateur racontant son histoire. Ce narrateur qui assure la narration du roman en entier reste anonyme malgré la présence de son « je ». Il présente des dizaines de scènes narratives permettant la découverte du Maroc, des manières d'être de vivre dans ce pays et le climat politique tendu des années quatre-vingts et quatre-vingt-dix, appelées plus tard ''Les années de plomb'' (répressions des opposants, perquisitions, tortures des détenus

---

56. Op. cit., p. 30.
57. Ibid., p. 46.
58. « L'activité poétique » est « la recherche de cette qualité particulière des faits et des choses génératrices d'émotion », M. P. Schmitt, A. Viala, *Savoir lire*, Paris, Didier, 1982, p.116.

politiques, enlèvements...). Ces scènes narratives constituent des histoires d'hommes ordinaires ; elles sont inspirées de la vie quotidienne. Dans ce foisonnement d'histoires se trouvent une multitude de personnages nouveaux et passagers. Ces personnages sont des figurants et non plus des protagonistes de roman. Ils ont des rôles secondaires et apparaissent à un certain moment de l'histoire dans une posture bien définie, pour disparaître au milieu de la scène décrite. Afin de bien disposer ensemble ces suites de scènes racontées par le narrateur, le romancier se sert de l'accumulation. Il l'utilise pour unir des histoires éparses afin de garantir une certaine homogénéité à sa représentation diégétique. Cependant, l'entassement d'histoires diverses devient progressivement énorme et s'étend tout au long du roman : en envahissant le récit, il détruit l'harmonie de ce dernier. En effet, l'enchaînement illimité de scènes narratives fait éclater le portrait du monde. À peine le narrateur commence-t-il une histoire qu'il l'abandonne pour en commencer une autre. On a même l'impression que ces histoires sont plus citées que racontées. La brièveté de ces scènes narratives rend possible leur montage. Bien qu'incomplètes, celles-ci composent une très riche description du réel. Elles constituent ainsi une technique narrative efficace à l'origine du rythme rapide du récit.

Pour situer le contexte de parution de notre œuvre, nous disons que c'est un roman qui s'inscrit dans une logique de bouleversements intenses. Entre les phénomènes de globalisation, d'internationalisation, de mondialisation, post –modernisation et post-colonisation dans la société et dans tous les domaines du savoir, l'imaginaire se saisit subtilement de la chromatique de l'actualité. C'est bien dans cette optique que *French dream* se déploie pour dire la réalité controversée et opaque de l'existence de jeunes marocains. Au travers de cette pensée réductrice de l'écriture en français, en une simple revendication identitaire spécifique. S'inscrivant en retrait de cette logique certes révolutionnaire qu'est la « Négritude », la « Francité », ou l'« Africanité », Mohamed Hmoudane gravira un palier personnel et parlera de créolisation, qui n'est donc pas une perte d'identité mais plutôt la mise en mouvement de cette dernière en dehors de tout principe de fixité de l'être : « J'écris en français car ça me permet de dire "je", d'exprimer mon individualité, même si on a parfois tendance à reprocher aux écrivains maghrébins d'écrire dans la langue de l'ex-colonisateur. D'autre part, oui, je suis moi aussi "immigré" en

France, et donc, mes romans ont un point d'ancrage dans la réalité qui m'entoure »[59].

L'auteur s'engage dans l'aventure de nouvelles écritures caractérisées par le brouillage énonciatif, la rupture du style caduque, la violence scripturaire, le mélange des genres et souvent ou surtout la caricature des figures du pouvoir et bien d'autres. L'illustration de cette nouvelle forme scripturale est perceptible au niveau de l'énonciation, de la diégèse, de la narration, du code (multilinguisme, alternance codique), du personnage-narrateur, des jeux du langage, de la thématique ou de la figure de l'altérité. Avec *French Dream*, Mohamed Hmoudane se situe incontestablement dans la littérature post-coloniale. Les principales caractéristiques de cette tendance littéraire se distinguent donc comme suit : la transgression des valeurs et l'obscénité comme élément d'écriture, la (dé) construction diégétique, sous forme de mise en abîme, de réduplication, de métaphore et de figuration, la subversion des codes (l'intertextualité), des personnages inconsistants avec des identités instables, l'altérité avec tout ce qu'il y a comme transgressions, concessions et conciliations...

Conclusion

Notre analyse du roman a révélé que *French Dream* est un roman de la quête de l'identité et du dialogue avec l'Autre. La question d'origine, d'exil, de mémoire, de tradition, de déracinement, de la famille, d'affirmation de la liberté... y est au centre des préoccupations de Mohamed Hmoudane, auteur originaire de deux langues, de deux cultures et de deux rives : marocaine et française. L'originalité de son écriture est un élan subversif où le mélange des genres est une pratique accréditée. Nous avons pu observer que, au sein du texte de notre corpus, se déploient des discours romanesque, poétique et autobiographique. Cette hétérogénéité discursive est, selon les conventions littéraires admises, hors normes : le réel et la fiction, l'autobiographique et l'imaginaire... Il s'agit d'une écriture transversale, puisant ses ressources de

---

59. Ibid., p. 48.

différents genres, avec comme mode d'emploi la quête d'une identité à la fois personnelle et littéraire. Toute la manœuvre scripturaire se résume à la résolution consensuelle entre les aspirations de l'être poète, romancier et traducteur. Un tel ésotérisme nous a demandé le recours à l'ingéniosité de deux lectures : une lecture « transculturelle » et une lecture nommée « transgénérique ». Les modalités interprétatives de celles-ci repose sur un mouvement de va et vient entre deux systèmes de références et deux espaces, débouchant sur une perpétuelle réciprocité entre identité et altérité.

Dans *French dream*, le discours fictionnel réorganise les faits autobiographiques présentant devant le lecteur un exemple d'un roman transgénérique et la représentation d'un « Je » éclaté, doté d'une identité instable et à reconstruire, cherchant son image dans l'altérité.

Loudiyi MOURAD, Ph.D.

Bibliographie

Œuvre étudiée

HMOUDANE, Mohamed, *French dream*, Paris, La Différence, 2005.

Ouvrages critiques consultés

ABOU, Sélim, *L'identité culturelle : relations interethniques et problèmes d'acculturation*, Paris, Anthropos, 1981.

BARTHES, Roland, « L'effet de réel », Recherches sémiologiques le vraisemblable, *Communications*, Vol. 11, N° 1, Paris, Seuil, 1968, pp. 84-89.

BHABHA Homi K., *The location of culture*, Londres et New York, Routledge, 1994.

BISHOP Neil, *Anne Hébert, son œuvre, leurs exils*, Bordeaux, Presses Universitaires de Bordeaux, 1993.

CAMILLERI, Carmel, « Les étudiants étrangers en France et leurs discours sur « l'identité culturelle », *Bulletin de Psychologie*, Tome XXXVII, N° 364, 1984.

CHAMOISEAU, Patrick, *Écrire en pays dominé*, p. 202. In CHANSON, Philippe « Identité et Altérité chez Édouard Glissant et Patrick Chamoiseau, scripteurs visionnaires de la Parole créole », *Recherches Haïtiano-antillaises*, N°3, 2005, pp. 65-89.

ESSID, Yassine (sous la direction de), *Alimentation et pratiques de table en Méditerranée*, Colloque du GERIM, Sfax 8-9 mars 1999, Paris, Maisonneuve et Larose, 2000.

FERREOL, Gilles, JUCQUOIS, Guy (dir.), *Dictionnaire de l'altérité et des relations interculturelles*, Paris, Armand Colin, 2003.

GENETTE, Gérard, *Figures III*, Paris, Seuil, 1972.

GIRARD, Alain, STOETZEL, Jean, « Problèmes psychologiques de l'immigration en France », *Population*, Vol. 8, N° 1, 1953, pp. 73–78.

JOUBERT, Jean Louis, *La poésie*, Paris, Armand Colin, 1985.

---, *Littérature francophone, Anthologie*, Paris, Nathan, Groupe de la Cité internationale Création-Diffusion, 1992.

HMOUDANE, Mohamed et ABDELGHANI, Houria, Propos recueillis par Houria Abdelghani. En savoir plus sur :
http://femmesdumaroc.com/interview/3-questions-a-mohamed-hmoudane 13#DEsPLDtYvZ4MCqSb.99. Consulté le10 septembre 2017.

LEJEUNE, Philippe, *Le Pacte autobiographie*, Paris, Seuil, 1975.

LAHLALI Youssef, HMOUDANE Mohamed, entretien paru dans le journal Libération, mardi 17 Août 2010. Consulté le 10 septembre 2017.

MAINGUENEAU, Dominique, *Initiation aux méthodes de l'analyse du discours-problèmes et perspectives*, Paris, Hachette, 1976.

MORIN, Edgar, *La méthode 5 : L'humanité de l'humanité*, Paris, Seuil, 2001.

PIAGAY-GROS, Nathalie, *Introduction à l'intertextualité*, Paris, Dunod, 1996.

RACHID, Amina, « Autobiographie et quête(s) d'identité », in « Identité et Altérité : Jeux d'Échos et de Miroirs», *Horizons*, No. 10, numéro spécial, Le Caire, 27-29 Mars 2005.

SCHMITT, Michel P., VIALA, Alain, *Savoir lire*, Paris, Didier, 1982.

TAP, Pierre, *La société Pygmalion ? Intégration sociale et réalisation de la personne*, Paris, Dunod/Bordas, 1988.

Pour citer cet article :

Loudiyi MOURAD « La quête de l'identité entre biculturalisme et transgénéricité dans *French Dream* de Mohamed Hmoudane », *Revue Legs et Littérature*, 2017 | no. 10, pp. 19-39.

Dessalines dans la littérature haïtienne

Détenteur d'un doctorat en Lettres de l'Université Lumière, Lyon 2, Alix Émera est professeur à l'École Normale Supérieure (ENS) et à la Faculté de lingistique appliqué (FLA). Sa thèse porte sur : La diglossie dans le roman haïtien : le cas de Justin Lhérisson, Jacques Roumain et Franck Étienne. Il a publié des articles dans les colonnes de plusieurs journaux dont Le Nouvelliste et Le Matin et a collaboré à des revues comme Conjonction, Chemins Critiques. Il s'intéresse particulièrement aux thématiques touchant l'identité, la langue, les cultures et littératures caribéennes.

Résumé

Les discours sur Dessalines tant dans l'histoire tant dans la littérature divergent les uns et les autres par rapport à la perception qu'il évoque ou crée dans l'imaginaire. Perçu tantôt comme un héros, un grand patriote, homme de grande bravoure et tantôt comme un sanguinaire, un monstre et homme violent, la figure de Dessalines fascine autant qu'elle dérange. Cet article entend analyser la figure de Jean-Jacques Dessalines, le fondateur de l'État haïtien dans la littérature haïtienne. Loin l'idée d'énumérer les différentes œuvres ayant perpétué sa mémoire et celle de ceux ayant combattu à ses côtés, il se propose de mettre en relief sa représentation et son appropriation par les créateurs, principalement les poètes, les historiens, les essayistes et les romanciers et dans les croyances populaires.

Mots clés

Dessalines, littérature haïtienne, créolisation, postcolonialisme, culture populaire.

DESSALINES DANS LA LITTÉRATURE HAÏTIENNE

Comme tous ceux qui ont accompli des choses extraordinaires, le fondateur de l'État haïtien séduit, fascine, dérange, inquiète. Le personnage historique ne laisse pas indifférent : on l'aime ou on le déteste ; et dans l'un ou l'autre cas l'on peut en même temps l'admirer et l'exécrer. Depuis le début du XIXème siècle, nos écrivains nous ont habitués aux idées de violence, de bravoure légendaire et de paillardise dont ils entourent son nom. Il est d'ailleurs difficile de séparer leurs représentations du personnage de celles qui apparaissent dans les études historiques et dans les discours politiques. L'évocation de Dessalines n'est jamais gratuite, elle correspond le plus souvent à une tendance idéologique, voire à une prise de position dans un contexte précis (anniversaire, lutte ou débat politique). En outre, il est rare qu'on l'évoque seul : s'il n'est pas opposé à Toussaint (la détermination aveugle mais efficace, le jusqu'au-boutisme utile avant 1804 mais néfaste après, contre la réflexion, la diplomatie, le sens de l'administration admirables mais, somme toute, insuffisants), il est opposé à Pétion (la tyrannie, le désordre, l'immoralité, contre la pondération, la démocratie, la douceur). D'autres fois, il est pris comme alibi pour expliquer la mauvaise image du pays à l'extérieur ou pour justifier le recours à la violence. Le temps me fait défaut ici pour rendre compte du corpus des œuvres consacrées à notre principal héros. J'essaierai donc de passer rapidement en revue quelques-uns de ces textes qui, depuis deux siècles, perpétuent la mémoire des Pères fondateurs.

***

Les images de Dessalines dans notre littérature peuvent être classées en deux séries : d'un côté le « héros sans peur et sans reproche », le vengeur de la race noire sans lequel nous n'aurions jamais eu la liberté ; de l'autre, la brute sanguinaire et lubrique, responsable de tant de crimes et finalement de sa propre mort si horrible. Tantôt il incarne le patriotisme absolu, évoqué avec une ferveur nostalgique ou dans un moment de colère impuissante ; tantôt c'est le repoussoir, le monstre qui mit en péril l'avenir de la jeune nation et qui ne reçut en somme que son juste châtiment.

Dans la période d'euphorie et d'inquiétude qui suivit la proclamation de l'Indépendance, nos premiers littérateurs, en général improvisés poètes de circonstance, multipliaient à l'envi les éloges dithyrambiques aux puissants de l'heure. Chaque officier supérieur devenait, à l'occasion d'un événement particulier, le héros épique paré des plus hautes vertus. Hénock Trouillot, dans *Les Origines sociales de la littérature haïtienne* (1962), rappelle que « avant la mort de Dessalines naturellement et la guerre civile qui s'en est suivie, le poète chantait surtout l'indépendance d'Haïti et l'empereur Dessalines lui-même »[1].

À titre d'exemple, le critique mentionne, parmi les chantres de l'empereur, Télémaque, un ancien esclave, qui composa en son honneur une chanson où il le saluait comme le libérateur et le père de tous les Haïtiens :

> *Chantons, célébrons notre gloire,*
> *Amis de l'île d'Haïti ;*
> *Marchons, soutenons la victoire,*
> *Le bonheur de notre pays.*
> *Chérissons sans cesse*
> *Avec allégresse,*
> *Celui qui fait notre bonheur*
> *Vive l'Empereur (bis)*
> *[…]*

---

1. Hénock Trouillot, *Les origines sociales de la littérature haïtienne*, Port-au-Prince, Imp. Théodore, 1962, p. 19.

> *Son nom, sa valeur, son courage,*
> *Font trembler tous les intrigants ;*
> *Ennemi du vieil esclavage,*
> *Il ne voit en nous que ses enfants.*
> *Chérissons, etc...*[2]

Legs de l'Ancien Régime, cette tradition féodale du poète courtisan, héritier à la fois des aèdes antiques et des griots africains, existait déjà au temps de la colonie. Lors des réceptions officielles, Toussaint Louverture recevait l'hommage des blancs et des blanches qui composaient et chantaient des couplets en son honneur[3]. En 1803, pendant la guerre, Jean Coquille, un noir des Cayes, écrivait :

> *Brave Dessalines*
> *Dieu conduit tes pas.*
> *Geffrard en droite ligne*
> *Ne te quittera pas*[4].

La *Proclamation du Général en chef au peuple d'Haïti*, écrite par Boisrond Tonnerre et lue le 1er janvier 1804 aux Gonaïves, est considérée comme le premier texte littéraire haïtien. On devrait ajouter qu'elle fut aussi notre premier discours politique. Dans cet exposé, le général en chef, après avoir rappelé à l'assistance que son « nom est devenu en horreur à tous les peuples qui veulent l'esclavage », se présente comme un médium entre le monde céleste et le peuple. Et à ce titre il entend que toutes ses décisions soient considérées comme des oracles irrévocables : « ... et si jamais tu refusais ou recevais en murmurant les lois que le génie qui veille à tes destinées me dictera pour ton bonheur, tu mériterais le sort des peuples ingrats ».

Il est intéressant de noter ici que le secrétaire particulier de l'empereur, vivant dans l'intimité d'un chef qu'il vénérait et servait avec zèle et de tempérament aussi fougueux que lui, est sans doute le premier écrivain qui campa

---

2. Ibid., pp. 19-20.
3. Ibid., p. 17.
4. Ibid., p. 21.

Dessalines en héros de légende dans ses *Mémoires*[5]. À travers ce récit des événements qui ont conduit les révolutionnaires à la victoire, l'auteur attribue toutes les bonnes décisions et toutes les actions décisives à son leader qui, alors, prend l'allure d'un démiurge omniscient et même omniprésent, que le soldat appelle son père et en l'absence duquel (en cas de maladie par exemple) le pays tombe vite dans le chaos.

Peu avant l'attentat du Pont-Rouge, des signes avant-coureurs, comme cette chanson populaire citée par Jean Fouchard, semblaient vouloir avertir l'empereur d'un danger imminent : « Lanperè, menaje manman pitit »[6] !

Mais il était déjà trop tard. Peu après le drame du 17 octobre 1806, alors qu'à Port-au-Prince on fêtait la « fin de la tyrannie », dans les milieux populaires l'évènement était commenté autrement. Le peuple stupéfait chanta alors et chante encore dans les cérémonies vaudouesques l'ardente supplication des orphelins mêlée aux terribles présages qu'il [Dessalines] n'ignorait point :

> *Pawòl la te pale deja*
> *Desalin gangan*
> *Pawòl la te pale deja*
> *Tou le jou Makandal ape pale Desalin*
> *Desalin ve pa koute*
> *Lape monte desann*
> *Defile wè*
> *Defile pè*
> *Nan Ponwouj sila a*
> *Loman fè Desalin dousouman*
> *Konplo sila a*
> *Li fò pase wanga*

---

5. Le titre complet du livre de Boisrond Tonnerre est *Mémoires pour servir à l'histoire d'Haïti*. Publié une première fois en 1805, cet ouvrage, tombé dans l'oubli, fut réédité en 1851 par l'historien Joseph Saint-Rémy. Réimprimé plusieurs fois au XXème siècle, il est actuellement disponible en librairie.
6. Jean Fouchard, *La Méringue, danse nationale d'Haïti*, Port-au-Prince, Deschamps, 1988, p. 54. Pour faciliter la lecture des passages en créole, je préfère reproduire les textes cités par J. Fouchard avec l'orthographe actuellement en vigueur.

Jeneral Desalin o, gade mizè mwen
Gade traka peyi la
Peyi la chavire
Lanperè Desalin
Ou se vanyan gason
Pa kite peyi a tonbe
Pa kite peyi a gate[7].

L'hommage mérité, ainsi que le devoir de mémoire envers le fondateur de la nation, vinrent d'une pauvre folle qui, revenant en pèlerinage des jours durant, penchée sur la misérable sépulture du dieu déchu dont elle n'avait pas voulu que la dépouille servît de pâture aux chiens en face du palais du Gouvernement, improvisait celle poignante complainte :

Jako tol lò kòtòk
Tignan
Jako Jako tol lò kòtòk
Tignan
Yo touye Desalin
Tignan
Yo koupe tèt a li
Tignan
Desalin papa mwen
Tignan
Mwen pap janm blye w
Tignan[8]

Il faudra attendre longtemps avant que ce dernier hommage ne trouve un écho. Pendant quelques jours encore, des messages de félicitation arrivèrent à la capitale, signés par les principales autorités des différents départements. Chacun supputait ses chances de figurer en bonne place parmi les nouveaux hommes forts, tandis que les biens du défunt étaient « déchoukés », ses proches restés fidèles persécutés et certains même tués, comme Étienne

---
7. Ibid., p. 54.
8. Ibid. p. 56. J. Fouchard cite un long passage de Constantin Dumervé (*Histoire de la Musique en Haïti*, Port-au-Prince, Imp. des Antilles, 1968) où ce dernier rapporte les informations que lui avait fournies Joseph C. Jérémie au sujet de Défilée.

Mentor, Boisrond-Tonnerre, l'auteur de l'Acte d'Indépendance, et François Capois, le héros de Vertières. Pendant près de quarante ans leurs noms devinrent suspects. Rares furent les écrivains qui osèrent leur consacrer une page lorsque les instigateurs du « parricide » ou leurs héritiers contrôlaient encore les avenues du pouvoir.

Durant cet intervalle, deux poètes de la seconde génération d'écrivains, celle du Cénacle de 1836, rendirent un hommage au grand homme : Ignace Nau et Coriolan Ardouin. Le premier dans « Dessalines », poème apparemment écrit à la veille d'une commémoration de la Proclamation de l'Indépendance, revient sur la geste du héros qui :

> ... *semblable à quelque esprit de Dieu,*
> *Dicta l'Indépendance à la lueur du feu*[9] !

Le second, dans « Le Pont Rouge », reprend la même image épique avant d'achever son poème par une strophe où il impute la fin cruelle du Libérateur à la fatalité et aux excès de violence commis par ce dernier sur ce peuple qu'il venait d'émanciper :

> *Oh ! s'il voulut détruire son propre ouvrage,*
> *Si contre les écueils sa barque fit naufrage*
> *Et qu'il s'ensevelit sous un triste linceul,*
> *C'est qu'il faut que d'un ciel la clarté se ternisse*
> *Que le flot se mêlant au sable se brunisse,*
> *C'est que la pure gloire appartient à Dieu seul*[10].

En 1845, le futur président Lysius Salomon, alors jeune sénateur du Sud sous le président Riché, prononça aux Cayes « une vibrante apologie de l'empereur Jacques 1er » qui lui valut pour longtemps l'hostilité de plusieurs secteurs[11].

---

9. Raphael Berrou et Pradel Pompilus, *Histoire de la littérature haïtienne illustrée par les textes*, Port-au-Prince, Ed. Caraïbes, 1975, tome 1, p. 128.
10. Ibid. p. 175-176.
11. Max A. Antoine, *Salomon Jeune, martyr volontaire de sa classe, ses idées, son action*, Port-au-Prince, Deschamps, 1968, pp. 54-55.

La génération de 1836 s'intéressa aussi à l'étude méthodique de notre passé. Dès lors, le nom et le rôle prépondérant de Dessalines refirent surface avec les œuvres de Thomas Madiou, Beaubrun Ardouin et Joseph Saint-Rémy, publiés entre 1847 et 1865. Ces historiens, fils d'anciens affranchis rigaudins du Sud[12], reprennent les points de vue contradictoires mais nuancés de Coriolan Ardouin : d'un côté c'est le « géant antique », le « vrai Spartacus moderne »; de l'autre, « la morale le condamne, mais la raison ne l'absout-elle pas ? », « par sa faute, il amoindrit la gloire qu'il a justement acquise par ses efforts patriotiques », « comme les âmes brutes, [il] réfléchissait peu. ». Bien que B. Ardouin et Saint-Rémy se montrent plus sévères que Madiou dans leurs jugements sur les officiers du Nord, anciens louverturiens, tous s'accordent cependant pour reconnaître que le « libérateur d'Haïti » n'aurait pu atteindre le but qu'il s'était fixé s'il ne s'était montré « barbare contre la barbarie coloniale ».

Toujours au milieu du XIXème siècle, Liautaud Ethéart, un des dramaturges du même mouvement que les historiens et les poètes précités, fit jouer avant de le publier son drame *La Fille de l'empereur* (1860), qui s'inspire d'un épisode historique où la raison d'État et les intérêts privés se confondaient. À la scène 8, l'empereur Dessalines, bafoué à la fois comme père de famille (à son insu, Célimène, sa fille, portait l'enfant d'un simple capitaine), et comme chef suprême, (le général Pétion, un ancien adversaire devenu son bras droit pendant la guerre de libération, et qu'il voulait unir à la princesse pour symboliser et raffermir l'unité nationale, refuse son offre), ne maîtrise plus sa fureur. Il accuse tous ses proches de trahison, de prévarication et menace de les faire exécuter. Composée et mise en scène sous le régime de Faustin Soulouque, ancien soldat de l'armée de 1804 propulsé à la première magis-

---

12. De 1799 à 1800 une guerre civile particulièrement violente opposa l'armée du Nord, commandée par le général noir Toussaint Louverture à celle du Sud, commandée par le général mulâtre André Rigaud. La victoire des nordistes fut suivie d'une répression sanglante qui resta gravée dans la mémoire des vaincus. En 1803, après l'élimination de Toussaint par l'armée expéditionnaire envoyée par Bonaparte, l'Indépendance ne fut possible que grâce à la coalition des anciens adversaires. Mais durant la première moitié du XIXème siècle, les élites du Sud réussirent à dominer la scène politique et à imposer, notamment dans la littérature – au sens large du terme – leur propre vision de l'histoire ainsi que leurs valeurs, calqués sur le modèle français.

trature puis proclamé empereur par un establishment pratiquant la « politique de doublure », cette pièce, tout en se référant au passé, était bien d'actualité à l'époque de notre « Second Empire »[13]. La réaction violente de l'empereur Dessalines − qui devait certainement rappeler au public les terribles colères de l'empereur Faustin 1er et les exécutions sommaires qui s'ensuivaient − laisse percer le sentiment de solitude et de dégoût que le pouvoir inspire parfois :

> *Personne ne me seconde, chacun s'efforce d'obtenir des richesses. L'empire est une ville prise d'assaut et livrée au pillage. Ceux qui devraient me soutenir me trahissent et tâchent de me rendre odieux à la population ! Mais heureusement pour Haïti et pour moi, Dieu m'a donné du courage et des baïonnettes ! Eh bien ! pour arriver à mes fins, je ferai fusiller, je ferai saccager, je ferai brûler ! Haïtiens, prenez garde à vous*[14] !

Durant le dernier quart du XIXème siècle, face aux inquiétudes suscitées par les guerres civiles, la gabegie, la corruption, la misère et la multiplication des menaces d'interventions militaires étrangères, nos écrivains questionnaient le passé pour y trouver des motifs de consolation, des raisons d'espérer[15]. Ces évocations ferventes débouchaient inévitablement sur l'opposition entre ce passé, que la nostalgie et l'amertume rendaient glorieux, et le présent déprimant. Le rappel des exploits d'antan était aussi une manière détournée

---

13. Le Second Empire correspond à la période 1849 à 1859 où Faustin Soulouque devint empereur d'Haïti.
14. Raphael Berrou et Pradel Pompilus, *Histoire de la littérature haïtienne illustrée par les textes*, Port-au-Prince, Ed. Caraïbes, 1975, tome 1, p. 301.
15. Les auteurs des manuels ont regroupé les poètes de cette période sous les appellations, parfois contestées aujourd'hui de « Mouvement patriotique » ou d'« École patriotique ». Les œuvres de ces poètes se réfèrent souvent au passé douloureux et héroïque des esclaves luttant contre l'oppression. Pour s'en faire une idée, il suffit de lire ou de relire quelques poèmes de Tertulien Guilbaud, (« La sentinelle » ; « Dix-huit cent quatre » ; « Toussaint-Louverture à l'aspect de la flotte française (1802) »), d'Oswald Durand (« La mort de nos cocotiers », « Chant national », « L'épopée des aïeux », « Les forts »), et de Massillon Coicou (« Vertières » ; « L'alarme » ; « Lui »). Durand et Coicou ont récemment été réédités par les Presses Nationales d'Haïti (v. infra, Bibliographie). Les textes de Guilbaud, sont reproduits dans plusieurs manuels de littérature haïtienne, notamment ceux de Berrou et Pompilus, de Christophe Philippe Charles et de Manigat.

de fustiger la conduite des dirigeants de l'heure ou de déplorer le déclin de l'esprit patriotique. En même temps, plusieurs chefs d'État comme Domingue, Salomon, Hyppolite[16] n'hésitaient pas à utiliser le nom de l'empereur comme étendard annonçant leur nationalisme. Dans *Choses haïtiennes, politique et littérature* (1896), Frédéric Marcelin, ancien ministre et grand admirateur du président Hyppolite, rapporte une anecdote révélatrice :

> *Je me souviens [...] de l'approbation enchantée qu'il me donna plus tard, lorsque je résolus, comme ministre des Finances, de faire figurer sur nos nouveaux billets Dessalines et son panache au lieu d'un incolore visage de la République emblématique [...] Connaissant l'esprit blagueur de nos concitoyens, je n'étais pas sans appréhension sur ce retapé et ce mouchoir légendaires. Eh bien ! dit le général Hyppolite, n'est-ce pas de l'histoire ? Et ne les avait-il pas quand il conquit notre liberté*[17] *?*

Toujours à la fin du XIXème siècle, les essayistes comme Demesvar Delorme, Louis-Joseph Janvier, Anténor Firmin – ceux que les manuels appellent « les théoriciens » – ont effectué une relecture de l'histoire, plus moderne, centrée sur l'étude de l'économie, des rapports de classes, des relations internationales. Remettant en question les jugements des historiens de la période précédente, comme Ardouin et St Rémy, ils ont réhabilité les leaders issus du parti louverturien. Ainsi, Christophe et Dessalines cessaient d'être des mégalomanes sanguinaires pour devenir des visionnaires incompris de leur époque. Très critique envers B. Ardouin, Janvier considère Dessalines comme supérieur, en matière d'administration et de justice sociale, à ceux qui lui ont succédé au pouvoir. Quant à la réputation de cruauté attachée à son nom, il n'y voit que l'œuvre :

> *des publicistes haïtiens qui ont le plus chargé sa mémoire de forfaits imaginaires, qui lui ont prêté le plus de rancunes mesquines, de projets absurdes, encensant à ses dépens des*

---

16. Michel Domingue, président de 1874 à 1876 ; Lysius Salomon, 1879-1888 ; Florvil Hyppolite, 1889-1896.
17. Frédéric Marcelin, *Choses haïtiennes, politique et littérature*, Paris, Imp. de Kugelmann, 1896, pp. 113-114.

> *personnalités inférieures qui n'auraient jamais gouverné Haïti
> si, au préalable, Dessalines n'en avait pas été le libérateur*[18].

Ce point de vue, déjà exprimé par L. Ethéard (cf. supra) est aussi celui du poète Massillon Coicou dans « Une voix sur le Pont-Rouge » :

> *Mais non, ils l'ont traité de féroce et de traître,
> Eux qu'on a vus si fiers ne proclamant que lui ;
> Ils ont dit que du peuple il rêve être le maître :
> Et le dieu d'autrefois n'est qu'un monstre aujourd'hui*[19] !

En 1906, sous le régime du général Nord Alexis, autre président originaire du Nord et se réclamant des Pères fondateurs, notre poète mit en scène *L'Empereur Dessalines* à l'occasion du centenaire de la mort de notre premier chef d'État. En montrant la colère du justicier face aux abus de ses ministres cupides, le dramaturge, une fois de plus stigmatisait le pouvoir en place. Sans le savoir peut-être, il augmentait l'animosité du vieux général qui, deux ans plus tard, le fera fusiller avec deux de ses frères et plusieurs autres de citoyens.

Au XXème siècle, si quelques auteurs comme François Dalencour et, dans une moindre mesure, Dantès Bellegarde conservèrent la vision ambivalente des premiers historiens – vision qui jusqu'à présent s'impose encore dans les manuels scolaires – la tendance à glorifier Dessalines, inaugurée par Janvier, prit le pas. D'abord avec les idéologues Jean-Chrysostome Dorsainvil et Jean Price-Mars. À leur suite, d'éminents historiens empruntèrent la même voie en accentuant l'aspect hagiographique : Timoléon C. Brutus, *L'Homme d'airain* (2 vol. : 1946-1947) et Saint-Victor Jean-Baptiste, *Le Fondateur devant l'histoire* (1954) publiaient les premières monographies de Dessalines près d'un siècle et demi après sa mort.

Le groupe « Les Griots », formé par des disciples enthousiastes de Price-Mars, abonda dans le même sens en faisant de la question de couleur le

---

18. Louis-Joseph Janvier, *Les Constitution d'Haïti (1801-1885)*, Paris, Marpon et Flammarion, 1886, p. 143.
19. Massilon Coicou, *Poésies nationales*, Port-au-Prince, Presses nationales d'Haïti, 2005, p. 75.

moteur de l'évolution de notre histoire[20]. Selon Lorimer Denis et François Duvalier,

> *Jacques 1er, dit le Grand, pour s'être penché avec sollicitude sur le sort des masses, pour intégrer dans la réalité ce principe d'équité en réclamant un juste partage des terres fut assassiné au Pont-Rouge le 17 octobre 1806. Nous saluons en ce Martyr de la cause des masses le premier socialiste haïtien. Sa vie toute de sacrifice doit servir d'enseignement*[21].

En 1954, le président Paul Eugène Magloire, autre militaire issu du « Nord christophien », décida de fêter grandiosement le tricinquantenaire de l'Indépendance. À cette occasion parurent de nombreux ouvrages, surtout historiques et littéraires. J'en choisis deux dans chacune de ces catégories :

Dantès Bellegarde, dans *Histoire du peuple haïtien* (1492-1952), ne sépare pas l'action individuelle du contexte social et culturel, ni l'histoire nationale de l'histoire mondiale. Il s'inscrit en faux contre la formule « Desalin pa vle wè blan » (litt. : Dessalines exècre les Blancs) en rappelant comment ce dernier avait accueilli des révolutionnaires sud-américains comme Miranda. Il insiste aussi sur le rôle de l'entourage dans toutes les décisions prises ou assumées

---

20. Cette opposition, qui remonte au XVIIIème siècle, n'est pas toujours clairement exprimée, décence oblige. Ceux qui prétendent que la majorité de la population étant de teint foncé, composée d'authentiques descendants d'esclaves et économiquement faible, arguent que ces derniers sont en droit de réclamer le contrôle de l'économie nationale et de l'appareil politique comme réparation des torts commis par un système qui, avant et après 1804, a privilégié les colons puis les individus au teint clair, eux-mêmes descendants de colons ou de métis affranchis. En face, ceux qui soutiennent que le fait d'avoir été initié plus tôt, depuis l'époque coloniale, aux « lumières de l'Occident », à l'administration des biens et à l'exercice des droits civils et politiques rend l'autre groupe, bien que minoritaire, plus capable de gérer la chose publique. À certaines époques de notre histoire, le préjugé de couleur a atteint de véritables pics et provoqué, même chez des cadres, des intellectuels de grande envergure, de hauts fonctionnaires et des prélats, des comportements fanatiques. Aujourd'hui encore, bien que les esprits se soient calmés, il faut faire attention à la « répartition des couleurs » en constituant une association ou une équipe sportive, en lançant des invitations à une cérémonie publique ou privée. Et émettre des avis favorables ou négatifs sur Dessalines, Pétion, Boyer, Christophe ou Toussaint, peut être perçu comme un choix « noiriste » ou « mulâtriste ».
21. Voir *Le Problème des classes à travers l'histoire d'Haïti. Sociologie politique*, Port-au-Prince, 1948, p. 59.

par un chef d'État.

Étienne D. Charlier, dans son étude *Aperçu sur la formation historique de la nation haïtienne*, qui couvre la période allant de l'arrivée des Espagnols à 1804, propose un nouvel éclairage des faits à partir du matérialisme historique. Le rôle décisif des « grands hommes », sans être contesté, est subordonné à la dynamique des forces sociales. Et le chef tire son autorité de sa capacité de se mettre en harmonie avec le mouvement qui résulte des différentes orientations des groupes sociaux. Ainsi l'action de Dessalines correspondait, à un moment de la durée, à ce que les masses voulaient obtenir. Et l'auteur salue au passage l'intelligence de l'homme et sa capacité de décision.

Jean F. Brierre, dans son poème *Dessalines nous parle* (1953), met dans la bouche du général un long discours en alexandrins dans lequel reviennent, avec la verve et les images qu'affectionnait le poète, les thèmes au goût du jour et chers à l'auteur : splendeur du paysage haïtien, patriotisme cocardier, unité nationale et solidarité raciale.

Félix Morisseau-Leroy, dans son recueil de poèmes créoles *Diacoute* (1951), consacre un texte au héros qui, sous sa plume, devient à la fois le fondement de l'identité haïtienne, celui sans qui nous ne serions pas ce que nous sommes:

> *Se ou ki fè-n oun jan oun manyè*
> *Nou pa tankou tout nèg*[22].

et un héros universel, utilisant les moyens de communication modernes pour combattre partout l'oppression des nègres sous toutes ses formes aussi bien dans toute l'Amérique qu'en Afrique, que ce soit à Dakar ou à Johannesburg[23]. À ce double titre, Dessalines devient immortel puisqu'il revit dans chaque lutteur, et commémorer sa mort n'a plus aucun sens :

> *Epi, fini ak Patè Nostè w la*

---

22. Félix Morisseau-Leroy, « Mèsi papa Desalin », *Diacoute*, Port-au-Prince, 1951.
23. À l'époque où il écrivait ce poème, la ségrégation existait encore aux États-Unis et en Afrique du Sud, et les colonies françaises d'Afrique n'étaient pas encore indépendantes.

> *Monseyè, Desalin pa mouri*
> *Ase pale franse, minis,*
> *Desalin pa janm mouri*[24].

Jusqu'ici, nous avons vu que le personnage de Dessalines a inspiré les poètes, les dramaturges, les historiens et les politiciens. Qu'en est-il des romanciers ? Jusqu'à la fin du XXème siècle, les occurrences sont rares. Dans le premier roman haïtien, paru en 1859[25], Eméric Bergeaud avait choisi des noms emblématiques : les deux fils de Marie, l'esclave africaine, le noir Romulus et le mulâtre Rémus, d'abord unis contre le Colon, puis divisés par ce dernier avant de se réconcilier grâce aux conseils de Stella, personnification de la déesse Liberté, pour la victoire finale. Dans sa préface, Bergeaud explique qu'il voulait, avec ces deux frères, symboliser ces personnages de notre histoire qui ont longtemps tâtonné avant de trouver le chemin de la liberté : Toussaint et Rigaud, Dessalines et Pétion.

Dans les œuvres romanesques du XXème siècle, on ne rencontre çà et là que quelques brèves allusions ; par exemple, un des personnages de Fernand Hibbert estimait que Dessalines n'avait pu obtenir la victoire de 1804 qu'en terrorisant les cultivateurs pour les forcer à se battre. Plus tard, Jacques Stéphen Alexis prenait plaisir à émailler ses longues descriptions de souvenirs historiques. Ce n'est qu'en 1986 que l'homme de Cormier[26] devient un personnage de roman avec *L'Année Dessalines* de Jean Métellus. En fait, dans cette œuvre il apparaît plus comme le « dieu caché »[27] qui suscite la vénération, l'espoir, la souffrance, les luttes et les victimes. Le récit nous présente, dans un pays soumis à la terreur, un groupe d'intellectuels férus d'histoire et passionnés de théâtre qui décident d'organiser une année de réflexion et de manifestations culturelles à la mémoire de Dessalines, non pour commémorer la mort de ce dernier, mais sa naissance. Bien que Jean-Jacques Dessalines soit né –croit-on– en 1758, le romancier a choisi de placer cette commémoration en 1960. Mais cette initiative déplaît au dictateur qui, pourtant, ne cesse de se proclamer l'héritier et le continuateur de l'empereur.

---

24. Op. cit.
25. Eméric Bergeaud, *Stella*, Pari, Dentu, 1859.
26. Lieu de naissance probable de Jean-Jacques Dessalines dans le nord du pays.
27. Titre d'un essai de Lucien Goldmann sur l'influence du jansénisme sur les œuvres de Racine et de Pascal, publié en 1955.

En fait, craignant que la comparaison ne soit en sa défaveur, il n'admet pas que d'autres que lui fassent l'éloge des Pères fondateurs. En outre, les concepteurs de ce projet n'ayant jamais fait acte d'allégeance, il les soupçonne de pratiquer une forme d'opposition camouflée qu'il lui faut étouffer à tout prix. La mort douloureuse pour certains, le silence forcé ou l'exil pour d'autres, tels sont les résultats pour ceux qu'un idéal candide avait rendu suspects.

Dans la littérature nationale, comme dans celle écrite sur Haïti par des étrangers, une plus grande place est faite à Toussaint Louverture. Cela ne devrait pas nous surprendre : de la part des auteurs d'outre-mer, cela s'explique, puisqu'après tout Louverture, malgré sa lutte farouche pour l'abolition institutionnelle de l'esclavage et une certaine autonomie de la colonie vis-à-vis de la métropole, n'avait jamais clairement exprimé sa volonté de rompre avec la France, et a d'ailleurs finalement été vaincu par celle-ci, alors que Dessalines demeure l'homme de la rupture définitive, le « sublime insurgé », selon Jean F. Brierre, qui a remporté sur la métropole une victoire sans précédent. Comme Napoléon chez les romantiques français après 1820, il personnifie l'énergie. C'est toujours la figure du révolutionnaire vertical, du champion qui n'accepte aucun compromis et sacrifie tout à son objectif. Est-ce que cette image monolithique, et donc suspecte à force de cacher les autres aspects de la personnalité, se serait muée, avec le temps, en cliché confortable ? Est-ce une manière de continuer à camoufler cette « trahison des maréchaux » qui a conduit à la tragédie du Pont-Rouge ? Peut-être aussi que pour sup-porter le souvenir de ce que beaucoup considèrent encore comme la faute originelle, le meurtre fondateur du père, il fallait le transformer en mythe, soit en le satanisant, soit en le déifiant.

De nos jours, notre littérature exprime plus le délabrement que l'apothéose[28]. Déjà au milieu des années 90, Léon-François Hoffmann remarquait que : « en Haïti même, l'exaltation théâtrale (dans les deux sens du terme) des héros de l'Indépendance semble dernièrement être passée de mode »[29].

---

28. Lyonel Trouillot, « L'esthétique du délabrement », *Notre Librairie*, n° 133, 1998, pp. 22-25.
29. Léon-François Hoffmann, *Littérature d'Haïti*, Paris, EDICEF/AUPELF, 1995, p. 119.

Il est vrai que la tendance actuelle n'est plus aux grands discours enflammés. Et puis peut-on aujourd'hui parler de Dessalines avec exaltation ? Cette fuite effrénée des Haïtiens vers un ailleurs même incertain, la course aux nationalités d'emprunt, les accouchements à l'extérieur pour « garantir l'avenir du petit », n'est-ce pas l'effritement du grand rêve de 1804 ? Lorsqu'en 2004 les troupes françaises prenaient position au Cap – bastion christophien et dernière place forte de Rochambeau en 1803 – et aux Gonaïves, la fière « cité de l'Indépendance », et qu'au cours des parades qui ponctuaient ces événements un certain visage pouvait rappeler celui de la belle Pauline Bonaparte[30], aurait-il été décent de prononcer les noms de ceux qui, en ces lieux mêmes, avaient juré, au nom des générations futures et « face à l'univers entier », que cela ne se reproduirait plus, que les bottes françaises ne fouleraient plus ce sol en conquérant ? Si le ridicule pouvait tuer de temps en temps, on en abuserait peut-être moins.

L'histoire de notre littérature fait peu de place aux créations populaires. Le contenu des manuels se limite en général à un élitisme port-au-princien. Du Cénacle de 1836 aux Indigénistes du XXème siècle pourtant, nos auteurs ont souvent signalé les véritables mines d'inspiration que représentent les contes, les proverbes, les chansons populaires et certaines formules locales. En ce qui concerne le personnage qui nous intéresse ici, je ne dispose pas d'assez d'éléments pour examiner ses occurrences dans ce type de productions. Des chansons composées au début du XIXème siècle, il ne reste que quelques fragments, comme ceux reproduits par Hénock Trouillot et Jean Fouchard. Toutefois, il est plausible que l'expression « Pati san mande ki mò ki touye lanpèrè » (litt. : partir sans demander de quoi est mort l'empereur)[31] ait pris naissance durant le long silence qui a suivi cet événement et durant lequel il

---

30. Le 29 février 2004, un contingent d'environ 2 600 militaires étrangers, principalement des Américains et des Français, débarqua à Port-au-Prince pour contraindre le président Jean-Bertrand Aristide à démissionner. Le 15 avril suivant, Mme Michèle Alliot-Marie, alors ministre française de la Défense, effectua une brève visite au cours de laquelle elle passa en revue la troupe de son pays. L'image de cette femme de belle prestance au milieu de ces soldats français sur le sol haïtien ne pouvait ne pas faire penser à cette autre qui, il y a deux cents ans, foulait la même terre. Mais, en 2004, face au départ d'un Chef d'Etat honni et aux ambitions et tractations que suscitait la vacance présidentielle, il eût été politiquement incorrect, voire imprudent, de parler d'occupation, et surtout d'occupation française.
31. Ce qui équivaut à : partir sans demander son reste.

était imprudent d'évoquer les circonstances entourant cette mort.

Alfred Métraux dans son essai *Le Vaudou haïtien* (1958), nous apprend que Dessalines, « le seul héros de l'Indépendance qui ait été divinisé » aurait, selon l'ethnographe Lorimer Denis qu'il cite, inspiré ce chant rituel :

> *Anperè Desalin o* (bis)
> *Ou se vanyan gason*
> *Sa ou kwè yo fè nou*
> *Peyi la nan men nou deja*[32].

Et plus loin, le fragment d'une autre chanson vaudouesque « où retentit comme un lointain écho des luttes révolutionnaires » :

> *Pito m'mouri pasem'kouri*
> *Desalin, Desalin demanbre*
> *Viv la libète.*
> *seules ou combinées*[33].

Enfin, lorsqu'un individu, dans une situation critique, réagit énergiquement, ne dit-on pas « Desalin li monte 1 », formule assez difficile à traduire littéralement. Cela équivaut à : l'esprit de Dessalines qu'il a au fond de lui (ou qui sommeille en lui) se réveille brusquement. Comme pour dire que dans tout être humain, Haïtien ou non, il y a un Dessalines qui sommeille.

Alix ÉMERA, Ph. D.

---

32. Op. cit. p. 40.
33. Ibid., p. 41.

Bibliographie

ANTOINE, Max A, *Salomon Jeune, martyr volontaire de sa classe, ses idées, son action*, Port-au-Prince, Deschamps, 1968.

BELLEGARDE, Dantès, *Histoire du peuple haïtien (1492-1952)*, Port-au-Prince, s.n.éd., 1953.

BERGEAUD, Éméric, *Stella*, Paris, Dentu, 1859.

BERROU, Raphaël, POMPILUS, Pradel, *Histoire de la littérature haïtienne illustrée par les textes*, [1975], 3 vol., Port-au-Prince, Caraïbes, 1977.

BOISROND TONNERRE (Louis Boisrond, dit), *Mémoires pour servir à l'histoire d'Haïti*, [1804, 1951, 1981], Port-au-Prince, Imp. des Antilles, 1991.

BRIERRE, Jean-François, *Dessalines nous parle*, Port-au-Prince, Imp. de l'État, 1953.

BRUTUS, Timoléon C., *L'Homme d'airain. Étude monographique sur Jean-Jacques Dessalines, fondateur de la nation haïtienne. Histoire de la vie d'un esclave devenu empereur jusqu'à sa mort le 17 octobre 1806*, [1946, 1947], 2 vol., Port-au-Prince, Presses Nationales d'Haïti, 2006.

CHARLIER, Étienne D., *Aperçu sur la formation historique de la nation haïtienne*, Port-au-Prince, Les Presses libres, 1954.

COICOU, Massillon, *Poésies Nationales* [1892], 2 vol., Port-au-Prince, Presses nationales d'Haïti, 2005.

---, *L'Empereur Dessalines, drame en en deux actes en vers*, [1907], Port-au-Prince, Fardin 1988.

DALENCOUR, Dr François, *Alexandre Pétion devant l'humanité. Alexandre Pétion et Simon Bolivar. Haïti et l'Amérique latine*, Port-au-Prince, 1928.

DENIS, Lorimer, DUVALIER, François, *Le Problème des classes à travers l'histoire d'Haïti. Sociologie politique*, Port-au-Prince, 1948.

DURAND, Oswald, *Rires et pleurs* [1896], 2 vol., Port-au-Prince, Presses Nationales d'Haïti, 2005.

ÉTHEARD, Liautaud, *La Fille de l'empereur*, Paris, Moquet, 1860.

FOUCHARD, Jean, *La Méringue, danse nationale d'Haïti* [1973], Port-au-Prince, Deschamps, 1988.

HOFFMANN, Léon-François, *Littérature d'Haïti*, Paris, EDICEF/AUPELF, 1995.

JANVIER, Louis-Joseph, *Les Constitution d'Haïti (1801-1885)* [1886], Port-au-Prince, Fardin, 1977.

JEAN-BAPTISTE, Saint-Victor, *Le Fondateur devant l'histoire* [1954], Port-au-Prince, Presses Nationales d'Haïti, 2006.

MARCELIN, Frédéric, *Choses haïtiennes, politique et littérature*, Paris, Imp. de Kugelmann, 1896.

MÉTELLUS, Jean, *L'Année Dessalines*, Paris, Gallimard, 1986.

---, *Le Pont-Rouge*, Paris, Nouvelles du Sud, 1991.

MÉTRAUX, Alfred, *Le Vaudou haïtien*, Paris, Gallimard, 1977.

MORISSEAU-LEROY, Félix, *Diacoute*, Port-au-Prince, Deschamps, 1953.

TROUILLOT, Hénock, *Les Origines sociales de la littérature haïtienne*, Port-au-Prince, Imp. Théodore, 1962.

TROUILLOT, Lyonel, « L'esthétique du délabrement », *Notre Librairie*, No 133, Paris, CLEF, 1998, pp. 22-25.

Pour citer cet article :

Alix ÉMERA, « Dessalines dans la littérature haïtienne », *Revue Legs et Littérature*, 2017 | no. 10, pp. 41-61.

Nan remanbrans Jak Estefèn Aleksi

Carrol F. Coates est Professeur Émérite à Binghamton University SUNY aux États-Unis, où il a enseigné pendant 51 ans. Il a publié trois romans haïtiens en version anglaise dans la série "CARAF Books" (Presses universitaires de Virginie) : René Depestre, *The Greasy Pole*; Jacques Stéphen Alexis, *General Sun, My Brother*, et, avec la collaboration d'Edwidge Danticat, *In The Flicker Of An Eyelid*.

Résumé

Les quatre romans d'Alexis se regroupent en deux segments. D'abord, Compère Général Soleil *et* Les Arbres musiciens *ont comme scène les régimes de Sténio Vincent et d'Élie Lescot, surtout les années 1937 et 1942. Alexis fait le contraste entre un gouvernement corrompu et un peuple misérable, accablé d'un désastre après l'autre. Ensuite, dans* L'Espace d'un cillement *et* l'Étoile Absinthe, *on se trouve en 1948 et après (le régime de Dumarsais Estimé), Alexis veut prévoir une « grande Fédération Caraïbe » qui s'opposerait aux USA. La domination du grand pays au nord est toujours présente à travers ces quatre romans, le plus souvent en sourdine. Le régime de FDR (1933-1945) se trouve en un parallèle proche aux régimes successifs de Vincent et Lescot (1930-1946). Aux lecteurs et lectrices de réfléchir à la stratégie d'Alexis d'avoir un peu masqué la politique nordaméricaine, si sûrement visée derrière les péripéties de ses romans.*

Mots clés

corruption gouvernemental, désastres naturels et criminels, domination nordaméricaine des Caraïbes, politique romanesque

NAN REMANBRANS JAK ESTEFÈN ALEKSI

Au départ, j'avais seulement l'idée de soumettre un témoignage de mon respect pour Jacques Stephen Alexis. Comme je regardais d'anciennes notes sur *Compère Général Soleil* et *Les Arbres musiciens*, pourtant, quelques réflexions ont commencé à me taquiner. Pour commencer, un regroupement différent des romans de Jacques Stephen m'a paru avoir un nouvel intérêt. Les deux premiers romans sont intimement liés comme des aperçus de la vie en Haïti entre les deux guerres, l'époque Vincent-Lescot, 1930-1946. Dans ces deux premiers romans, il s'agissait d'une époque de l'histoire haïtienne déjà révolue au moment de leur publication.

D'autre part, *L'Espace d'un cillement* et *L'étoile Absinthe* sont axés sur une deuxième époque (1948) où Jacques Stephen entrevoyait le développement d'une « grande Fédération Caraïbe...[1] ». En évoquant des martyrs tels José Martí et Jesús Menéndez[2], Alexis espérait voir se réaliser une fraternité entre les nations des Caraïbes contre la domination des États-Unis. La Révolution cubaine a été réalisée un peu avant la mort d'Alexis, mais « la grande Fédération Caraïbe[3] » est restée un rêve sans suite. Dans *L'Étoile Absinthe* (inédit du vivant d'Alexis), La Niña Estrellita se métamorphose en Eglantina

---

1. Jacques Stephen Alexis, *L'Espace d'un cillement,* Paris, Gallimard, 1959, p.112.
2. Ibid., 107,110.
3. Ibid., 112.

Covarrubias y Pérez dont le passé honteux est, en quelque sorte, délavé par la tempête qui frappe le navire Dieu-Premier.

Dans les deux premiers romans, Alexis montrait les misères de l'existence quotidienne en Haïti à l'époque Vincent-Lescot. Il y a trois espèces de désastre dans *Compère Général Soleil*. L'ouragan (I, v) et l'inondation de l'Artibonite (II, iii) sont des désastres naturels. À la fin de la deuxième partie, la vie difficile du couple Hilarion et Claire Heureuse est définitivement perturbée par un désastre criminel, l'incendie dans le quartier Morne-à-Tuf (CGS II, ix). Leur boulangerie est détruite et, n'ayant plus les moyens de vivre, ils partent pour la République dominicaine. Dans la troisième partie du roman, la chasse aux Haïtiens ouverte par les ordres du président Trujillo mettra fin au séjour dominicain des émigrés haïtiens. Mortellement blessé en retraversant la rivière Massacre vers Haïti, Hilarion dit à Claire Heureuse de se remarier et d'avoir d'autres enfants. Vœu pieux à futur bien douteux.

Dans *Les arbres musiciens*, l'action dramatique a lieu au cours des premiers mois de 1942. Élie Lescot est président seulement depuis le 14 mai 1941. Il est fier d'avoir déclaré la guerre à 10h00 le 8 décembre, devançant la déclaration par le président Roosevelt, à 15h00. Lescot suit de près la volonté de Washington : (en 1942) « le président avait enfin annoncé que ''sa politique serait dorénavant le reflet fidèle de la politique des États-Unis''[4]». Dans ce roman, Alexis met en scène trois classes de citoyens : des partisans du président Lescot (fonctionnaires et bourgeois), le clergé catholique (organisateurs de la campagne antisuperstieuse contre le Vodou) et des serviteurs des esprits (oungans, paysans et, un peu à part, l'enfant de la forêt, Gonaïbo). Les « lescotiques[5] », le clergé et les serviteurs des lwa ont des intérêts antagonistes. Le roman se termine, comme *Compère Général Soleil*, par un désastre, la défaite du peuple haïtien et du Vodou et le triomphe (pour l'instant, du moins) des « Américains ». Bois-d'Orme incendie l'ounfò de Nan-Remanbrans et les tracteurs de SHADA arrivent dans la Forêt des Pins pour raser les arbres en vue de la cultivation du *cryptostegia*. La seule petite lueur d'espoir c'est l'union du jeune couple Gonaïbo et Harmonise (petite fille de Bois-d'Orme).

---

4. Jacques Stephen Alexis, *Les Arbres musiciens*, Paris, Gallimard, 1954, p. 63.
5. Ibid., p. 64.

Le président Vincent est présent parmi les personnages fictifs de *Compère Général Soleil*. La fin de l'occupation américaine (1934) et les Vêpres dominicaines (oct. 1937) ont lieu sous sa présidence, même si Vincent n'est personnellement responsable ni pour l'un ni pour l'autre événement. Le personnage du ministre Jérôme Paturault est une caricature d'Elie Lescot, ministre de la Justice et de l'Intérieur. Dans *Les Arbres musiciens*, la présidence de Lescot est mentionnée, bien qu'il ne paraisse pas comme personnage dans le roman. La campagne antisuperstitieuse et l'expropriation des terrains des paysans sont des événements qui arrivent pendant les premiers mois de sa présidence, en 1942. Il faut préciser que Lescot n'était pas partisan de la campagne antisuperstitieuse[6]. Aussi invisible soit-il, Lescot est là derrière les événements à l'appui des ordres de Washington[7].

J'ai réfléchi à la durée historique évoquée dans les deux premiers romans. Le régime de Sténio Vincent a débuté le 18 novembre 1930, avec allusion au début de l'occupation américaine, le 28 juillet 1915. La fin de l'occupation (le 1er août 1934) et les Vêpres dominicaines (début octobre 1937) sont les deux événements historiques capitaux de *Compère Général Soleil*. La réalité après les Vêpres, c'est que Vincent a été forcé de démissionner en 1941 et Lescot a été élu. Lescot prend le pouvoir le 15 mai 1941. L'action des *Arbres musiciens* se déroule au printemps de 1942. Les Étatsuniens avaient conçu le projet de planter le *cryptostegia grandiflora* pour produire du latex. Ils prévoyaient la coupure des livraisons d'outre-mer par les Allemands. La fin du régime de Lescot (non évoqué dans le roman), en janvier 1946, est marquée par les manifestations des étudiants auxquelles Alexis, Depestre et d'autres ont participé.

Petit choc intérieur ! Je me suis rendu compte que les deux règnes, Vincent-Lescot, 1930-1946, coïncident à peu près avec la présidence du président Roosevelt (qui avait été comme par hasard sous-ministre, « assistant secretary », de la marine lors de l'occupation américaine d'Haïti en 1915). Si l'on fait

---

6. Le lancement de la campagne anti-superstitieuse a précédé l'élection de Lescot de deux mois et il ne s'est jamais prononcé en faveur de la campagne. Matthew J. Smith corrige des critiques qui ont soutenu que Lescot avait approuvé la campagne anti-Vodou du clergé (p. 49; note 50).
7. Voir surtout le chapitre II, pp. 62-66.

un petit diagramme des dates capitales... :

```
                |--------régimes Vincent-Lescot----------------------------|
[1915]----[1930]---[1933]-[1934]----[1937]----[1941]–[1942]----[1945]-[1946]
                  |-----------------régime Roosevelt----------------|
|-----occupation américaine----|     VD*     CAS*
                                             SHADA
```

{Abbréviaions: VD = Vêpres dom.; CAS = Campagne antisuperstitieuse; SHADA = Société Haïtiano-Américaine de Développement Agricole}[8]

Vincent avait fini sa présidence sous l'ombre d'une dette pécuniaire envers le président Trujillo, lui-même fidèle collaborateur des USA. Vincent n'a pas osé se plaindre dans l'immédiat de la brutalité des Vêpres dominicaines. Le cas de Lescot était encore pire. Il avait servi comme ambassadeur haïtien à Ciudad Trujillo de 1934-1936 et après comme ambassadeur d'Haïti à Washington, 1936-1941. Il avait dépensé plus de $30.000 des fonds haïtiens voués à l'achat d'armements et il avait ensuite emprunté $35.000 à Trujillo. Le dictateur dominicain s'est fâché parce que Lescot ne lui avait pas remboursé l'argent emprunté et il a publié des lettres personnelles pour embarrasser Lescot[9]. Malgré tout, les deux présidents ont travaillé sous l'influence dominante des États-Unis.

Le nom du président Franklin Delano Roosevelt ne paraît nulle part dans les deux premiers romans. Comme responsable de la politique du grand pays du nord, pourtant, Roosevelt est là derrière la catastrophe politique d'Haïti en octobre 1937 comme au printemps 1942. Dans *Compère Général Soleil* (II, vi), Alexis met en scène des Américains peu sympathiques qui s'amusent aux

---

8. En 1941, le gouvernement (Export-Import Bank, Washington) a organisé la SHADA dans le but de planter le *cryptostegia* pour en récolter le latex dont l'approvisionnement était en danger à cause de la guerre. On a chassé des paysans de leurs terrains, le plus souvent sans les rembourser. Les tracteurs étatsuniens ont rasé les maisons et les plantations. La récolte du latex, bien insuffisant, était la cause de la fin du programme en 1943.
Voir « Elie Lescot », < https://en.wikipedia.org/wiki/%C3%89lie_Lescot >.
9. William Krehm, *Democracies and Tyrannies of the Caribbean*, Westport, Lawrence Hill, 1984, p. 202.

restaurants du Champ de Mars. Deux bateaux américains sont arrivés à Port-au-Prince[10] –on est vraisemblablement en 1932, au moment des pour-parlers prévoyant la fin de l'occupation. Les enfants nord-américains reflètent le racisme de leurs parents. Devant le Palais National, Gabriel (l'ami d'Hilarion) veut caresser la tête blonde d'un petit yankee. Celui-ci crache sur la main de Gabriel et hurle, « Get out, nigger! » Dans *Les Arbres musiciens*, le seul représentant américain est l'ambassadeur (sans nom), invité par l'Archévêque (Français?), qui veut l'appui américain pour la campagne antisuperstitieuse. Le narrateur anonyme révèle (dans un passage en style indirect libre) ce que pense l'Archévêque.

> *Quels couillons que ces officiels du State Department ! Ils donnaient des ordres lapidaires, jupitériens, et étaient ensuite tout surpris de récolter des échecs! Les pauvres! Ils croyaient facile de négocier à partir de « positions de force », assis sur un monceau de dollars, le big stick à la main, devant ces nègres, indios, métis, latinisants et autres décadants !*[11]

Ce prélat de Rome, aussi raciste que les « officiels du State Department », se voit supérieur à ceux-ci.

Tout ceci pour constater que le président Franklin Delano Roosevelt est l'antagoniste invisible mais omniprésent derrière les présidents haïtiens et les événements catastrophiques des deux premiers romans d'Alexis. C'est la même personne qui, lors de l'invasion d'Haïti en 1915 avait traité les Haïtiens de « va-nu-pieds » et Haïti de « ce pays de nègres »[12]. Roosevelt s'est vanté d'avoir préparé la nouvelle constitution d'Haïti[13]. De passage au Cap-Haïtien en juillet 1934, Roosevelt a réaffirmé l'accord de désengagement de l'armée de l'année précédente[14].

---

10. Jacques Stephen Alexis, *Compère Général Soleil*, Paris, Gallimard, 1955, p. 213.
11. Jacques Stephen Alexis, *Les Arbres musiciens*, Paris, Gallimard, 1957, pp. 73-74.
12. Sur l'Internet, j'ai trouvé une traduction française (2014) de la déclaration de Roosevelt sur Haïti : ≤ https://groups.google.com/forum/#!msg/tout-haïti/DbzafeFMd-g/f61asDjCUOUJ ≥.
13. Arthur M. Schlesinger Jr., *The Crisis of the Old Order*, New York, Houghton Mifflin, 1957, p. 364.
14. Il faut se rappeler que le président Hoover avait déjà parlé de mettre une fin progressive à la présence américaine en Haïti (Smith 9).

Nous savons qu'Alexis, à la suite de Jacques Roumain et d'autres intellectuels haïtiens, était communiste. Pendant le séjour en prison d'Hilarion, Roumel explique à Hilarion pourquoi il est communiste. « Tous ceux qui travaillent viendront un jour à nous, tous les véritables nègres d'Haïti. Ensemble nous chasserons de ce pays les Américains, et nous réglerons entre nous nos affaires... »[15]. À mon sens, Jacques Stephen n'est jamais doctrinaire. Il évoque toujours les valeurs du peuple haïtien : le travail, la langue (le kreyòl au fond), la religion (le vodou) et, finalement, l'amour de la famille.

Carrol F. COATES, Ph.D.

---

15. Jacques Stephen Alexis, *Compère Général Soleil,* Paris, Gallimard, 1955, pp. 68-69.

Bibliographie

Œuvres de Jacques Stephen Alexis:

Jacques Stephen Alexis, *Compère Général Soleil*, Paris, Gallimard, 1955.

---, *Les Arbres musiciens*, Paris, Gallimard, 1957.

---, *L'Espace d'un cillement*, (Préface de Florence Alexis, Paris, Gallimard, 1959.

---, *L'Étoile Absinthe*, suivi de *Le Léopard*, Paris, Zulma, 2017.

Études:

KREHM, William, *Democracies and Tyrannies of the Caribbean*, Westport, Lawrence Hill, 1984.

SCHLESINGER, Arthur M., Jr., *The Crisis of the Old Order*, New York, Houghton Mifflin, 1957.

SMITH, Matthew J., *Red & Black in Haiti. Radicalism, conflict, and political change, 1934-1957*, Chapel Hill, The University of North Carolina Press, 2009.

Pour citer cet article :

Carrol F. COATES, « Nan remanbrans Jak Estefèn Aleksi », *Revue Legs et Littérature,* 2017 | no. 10, pp. 63-71.

Jean-Claude Fignolé : la parole comme totalité

Né à Saint-Marc le 5 novembre 1962, Eddy Arnold Jean a fait des études de Médecine, de Lettres Modernes et de Science politique en France et en Amérique latine. À l'âge de 16 ans, alors qu'il était en philo, il fait une entrée fracassante dans la littérature avec son recueil Symphonie du Nouveau-Monde. Il a publié plus d'une vingtaine d'ouvrages dont Horaire du vent *(poésie),* Histoire de la littérature haïtienne *(6 tomes),* Les idées politiques (XIXe et XXe siècles), L'échec d'une élite. *Il enseigne depuis près d'une vingtaine d'années les Sciences politiques à l'Institut national d'Administration, de Gestion et des hautes études internationales (INAGHEI) et est directeur de la revue Haïti-Demain.*

Résumé

Jean-Claude Fignolé est un écrivain inclassable. Autant que son œuvre initie une réflexion sur l'environnement ou l'espace littéraire –dans le sens de Blanchot-, elle propose également une réflexion sur elle-même. Grâce à la convergence de son époque, des influences littéraires et d'une réflexion personnelle sur l'art, il s'ensuit que Fignolé est l'un des écrivains les plus doués de sa génération. Il est probablement l'un des plus grands écrivains de toute l'histoire de la littérature haïtienne. Comment alors comprendre l'œuvre, ou mieux expliquer ce brusque changement de cap qu'aucun virage ne semblait annoncer ? Est-ce possible pour un écrivain d'osciller avec autant d'aisance de la critique au roman ?

Mots clés

Spiralisme, critique littéraire, littérature haïtienne, littérarité, rythmanalyse

JEAN-CLAUDE FIGNOLÉ : LA PAROLE COMME TOTALITÉ

En abordant l'œuvre de Jean-Claude Fignolé qui mérite d'être étudiée dans son évolution, sa variété et sa profondeur, on ne peut s'empêcher de poser une question qui éclaire toute la conduite critique. Quelle est la situation de cette œuvre par rapport à la littérature haïtienne et en regard d'elle-même ? Une première question, qui n'épuise pas les débats, renvoie à une simplification, une conclusion qui n'en est pas une : les œuvres critiques et romanesques de l'auteur bénéficient en tout premier lieu de la vigueur de la prose haïtienne pour s'autoriser, à partir de son environnement littéraire immédiat, une vigoureuse réflexion sur elles-mêmes. Ce qui conduit néanmoins à une constante auto-générescence par laquelle l'œuvre s'affirme comme une forme d'autophagie et surtout comme un effort évident de résoudre le sempiternel conflit (avoué ou inavoué) entre le refus ou l'acceptation "d'autrui", qui de l'intérieur dynamise l'expérience littéraire. Ce n'est pas du tout aller trop vite en besogne que de reconnaître, que ce mouvement – carrefour de tous les flux – innerve l'œuvre et la féconde, pour utiliser un terme plus accessible. Aussi faut-il alors produire une remarque qui, en aucune façon, ne saurait anticiper sur l'intelligence de l'écriture : grâce à la convergence de l'époque, des influences littéraires et d'une réflexion personnelle sur l'art, il s'ensuit que Jean-Claude Fignolé est l'un des écrivains les plus doués de sa génération. Comment alors comprendre l'œuvre, ou mieux expliquer ce brusque changement de cap qu'aucun virage se semblait annoncer ? Est-ce possible pour un écrivain d'osciller avec autant d'aisance de la critique au Roman ?

L'intérêt d'une lecture horizontale de ce discours, et divers, conduit à chercher et à saisir ce point de suture, cet instant où passé éteint, présent insaisissable et futur imprévisible se fondent et se confondent.

L'expérience littéraire

Le spiralisme dont Jean-Claude Fignolé est le co-fondateur étouffe le ton arrogant de la critique universitaire par laquelle toute intelligence d'une œuvre passe avant toute chose par la saisie du temps qui la situe. Quand le discours (sans discrimination) méconnaît le temps, il n'empêche que le verbe (totalité littéraire) – et le VERBE immanent qui échappe au temps de l'histoire – soit replacé dans son contexte d'époque (espace-temps). Ces considérations – matière d'entrée – porteraient à insister sur ce temps ou mieux cette tranche d'histoire à laquelle il faut évidemment rattacher cette œuvre. Dès lors, se pose la question de savoir à quel moment la critique doit donc lier cette œuvre sans que soit suggérée à ce niveau l'idée de collusion. Ce qui, à la rigueur, paraît préoccupant, c'est la naissance tardive de l'auteur à l'expérience littéraire. On parlera volontiers d'un haut niveau de conscience (on y reviendra) là où d'autres évoqueraient la notion sassée et ressassée de maturité qui – contre toute attente – ne donnent vraiment pas la mesure du temps. Celui de la gestation paraît bien longue de *Etzer Vilaire, ce méconnu* à *Les Possédés de la pleine lune* et *Aube Tranquille, Hofukû, Moi, Toussaint Louverture* et *La dernière goutte d'homme* en passant par *Pour une Poésie de l'Authentique et du solidaire* et *Vœu de voyage et intention romanesque*. Au regard de l'irrégularité des distances qui séparent les haies de cette piste pour coureur de fond, la seule remarque à oser, et sans aucune volonté de pratiquer la métaphysique, est que l'intervalle allant des textes de jeunesse à des écrits d'envergure, devrait vraisemblablement être occupé par un questionnement ardu des moyens de maîtriser le discours et tous ses éléments constitutifs.

Il s'agit tout aussi bien du temps que de l'auteur. Il n'est pas l'élément fondamental sans lequel toute œuvre n'existerait pas. Il n'est pas non plus cette quantité négligeable aussi longtemps que tout écrivain (Jean-Claude Fignolé ou autre) est condamné à subir la double poussée de l'époque et du milieu. De 1956 à 1987 : trente ans d'histoire, ponctuée d'événements les uns aussi importants que les autres, dont il est quasi-difficile – dans l'état actuel des choses – de mesurer le contre-coup sur la vie d'un homme et l'œuvre d'un écrivain. À la chute de Paul Eugène Magloire, Jean-Claude Fignolé avait seize ans. Il a connu la longue transition de 1956-1957. Il a été arrêté en 1964, puis libéré. Il a tremblé lors des Vêpres jérémiennes. Il a vu le déferlement des miliciens de Duvalier, assisté au départ précipité de Duvalier et, comme tout le monde, s'est inquiété des lendemains d'incertitudes. Pourtant, tous ces moments et toutes ces tranches d'histoire, d'apparence différente, sont liés par un fil ténu : la pauvreté d'un pays et la misère d'un peuple dont, par endroits, témoigne l'œuvre. C'est aussi par quoi celle-ci fait contrepoids.

Le contrepoids

Il ne s'agit pas d'écarter la valeur des œuvres critiques de Jean-Claude Fignolé. On y tient pour des raisons qui dépassent la qualité et la profondeur de la réflexion, la volonté de conduire celle-ci au-delà de la cible, s'il faut parler en ces termes. Devrait-on voir dans ces choix, les prémices d'une « Critique spiraliste » ? Il est encore trop tôt pour oser d'une de ces considérations. Mais la question, pour prématurée qu'elle puisse paraître, n'en est pas moins intéressante dans la mesure où, confrontée au parcours littéraire, l'interrogation rencontre l'unicité d'une carrière qui, fort heureusement, n'est pas achevée encore. Si donc la critique, telle que Jean-Claude Fignolé la conçoit intéresse dans l'immédiat, c'est pour constater que, de celle-là au roman, l'auteur paie de vérité et de fidélité. À telle enseigne que *Les Possédés de la Pleine Lune*, *Aube Tranquille*, *Hofukû*, *Moi, Toussaint Louverture* et *La dernière goutte d'homme*, sont, à bien des égards, l'expression d'une approche critique qui saisit le genre romanesque comme un tout inaltérable. Encore faudrait-il définir cette notion (dévoyée par certains et mal comprise par d'autres) de « totalité ». Les romans de Jean-Claude Fignolé, loin d'être de timides essais, s'interprètent comme des tentatives couronnées d'englober l'univers, ou mieux de s'élever à cette plénitude où le « JE » et « Autrui », l'Être et l'Étant, le subjectif et l'objectif se fondent et se confondent. C'est au prix de cette fusion et de cette heureuse confusion que le romancier rencontre la douloureuse évidence contre laquelle se sont butés et peut-être buteront des aînés et des héritiers : « rien ne se perd, tout se crée ». Il n'est pas dit toutefois que Jean-Claude Fignolé ait rencontré l'inanité de la geste romanesque. S'il en était ainsi, il n'aurait pas donné coup sur coup ces belles œuvres romanesques qui confinent à la perfection. Du moins, est-elle présente tout entière, la volonté d'idéal qui doit se traduire comme la recherche d'une certaine adéquation entre une certaine vision de l'écriture et la pratique romanesque. Qu'en est-il alors ?

De *Les possédés de la Pleine lune* à *La dernière goutte d'homme*

Il est convenu que, ici et là, l'auteur ne raconte pas la même histoire et ne développe pas le même thème. Peut-être serait-on surpris d'entendre parler de récit. Une question : quelle valeur le roman philosophique, historique, psychologique ou spiraliste, sans un sujet quelconque qui lui servirait d'armature ? Encore qu'il faudrait mesurer un avantage certain aux romans de l'auteur qui, sans rencontrer à l'autobiographie, entend à tous égards accorder son discours romanesque aux pulsions du monde, et aux sollicitations du milieu. Si ces romans doivent être rattachés au spiralisme, faut-il mentionner que cette doctrine – c'est un peu osé – conseille l'enracinement, car celui-ci ne peut contredire cette propension à l'Universel comme Jean-Claude Fignolé l'a montré dans *Pour une poésie de l'authentique et du solidaire* ? Et l'inverse n'en est pas moins vrai. Aussi est-il montré que le culte de l'Humain éclaire, comme un projecteur, chaque réalité.

Les Possédés de la Pleine Lune sont, à cet égard, une belle chronique de la vie jérémienne, une vraie galerie de portraits, un effort de cerner un ensemble de problèmes attenants à ce coin perdu de chez nous. La touche de l'auteur permet de réaliser ce fini par lequel la ville se transforme en un pays confronté à la même problématique, tandis que ces portraits assument les contours saisissants d'une véritable typologie.

Jean-Claude Fignolé part d'un procédé commun à la grande majorité des romanciers : un décor souvent conçu à une échelle réduite et qui n'est autre que les Abricots dont l'histoire et les tribulations, sur un plan tout différent, rappelleraient celles turbulentes de Macondo[1], ce village colombien. Il suffit alors pour que l'auteur de *Les Possédés de la Pleine Lune* en vienne à

---

1. Petit village ficitf où se déroule le roman de l'écrivain colombien Gabriel Garcia Marquez (1927-2014), *Cent ans de solitude*, paru en mai 1967 à Buenos Aires en Argentine sous le titre original de *Cien años de soledad*.

enfermer ces personnages dans cet univers asphyxiant où le lot quotidien est constitué par toutes les misères, les détresses, les calamités et, tout à l'évidence, les grandes espérances. Occasion de parler d'un roman tellurique avec, pour toile de fond, cette ville, ou du moins ces villes et villages situés sur le parcours des cyclones dévastateurs. C'est à ce rappel que le roman doit sa vérité. Mais aussi au cycle de la terreur, dont il n'y a pas trop longtemps, la région était le théâtre. À cette redoutable sécheresse qui transforme la bonne terre en une vieille femme édentée. Et surtout à la présence de la mer qui s'impose comme un élément d'appartenance commune... Telle est donc cette réalité connue que l'auteur a intégrée dans son roman et qui ne s'accommode pas moins de la gracieuse fantaisie de l'imaginaire dont il est dit « Qu'il apprivoise la réalité[2] ».

On aurait pu crier à l'horreur, à suivre impassible le combat inégal des hommes contre les éléments naturels déchaînés. Mais tel est pris qui croyait prendre et l'on retrouve, ici et là, des coups de pinceau qui tempèrent le désespoir. Il n'empêche toutefois que le roman soit une ultime occasion pour son auteur de poser le sempiternel problème des rapports de l'homme avec son environnement immédiat dont celui-ci d'ailleurs tire le meilleur parti. Et le message est délivré. Sans la froide raison qui tue la sensibilité et l'émotion. Sans le dogmatisme calculateur qui enlève à l'intuition ses droits les plus élémentaires.

Homme de la mer, le romancier déclare :

> *Établir une fraternité entre les poissons et nous dans un même amour de la mer ? Commencer par conclure une trêve. Respecter nos distances. Nos propres territoires. La terre aux hommes, aux poissons la mer. Et paix aux uns comme aux autres. Je sais, de douloureuse expérience, qu'une telle trêve n'est guère possible. Quelque raison que j'aie d'aimer les poissons (les aimé-je vraiment, ne suis-je pas simplement là à caresser mes pierres ?) eux, j'en suis sûr, me détestent. Ils ont, autant que l'homme, un sens aigu de la cruauté. Oui les poissons sont cruels. Prenez la savale ! Elle m'a éborgné. Sans*

---

2. Jean-Claude Fignolé, *Les possédés de la pleine lune*, Paris, Seuil, p. 113.

> *raison. Moi je l'ai attaqué par nécessité. Pour vivre. Pour alléger le fardeau d'une difficile existence. Je ne suis jamais cruel ni ne pêche par fantaisie. Dès que j'ai mon compte de poissons, assez pour ma subsistance quotidienne, je rentre. En paix avec l'eau. En paix avec moi-même. Et avec les poisson ?*[3]

L'Aube tranquille poursuit, après *Les Possédés de la pleine lune*, la même quête d'identification. Évidemment, par une voie différente de celle propre au premier roman. Et voilà atténuée la rigueur du débat traditionnel dans lequel s'opposent deux « écoles » littéraires, deux visions de la pratique romanesque. Encore que soit montré un vif intérêt pour les grandes questions d'ordre humain, il se glisse néanmoins dans le roman des considérations qui touchent à la nationalité de l'auteur. Serait-ce donc l'aboutissement logique d'un itinéraire sans histoire parce qu'il n'y a pas d'histoire ? Rien n'est moins vrai. Du moins, c'est ce que, dans l'état actuel de la question, on est en droit de penser.

Comme un leitmotiv, revient sous une plume à la fois tendre et caustique une problématique haïtienne outrageante et qui n'est pas près de trouver sa solution. Et d'ailleurs, le rôle du romancier est-il de constater ou de suggérer des prises de position? Jean-Claude Fignolé n'a pas cherché à redéfinir cette fonction, mais à renforcer les points de suture des deux pôles antinomiques entre lesquels s'étire la littérature. Vieux débat que le romancier s'est évertué sinon à dépasser du moins à cantonner. Et dans ce dernier cas, il ne s'agit pas d'éviter ce qui en soi ne peut constituer un phénomène de nuisance. Il importe peu alors d'être « "spiraliste" pour que soit introduit dans l'espace poétique ou Romanesque le jeu fonctionnel ou "dysfonctionnel" » de toutes les catégories supposées antinomiques dont il n'est pas d'ailleurs nécessaire d'énumérer la longue liste.

Du moins, en sait-on une qui représente la toile de fond de cette nouvelle expérience tentée et réussie. Jean Métellus, avec *Une Eau Forte*, dépayse le lecteur haïtien. Avec *Aube tranquille*, Jean-Claude Fignolé le ramène chez lui, choisit au mieux l'enracinement. Ce retour vers ce moi collectif et profond est

---

3. Ibid., p. 116.

d'autant plus intéressant que le vecteur ou mieux peut-être le moyen par lequel s'opère cette intégration est de loin celui auquel on s'attendait: une étrangère que tout aurait concouru à éloigner du fond culturel haïtien. C'est quand même trop dire pour ce qui est d'Haïti, terrain de l'expérimentation poussée d'un métissage ethnique, culturel, linguistique, social...

Ainsi à travers les yeux d'une "supposée" étrangère, on redécouvre Saint-Domingue, ou du moins Haïti. Par une descente ou par une remontée dans le temps. Peu importe tout de même le mouvement montant ou descendant. Car vu d'avion, le présent historique rencontre le passé. Et la problématique reste figée au temps zéro d'une histoire qui s'écrit avec des larmes de sang, avec en toile de fond, une misère qui s'impose comme une seconde nature...

En tout état de cause, Jean-Claude Fignolé expérimente, à ce tournant, dans le creuset d'Haïti et de son roman, une technique discursive fort éprouvée. Ou il entretient à dessein la confusion pour que le lecteur soit naturellement amené à découvrir ce que le romancier, narrateur ou démiurge, veut le porter à découvrir. Ou l'écrivain banalise, ici et là, décor et temps pour, mettant à profit cette impression d'insignifiance, introduire et brasser dans l'espace de l'œuvre des questions à chaud, des problèmes brûlants. Voici alors Haïti redevenue singulièrement Saint-Domingue où fermente déjà l'esprit révolutionnaire, loin de la turbulence de la métropole française. Voici Saint-Domingue devenue Haïti. L'apparence de calme plat occulte une situation de contestation poussée, une potentialité de colère révolutionnaire difficilement contenue, et ce, à quelques miles de la puissante Amérique.

La similitude entre les deux moments historiques et les deux situations sociopolitiques n'en est pas moins réelle. Par-delà le temps qui perd de sa valeur et de sa signification en dehors des interventions humaines, les âges de l'ère haïtienne « qui se succèdent sans se ressembler » se confondent pourtant, liés qu'ils sont par le fil ténu des mystères du vaudou. Ici et là, les mêmes hommes mûs par la grande et ardente passion de la liberté qui les mue tantôt en marrons, maquisards, tantôt en guérilleros. Et c'est ce qui explique néanmoins que, par-delà les continents, l'humanité se retrouve une et indivisible.

Toujours est-il que ce roman est supporté par la quête des mystères, par l'envie têtue de les dévoiler et de les comprendre, qui imprime une certaine tension si communicative dans les âmes des personnages et dans le roman. Il revient dès lors à l'auteur la possibilité du discours accroché au passé vers une prise de parole actuelle. Tout devient ainsi donc clair dans ce monologue-dialogue-entretien à bâtons rompus qui, par la magie des mots évocateurs, fait revivre la vérité d'une histoire ignorée tant par ceux qui l'ont faite que par ceux qui l'ont héritée, à charge pour ces derniers de la parfaire :

> *...pourquoi devrais-je rire si les misères de la vie ont abîmé la joie ? Tu parles quand les autres se taisent, mais oui parce que depuis ton retour j'ai rompu le pacte du silence, ma mémoire débroussaille les chemins de la haine et je dis malheur à toi, tu me menaces, Saintmilia ? Sœur Thérèse, je m'appelle Ti mèmè N'kedi, cesse de caricaturer mon nom, tu te rebelles alors que les autres obéissent au doigt et à l'œil, certainement depuis deux siècles je suis libre, j'apprends à maudire, pas à me soumettre, l'une de nous est de trop dans cet hospice, Saintmilia, mon fils a conquis ce pays, sœur Thérèse, tu mens, il a accaparé l'habitation de mon grand-père, face à face les droits et les prétentions, les années ont planté le décor, la sueur et le sang des hommes aussi, si le temps a apporté l'oubli au bourreau le sol qui a bu le sang n'a pu oublier, il est le cœur vivant, le cœur ardent de la haine, le sang versé à la mémoire longue, cria un proverbe des brousses lointaines, on ne rachète pas le sang par les œuvres ni par les bienfaits...*[4]

Chez Fignolé, le sommet de l'expérience romanesque appelée à se poursuivre semble être atteint avec l'écriture sur laquelle il garde tout le pouvoir d'agir. Cette possibilité d'action qui prend en charge le discours n'implique pas chez lui la volonté de rendre l'autonomie à la prise de parole littéraire. Il n'en est pas ainsi pour qui, cédant la place au créateur, se charge de définir l'œuvre romanesque comme une plénitude, du moins un semblant d'absolu. Jean-Claude Fignolé est un bon lecteur du roman latino-américain et rien de plus. Il n'en est pas un imitateur servile. Car il bénéficie de larges privilèges du théoricien.

---

4. Ibid., p. 116.

La réflexion sur le discours a précédé l'expérimentation de l'écriture. Confrontés à leur précédent théorique, ces romans payent de fidélité à l'endroit d'une vision d'un roman repli sur soi et ouverture sur l'univers sensible. Ce qui, en somme, a porté Jean-Claude Fignolé à considérer le roman comme la totalité d'une pluralité de discours. Cette "polygraphie" voulue fait merveille parce qu'elle ne renvoie à rien de semblable dans la réalité. Ou du moins, elle aurait pu traduire la réalité des déchirements sociaux. Mais il n'est rien de tout cela. Il reste alors que l'auteur de *Les Possédés de la pleine lune* et d'*Aube tranquille* a réalisé sur le plan scriptural la technique du dédoublement qui consiste à superposer les discours et les personnes du locuteur. Elle se traduit néanmoins par la volonté d'aménager les propos usuels d'une façon telle qu'ils définissent du fait même de leur agencement, ce que le critique appelle "littérarité".

Cette "littérarité" qu'il n'est pas donné de réaliser avec autant de facilité rencontre une certaine libéralité, lorsque l'auteur choisit délibérément de gonfler les phrases de son discours romanesque sans que pour autant la tendresse tourne à l'ostentation et à la tentation de la phraséologie creuse. Le verbe, au gré des circonstances, se fait confession, épanchement, verge, délire. À ce compte, l'imagination créatrice ne se définit pas comme l'émergence du neuf, la promotion du nouveau, mais la pureté dans la description des données sensibles de la réalité. Et la stylisation qui rime avec pointillisme fait merveille.

Jean-Claude Fignolé a sauvé le roman. Au moins en deux occasions. Quand il a choisi de l'enraciner dans le terroir. Et surtout, quand à partir du surréalisme il a poussé jusqu'aux limites de l'épuisement l'expérience spiraliste. Le sujet n'est pas exclu, mais relégué au second plan, au profit du tourbillonnement de la phrase, des mots saisis avec leur connotation et leur pouvoir de suggestion. Ce qui fait du roman de Jean-Claude Fignolé, le carrefour des tempêtes, plus sociales que naturelles. Voilà pourquoi, en germe, se lit une volonté de révolution qui doit bousculer les convenances et le confort linguistiques.

Malgré tout, il n'est pas interdit au poète grâce et fantaisie, élégance et tournure d'esprit, humour et tendresse. Le salut de la littérature est menacé dans son existence même à ce prix. Au prix d'un refus de prendre parti dans tout débat qui voudrait renvoyer dos à dos les deux termes de l'expérience romanesque. Autant croire que Fignolé a vécu l'intimité de ses romans avant même de les avoir écrits. Et quand il les aura composés, voudra-t-il rythmer son existence au diapason de celle de ses personnages ? Devrait-on alors parler de concordance dont le résultat immédiat se traduit par l'étroitesse des rapports entre tous les termes de l'équation littéraire ? Et si jamais il arrive d'insister sur la puissance du verbe ou même sur la virilité, on ne devra nullement négliger la part qui est faite à la mise sous contrôle de tous les éléments de la texture. Tel est d'ailleurs le rare mérite du romancier...

Jean-Claude Fignolé a publié trois autres romans : *Hofukû*, une intrigue policière, *Moi, Toussaint Louverture* et *La dernière goutte d'homme*, qui est un livre d'importance. Dans une tentative neuve, il apporte une écriture neuve et exprime une expérience vécue. Depuis Roumain et Alexis, on a rarement éprouvé l'impression d'un tel volume poétique. Dans ce roman, il n'y a ni ici, ni maintenant, ni jadis, mais un pathétique désespéré mêlé à un humour tragique. Une angoisse sans visage, telle est la source de l'œuvre. Il y a chez le romancier une dénonciation tragique de l'existence, une façon émerveillée de l'écriture qui jouit à se dire, qui agit comme une catharsis et produit une alchimie purificatrice. Le style est tout entier dans un rythme pathétique et haletant. C'est ce que Gaston Bachelard appelle une « psychanalyse en profondeur ou rythmanalyse[5] ». Sur ce point, Fignolé est très différent de Franck Etienne. Ce dernier ne particularise pas, n'individualise pas ; il fantasme. Le monde est pour lui une écrasante déraison, le comble du chaos. En cherchant le dérèglement des sens, il fait sortir le lecteur des gonds de la normalité.

La trame du roman est surprenante à cause du caractère discontinu du récit. Il y a également chez Fignolé ce pouvoir d'imagination et de langage qui lui permet de se mettre à la place de chaque chose. L'écrivain dénonce l'état réel du monde moderne, avec ses crimes, folies destructrices, l'immense cohorte de ses innombrables victimes. Le mal prend une importance capitale dans ce roman, mais il ne la domine pas. Il se manifeste en s'incarnant. Le monde fignoliste n'est-il pas un monde où s'affrontent les sauvés et les malheureux ?

---

5. Voir Gaston Bachelard, *La psychanalyse du feu*, Paris, Gallimard, 1938.

Mais il n'est pas un monde où domine irrévocablement le désespoir, où la prise de conscience n'est réservée à quelques personnes, mais c'est le monde d'un homme qui aime tous les hommes. La société est une jungle où les êtres s'entredévorent comme une mécanique par laquelle sont broyés les plus faibles.

Jean-Claude Fignolé porte en lui, l'étoffe d'un grand écrivain. Plus qu'un romancier, La dernière goutte d'homme révèle un grand artiste. Le préfacier Annick Mondoloni insiste en ces termes sur la singularité de l'œuvre.

> La dernière goutte d'homme *traite d'un temps présent incertain et farouche dans lequel il ne s'agit plus seulement de s'interroger mais de trouver des solutions. Jeu littéraire et donc jeu de mots, le roman se doit aussi d'être une recherche sur le sens. Le personnage est embarqué dans la quête de son identité. [...] L'histoire se révèle par bribes, sa construction est hachée. Il s'agit d'une douloureuse archéologie du moi. Le récit s'engendre par sédimentation progressive. Le glissement incessant d'un personnage à un autre, d'un narrateur à un autre. Ces voies multiples confèrent une densité existentielle à cette quête identitaire*[6].

Plus loin, il précise :
> *Un sentiment d'effroi parcourt cependant le texte. Ce vertige permanent n'est-il pas le risque d'un autre ordre de réalité ? Si les mythes fondateurs de l'occident sont en partie impuissants à répondre au cri de l'humanité, le salut ne peut-il pas surgir de grands mythes de la cosmogonie africaine ? En un mot, il n'y a plus de vérité, plus de modèle infaillible*[7].

Jean Claude Fignolé est mort d'un arrêt cardiaque en juillet 2017.

Eddy Arnold JEAN, Ph.D.

---

6. Jean-Claude Fignolé, *La dernière goutte d'homme*, Montréal, Regain & CIDIHCA, 1999, pp. 11-12.
7. Jean-Claude Fignolé, *Aube tranquille*, Paris, Seuil, 1990, pp. 170-171.

Bibliographie

BACHELARD, Gaston, *La Psychanalyse du feu*, Paris, Gallimard, 1938.

FIGNOLÉ, Jean-Claude, *Pour une Poésie de l'Authentique et du solidaire*, Port-au-Prince, Fardin, 1971.

---, *Vœu de voyage et intention romanesque*, Port-au-Prince, 1978.

---, *Les possédés de la pleine lune*, Paris, Seuil, 1987.

---, *Aube tranquille*, Paris, Seuil, 1990.

---, *Hofukû*, Port-au-Prince, Mémoire, 1993.

---, *La dernière goutte d'homme*, Montréal, Regain & CIDIHCA, 1999.

---*Vœu de voyage et intention romanesque*, Port-au-Prince, Fardin, 1978.

MARQUEZ, Gabriel Garcia, *Cent ans de solitude*, Paris, Seuil, 1995.

MÉTELLUS, Jean, *Une eau forte*, Paris, Gallimard, 1983.

Pour citer cet article :

Eddy Arnold JEAN, « Jean-CLaude Fignolé : la parole comme totalité », Revue *Legs et Littérature*, 2017 | no. 10, pp. 73-86.

Le choc *de Léon Laleau* : entre occupation et révolte

Ancienne élève de l'École Normale Supérieure de Port-au-Prince, Mirline Pierre détient un Master en Langages, Cultures et Sociétés en milieu plurilingue de l'Université des Antilles (UA). Elle prépare un Master 2 en Lettres Modernes et Études culturelles à l'Université Jean Monnet Saint-Étienne. Éditrice, professeure à l'Université de Port-au-Prince, elle est l'auteur de deux biographies pour enfants (Je découvre... Dany Laferrière, 2014 et Je découvre... Charlemagne Péralte, 2016), et co-auteure de l'essai 50 livres haïtiens cultes qu'il faut lus dans sa vie (2014). Elle s'intéresse aux thèmes liés à la dictature, la femme, la migration.

Résumé

Considéré par beaucoup d'historiens et de critiques littéraires haïtiens comme un mouvement de réaction contre l'occupation américaine d'Haïti, l'indigénisme haïtien a suscité chez nombre d'écrivains un intérêt pour la culture populaire. Les poètes ont surtout chanté l'alma mater. Si certains romanciers ont préféré priorisé la terre, le milieu paysan dans leurs productions, d'autres ont choisi de faire de l'occupation la trame de leur récit pour montrer leur opposition à l'événement. À partir d'une analyse de Le choc de Léon Laleau, *nous nous proposons de faire ressortir le poids de la révolte et de l'indigénisme dans ce roman qui est le premier à avoir traité véritablement de l'occupation.*

Mots clés

Occupation américaine, indigénisme, identité, révolte, littérature haïtienne

LE CHOC DE LÉON LALEAU : ENTRE OCCUPATION ET RÉVOLTE

Si nous considérons la périodisation de la littérature proposée par le docteur Pradel Pompilus et le frère Raphaël Berrou dans leur *Manuel illustré d'histoire de la littérature haïtienne*[1], le mouvement l'indigénisme est perçu comme la cinquième période de la littérature haïtienne. Développé avec l'occupation américaine d'Haïti de 1915, ce mouvement a donné naissance à une vague d'écrivains engagés ou non-engagés contre l'invasion des forces étrangères. L'indigénisme se diffère des autres périodes de la littérature par rapport à son approche de la question littéraire et le discours véhiculé. Défini comme étant « la volonté chez les créateurs de s'inspirer (quant aux thèmes et à la forme de leurs productions), des coutumes, des valeurs (musicales, religieuses, danses) appartenant à la vie, à la culture nationale »[2], et donc une volonté d'affirmation et d'expression de soi, l'indigénisme a contribué à haïtianiser et à africaniser la littérature haïtienne. Ainsi, les écrivains dits indigénistes ont intégré le folklore, le vaudou, les croyances populaires et tout le quotidien haïtien voire africain dans leurs productions. Une démarche qui prend en compte l'idéal de Jean-Price Mars les invitant à faire en sorte que les

contes, légendes, chansons venus de loin ou créés, transformés par nous, soient une partie de nous-mêmes, à nous-mêmes

---

1. Pradel Pompilus, Raphaël Berrou, *Manuel illustré d'histoire de la littérature haïtienne*, Port-au-Prince, Imp. de l'État, 1961.
2. Roger Gaillard, « L'indigénisme haïtien et ses avatars », L'indigénisme, *Conjonction*, no 197, Port-au-Prince, Le Natal, 1993, p. 9.

> *révélée comme une extériorisation de notre moi collectif, nul ne peut empêcher que des croyances latentes ou formelles venues de loin, transformées, recréées par nous, aient été les éléments moteurs de notre conduite et aient conditionné l'héroïsme irrésistible de la foule qui se fit massacrer aux jours de gloire et de sacrifices pour implanter la liberté et l'indépendance du nègre sur notre sol ; rien ne peut enfin empêcher qu'à l'époque de transition et d'incertitude que nous vivons en ce moment, ces mêmes éléments impondérables ne soient le miroir qui reflète le plus fidèlement le visage inquiet de la nation*[3].

Ainsi avec l'Indigénisme, un autre de roman verra le jour : le roman paysan ou champêtre. Depuis la publication de *Stella* d'Éméric Bergeaud en 1859, les romans publiés par les écrivains de la fin du dix-neuvième siècle étaient plutôt de type urbain, bourgeois et exotique. Les romans des débuts du vingtième siècle, à savoir ceux de Frédéric Marcelin, de Fernand Hibbert, et de Justin Lhérisson sont qualifiés par les critiques de la littérature de romans nationaux parce que s'inspirant des réalités de la vie haïtienne. Cette période, diversement désignée[4], a proposé un renouveau du roman haïtien. Les romanciers du mouvement indigéniste dont Roumain, Lespès, Alexis, Cinéas ont donné vie à la paysannerie, en intégrant dans leurs récits la description des campagnes haïtiennes, du vaudou et tout ce qui constitue l'âme haïtienne. Ainsi, ils ont suivi la voie tracée par Antoine Innocent qui fut le premier à introduire le vaudou dans le roman haïtien.

En effet, si l'indigénisme a pu mettre en valeur l'âme haïtienne, il a servi aussi de prétexte pour protester contre l'occupation américaine du pays. Léon

---

3. Jean-Price Mars, *Ainsi parla l'oncle. Essais d'ethnographie*, Port-au-Prince, Imprimeur S.A., 1998, pp. 172-173.
4. Dans leur *Manuel illustré d'histoire de la littérature haïtienne*, les critiques Pradel Pompilus et Raphaël Berrou divisent la littérature haïtienne en six périodes et considèrent le mouvement indigéniste comme la cinquième période de notre littérature. L'historien Roger Gaillard, de son côté, parle de l'indigénisme comme étant la troisième période de la littérature. (Réf.: L'indigénisme haïtien et ses avatars », L'indigénisme, *Conjonction*, no 197, Port-au-Prince, Le Natal, 1993, pp. 9-26.). Et le critique Dieulermesson Petit Frère parle de quatre tranches ou périodes. Pour lui, l'indigénisme, qu'il appelle aussi période culturo-nationaliste (1915-1957) est la troisième période de la littérature haïtienne (Réf.: *Haïti : littérature et décadence. Études sur la poésie haïtienne de 1804 à 2010*, Port-au-Prince, LEGS ÉDITION, 2017, pp. 21-36.).

Laleau, n'est peut-être pas le premier romancier à avoir parlé de l'événement dans son roman *Le choc* mais il en fait son sujet principal. Ce roman peut-il être perçu comme une forme de révolte face à la situation de l'époque ? Ou encore une forme d'appel à la révolte ? Quel est l'impact du mouvement indigéniste dans les récits de l'époque, plus particulièrement dans *Le choc* de Léon Laleau ?

Le choc ou la révolte contre l'occupation américaine

Dans son essai *Littérature d'Haïti*, Léon François Hoffman cite un ensemble de romans faisant partie de l'occupation ou encore appelés par d'autres critiques récits de l'occupation. Parmi ces romans, il mentionne *Le choc* de Léon Laleau, *Le nègre masqué* de Stephen Alexis, *La blanche négresse* de Cléante D. Valcin, *Le joug* d'Annie Desroy et *Viejo* de Maurice Casséus. Ces romans ont pour cadre la première occupation américaine d'Haïti et montrent l'amour démesuré des romanciers pour leur chère patrie.

Dans chacun de ces récits, les romanciers montrent que l'occupant n'agit que dans le cadre de ses intérêts ou pour son bien-être. Ces cinq romans ont été répertoriés comme des récits de l'occupation. Dans un article paru dans la revue *dEmanbrE*[5] en janvier 2015, la critique Nadève Ménard, a ajouté un autre roman dans la liste à savoir *Les simulacres ou l'affaire d'Hellenus Caton* de Fernand Hibbert. Ce roman considéré comme un classique de la littérature haïtienne raconte l'histoire d'Hellenus Caton, un homme de la classe moyenne ayant fait fortune dans le commerce. Sa chère femme, Cephise, a gaspillé les biens de la famille. Caressant le rêve de devenir président de la République, il se lance dans la politique avec l'espoir de redorer son blason. Avec l'arrivée de l'occupant, il pense pouvoir atteindre cet objectif mais une fois qu'il a découvert que ce dernier ne s'intéresse pas à lui, il devient tout d'un coup l'un de ses plus farouches opposants.

Dans ce roman, Hibbert nous met en face de nos faux-semblants, nos simulacres. Il nous montre aussi que la société dans laquelle nous vivons n'est que simulacre, façade. C'est-à-dire une société dans laquelle tout ne repose

---

5. Nadève Ménard, « Portrait de la France et des Francais dans les romans de l'occupation : entre adulation et mépris », (1915-2015) Centenaire de l'occupation américaine d'Haïti, *dEmanbrE*, Port-au-Prince, Atelier Jeudi Soir/Ruptures, 2015, pp. 74-80.

que sur les apparences. *Les simulacres ou l'affaire d'Hellenus Caton* est un roman qui n'a pas totalement comme toile de fond l'occupation américaine. Dans ce roman, l'auteur fait un clin d'œil sur l'occupation américaine pour ensuite se concentrer sur les rapports de famille, l'infidélité, la politique et d'autres faits de société. C'est peut-être pour faire comprendre aux lecteurs que l'histoire a été racontée au moment où les *Yankees* étaient en Haïti. À noter aussi que comme tous les autres romans de l'époque, il propose une mise à nue du réel haïtien.

Compte tenu de ces considérations, l'on peut dire que *Le choc* (1932) de Léon Laleau sous-titré *Chronique haïtienne des années 1915 à 1918* est véritablement le premier roman de l'occupation américaine. Il est divisé en quatre parties portant chacun un titre. Il raconte l'histoire de Maurice Desroches, âgé de 21 ans et vivant modestement avec sa mère, son père et sa petite sœur dans la région La Coupe, l'ancien nom de la ville de Pétion-Ville. Fougueux et plein de vie, le jeune Maurice aime éperdument Josette Raynald, une fille de la classe moyenne. Son amour est partagé jusqu'au moment où un blanc du groupe des Marines, le lieutenant Martine, avec la complicité de la mère de Josette, Louise Raynald, détourne cet amour dans le sens de ses intérêts. Ainsi, elle fait de tout son mieux pour jeter sa fille dans les bras de l'occupant. *Le choc* est aussi et surtout l'histoire d'un jeune homme naïf, fatigué avec les instabilités politiques et les luttes intestines entre les haïtiens, croyant que l'occupation américaine pourrait mettre le pays sur la voie du développement. Peu à peu qu'il voit la lumière et qu'il devient de plus en plus mûr, il comprend le jeu des uns et des autres et s'étant rendu compte qu'il s'était trompé, il prend ses distances et se voue à une haine de l'occupant.

Un roman d'incitation à la révolte

Le protagoniste de l'histoire, Maurice Desroches, le fils d'Ernest et de Juliette Desroches croyait que l'occupant pourrait l'aider à sortir son pays du chaos et mettre fin à cette guerre continue entre les Haïtiens pour le pouvoir. Comme la plupart des jeunes de son époque, il avait remarqué que sa patrie était au bord de la faillite, les politiciens ne font que reproduire le même schéma politique qui consiste à diviser les haïtiens pour bien régner afin d'empocher beaucoup plus d'argent. Donc, il n'y avait aucun espoir. Plus rien à faire sinon que de miser sur le Blanc.

Dans la première partie du roman titré « La robe du prêtre », Maurice montre son amour pour le pays dans sa conversation avec le père Ganet. Un amour infini ou même démesuré pour sa patrie. Mais le prêtre, dans ses pourparlers avec lui a, maintes fois, essayé d'ouvrir ses yeux sur la réalité et l'a invité à analyser l'occupation du territoire haïtien par les Américains comme une expérience qu'on doit éviter toute de manière parce qu'elle ne sera pas bénéfique au pays. Il lui montre aussi que le citoyen n'éprouve désormais aucun amour pour sa patrie. Que tout son rêve est de laisser le pays pour aller s'établir ailleurs, dans le pays de l'autre. Pour chaque haïtien, l'avenir est ailleurs.

> *Vous ne vivez pas assez votre patrie et vous êtes trop nombreux à vivre d'elle. Quel est le rêve de tout-jeune homme de votre âge? Être secrétaire de légation, pour pouvoir s'éloigner du pays et... l'oublier. Quel est le désir de tout homme de trente ans? Avoir des fonctions bien appointées où il lui est loisible de tout faire pour se tailler une fortune qu'il ira ensuite dissiper en pays étrangers...* [6]

Dans cette première partie, le père Ganet fait un état des lieux. Il fait apparaître les désirs des jeunes de l'époque de fuir leur Haïti en vue de faire fortune en Europe tout en oubliant très vite le pays natal, laissant du coup derrière eux ce pays de misère et de guerre sans fin.

Dans la deuxième partie titrée « L'ère nouvelle», au cours d'une longue discussion entre Maurice et son père, il fait comprendre à ce dernier dans de courtes phrases qu'il n'a pas pris la peine de terminer soit en signe de respect pour son père ou par pure peur qu'il voyait les choses autrement. Il avait sa propre vison et compréhension de la vie et des choses. Maurice est jeune et naïf, il voit les choses au premier degré. Son père, en bon patriote et homme d'expériences a, en vain, tenté de l'amener à la raison. Mais il ne comprend rien. En guise de réponse à ce père qui essaie de lui ouvrir ses yeux sur la honte que représente l'occupation, il s'insurge sur ce ton : « nous aurons

---

6. Léon Laleau, *Le choc,* Port-au-Prince, Fardin, 2012, p. 68.

enfin la sécurité. Notre vie sera ne sera plus… »[7] puisque pour lui « l'indépendance sans la liberté est un non-sens »[8]. Plus loin, avec beaucoup, plus de calme, il lui dit : « On a marché, mon père. Nous ne sommes pas dans la même école »[9]. Déjà dans les premières parties du roman, Maurice montrait son amour sans borne pour son pays qu'il voulait sauver à tout prix. Il suffit que ces frères et sœurs haïtiens vivent dans leur terre natale. Mais, il était très naïf. Il voyait l'occupation que de surface. Contrairement à son père qui est plutôt guidé par la raison. Il avait pressenti que la présence des américains ne va rien apporter dans la recherche de solutions aux problèmes d'Haïti. Au contraire, elle ne va qu'alimenter la division entre les Haïtiens pour pouvoir s'accaparer des biens et des recettes douanières. Ernest Desroches savait très tôt que les Américains n'étaient pas venus pour mieux gérer ou même faire progresser le pays. Comme tout père sensible, il a voulu dessiller les yeux de son fils pour l'aider à voir clair et lui faire comprendre la réalité de chez nous.

> *Il y a des choses qu'on ne peut épargner à personne, pas même à son fils. J'aurais tant voulu cependant écarter de son cœur ses désilions si amères qu'elles endeuillent à jamais une âme vraiment tendre. J'aurais tant être son expérience, être, entre les choses et lui, une sorte d'intermédiaire, une manière de tampon souffrance*[10].

En fait, le père de Maurice en tant qu'homme avisé voyait que le blanc ne pourrait en aucun cas sauver le pays. C'est seulement une vraie entente des Haïtiens qui pourrait augurer de jours meilleurs. Cette entente de tous les fils ou filles d'Haïti, riches et pauvres, noirs ou mulâtres que prêchait le fondateur de la patrie depuis 1804 jusqu'à sa mort. Entre le père et le fils, il règne déjà une tension, un désaccord. Le père a même traité le fils d'imbécile au cours d'une conversation dans la deuxième partie du récit pour n'avoir pas su percevoir le scandale causé par l'occupation américaine à Porto-Rico et à Cuba.

---

7. Ibid., p. 67.
8. Ibid., p. 68.
9. Ibid., p. 68.
10. Ibid., p. 73.

L'imbécile, fit-il. Connaissez-vous l'histoire de l'occupation américaine à Port-Rico et à Cuba. Oubliez-vous le dernier scandale de la douane de la République Dominicaine ? Vous devez ignorer plutôt cela. Votre ignorance est sans bornes[11].

Par contre dans les deux dernières parties du roman qui ont respectivement pour titre « Les heurts » et « Vers l'inconnu », le lecteur se trouve en présence d'un autre Maurice Desroches, un jeune qui a beaucoup mûri et grandi. Un Maurice blessé et méprisé maintes fois par les officiers américains. Il est confus dans la mission des États-Unis en Haïti. Transformé et éclairé, il a vite compris que l'étranger n'est pas un sauveur ou un bienfaiteur mais plutôt un rapace qui entend tout accaparer. Donc, il est une victime. Victime du racisme des Américains. Trahi par la mère de sa fiancée, Josette, son idole. Il a tout perdu, et sa fiancée et sa patrie, car ne voyant plus sa place ici (dans sa terre natale), il part, en vaincu pour la France, particulièrement, perçue comme la terre de la civilisation.

Le roman termine avec le départ de Maurice vers la France, sa seconde patrie: « s'en aller en France et se battre pour elle, pour cette autre patrie de tous ceux qui ont une patrie qui souffre, et vers laquelle il avait déjà lancé, lui, les cris d'espérance de tout son cœur, avec l'infatigable continuité des jets d'eau faisant, vers le ciel, gicler leur éternelle mélopée »[12].

Le départ du héros pour la France suscite bien des interrogations. À bien comprendre, l'on verra qu'il est plutôt un produit de la civilisation européenne. Avec son départ, il n'y a pas lieu de parler d'une quelconque valorisation de la culture nègre ou africaine comme on le stipule ou le laisse croire l'idéal du mouvement indigéniste.

Mirline PIERRE, M.A.

---

11. Ibid., p. 67.
12. Ibid., p. 168.

Bibliographie

ALEXIS, Stephen, *Le nègre masqué* [1933], Port-au-Prince, Fardin, 1980.

BERGEAUD, Émeric, Stella [1859], Port-au-Prince, Fardin, 2012.

CASSÉUS, Maurice, *Viejo*, Port-au-Prince, La Presse, 1935.

DESROY, Annie, *Le joug*, Port-au-Prince, Imp. Modèle, 1934.

GAILLARD, Roger, « L'indigénisme haïtien et ses avatars », L'indigénisme, *Conjonction*, no 197, Port-au-Prince, Le Natal, 1993, pp. 9-26.

HIBBERT, Fernand, *Les simulacres ou l'affaire d'Hellenus Caton* [1923], Port-au-Prince, Fardin, 1993.

HOFFMANN, Léon-François, *Littérature d'Haïti*, Vanves, EDICEF, 1995.

LALEAU, Léon, *Le choc. Chronique haïtienne des années 1915 à 1918* [1932] Port-au-Prince, Fardin, 2012.

MARS Jean-Price, *Ainsi parla l'oncle. Essais d'ethnographie*, Port-au-Prince, Imprimeur S.A., 1998.

MÉNARD, Nadève, « Portrait de la France et des Francais dans les romans de l'occupation : entre adulation et mépris », (1915-2015), Centenaire de l'occupation américaine d'Haïti, *dEmanbrE*, Port-au-Prince, Atelier Jeudi Soir/Ruptures, 2015, pp. 74-80.

PETIT FRERE, Dieulermesson, *Haïti : littérature et décadence. Études sur la poésie haïtienne de 1804 à 2010*, Port-au-Prince, LEGS ÉDITION, 2017, pp. 21-36.

POMPILUS, Pradel, BERROU, Raphaël, *Manuel illustré d'histoire de la littérature haïtienne*, Port-au-Prince, Imp. de l'État, 1961.

VALCIN, Cléante, *La blanche négresse* [1934], Port-au-Prince, Presses nationales d'Haïti, 2007.

Pour citer cet article :

Mirline PIERRE, « *Le choc* de Léon Laleau : entre occupation et révolte », *Revue Legs et Littérature*, 2017 | no. 10, pp. -87-97.

Lire *La marquise sort à cinq heures* de Franketienne

Marie-Josée Desvignes vit dans le sud de la France. Professeure certifiée de lettres modernes et formatrice en écriture, elle se consacre exclusivement à l'écriture de romans, nouvelles, essais, poésies et chroniques littéraires. Outre ses publications dans des journaux et revues, elle est, entre autres, l'auteure de La littérature à la portée des enfants, enjeux des ateliers d'écriture dès l'école primaire *(2000)* et Requiem, *récit poétique (2013).*

Résumé

Frankétienne est un artiste pluridimensionnel. Infatigable inventeur des mondes, expert en dynamique syntaxique et pyromane lexical, Frankétienne a publié plus d'une trentaine de titres, en français et en créole. Chacune de ses œuvres est ancrée dans l'histoire contemporaine haïtienne. Avec ce dernier opus, l'auteur à la prose incendiaire, il revendique toujours plus de liberté et d'éclat. Un roman aux couleurs chatoyantes, une énergie débordante et un plaisir gourmand, intemporel. Le propos ici entend faire ressortir dans le jeu discursif et le discours romanesque toute la charge sémantique que charrient l'œuvre et l'inquiétude du personnage et/ou du poète.

Mots clés

Spiralisme, liberté, surréalisme, formalisme, modernité.

LIRE *LA MARQUISE SORT À CINQ HEURES* DE FRANKÉTIENNE

Lire Frankétienne requiert une énergie certaine et le désir d'entrer dans une langue bouillonnante, fantasque, inventive, turbulente où les mots se heurtent, s'entrechoquent, se bousculent, où les adjectifs s'inventent, se déploient dans une gamme de couleur toujours plus variée et nouvelle. Faisant fi de ces excès que l'on reproche le plus souvent quant à l'emploi des adjectifs comme à tous les formalismes, lui préférant la spontanéité et l'élan créateur, Frankétienne, le pyromane lexical de la littérature haïtienne, tout comme sa marquise, est libre : « Je me proclame totalement libre. Je sens. Je sais. Je suis. Et je clame ma musique en toute liberté. Je suis foutrement libre »[1]. Il les revendique, en use et en abuse, déployant une langue toujours renouvelée, la faisant voler en éclats. Le surréalisme plutôt que le réalisme, pourrait-on dire, ou Breton contre Flaubert, et c'est bien mieux encore. Mais voyons.

Le titre *La marquise sort à cinq heures* renvoie bien sûr à Valéry qu'il cite dès la seconde page, ou à ce titre de roman de Mauriac mais fait référence surtout à cette « poésie pure » qui exclut toute virtuosité de narration. Qui est cette marquise ? D'où sort-elle ? Et pour aller où ? Pourquoi à cinq heures ?

Phrase anodine ? Pas si sûr. Non seulement parce qu'elle renvoie bien à ces célèbres phrases chargées d'énigmes (incipits célèbres ou impertinentes intrigues) mais parce que tout comme Valéry qui refusait d'écrire un roman qui s'appellerait : *La marquise sortit à cinq heures* - on remarquera au passage

---

1. Frankétienne, *La marquise sort à cinq heures*, Paris, Vents d'ailleurs, 2017, p. 94.

que Franketienne lui a préféré le présent au passé simple, ce présent réactualisant la nouveauté dans la langue, la revendication d'une liberté poétique, l'invention langagière contre l'invention narrative, ou bien, on le verra plus loin, un présent qui intime un impératif.

Phrase typiquement balzacienne cependant, selon Valéry toujours qui jugeait le roman de Balzac totalement dépassé et cherchait à inventer autre chose, selon Breton dans son *Manifeste du Surréalisme* qui disait de Valéry : « Il se proposait dernièrement de réunir en anthologie un aussi grand nombre possible de débuts de roman de l'insanité desquels il attendait beaucoup »[2].

Exprimant son mépris du roman qu'il se refusait d'écrire, Valéry lui aurait préféré l'écriture de la poésie dans de petits carnets entre quatre et six heures du matin. Mais peut-être était-ce le soir, à l'heure où se clôt la journée que cette marquise voulut bien sortir à cinq heures ?

Quelle facétie encore chez Franketienne que de donner pour titre à ce dernier opus poétique un titre aussi concis, message impeccable et précis, phrase dépourvue d'adjectifs, qui va droit au but, de celle dont se réclamait justement un Flaubert ou même un Stendhal, nette, brève, simple, alors que cette même phrase qui agaçait Breton est antinomique de l'exubérance d'un Franketienne plus proche à coup sûr des surréalistes que des formalistes.

Mais ce serait oublier que, si Franketienne appartient à un courant, c'est d'abord au courant spiraliste. Le spiralisme, processus créatif né dans les années soixante, initié par Franketienne lui-même, est une esthétique qui s'inspire directement de la théorie scientifique du chaos, de la combinaison de structures en perpétuel mouvement, « une dynamique de l'imprévisible, de l'inattendu, de l'opacité, de l'incertitude et du hasard obscurément labyrinthique et mystérieux, le fictif, l'historique, le poétique, le théâtral, le mystique, l'aléatoire et le fantasmagorique, le tout imbriqué, enchevêtré, entrelacé dans une texture chaotique babélienne infinie »[3], une forme de vie née de l'énergie, dans son chaos.

---

2. André Breton, *Œuvres complètes I*, Paris, Gallimard 1988, p. 313.
3. Voir l'entretien avec Franketienne réalisé par Fritz Calixte et Edelyn Dorismond, « Le dire du spiralime », *Potomitan*, le site de promotion de culture et langues créoles. Consulté le 10 septembre 2017. http://www.potomitan.info/colloques/fignole.php .

Phrase factuelle, dépourvue d'intention sinon celle de faire passer un message, et quel message ! Qui est donc la marquise de Franketienne ?

Il n'y a pas écrit « Roman » sous le titre, pourtant Franketienne nous conte bien quelque chose, exactement ce que dit le titre, la marquise, une femme donc, sort à cinq heures, et c'est de cette sortie matinale, on le parierait, que va nous raconter, car il y a bien une histoire, l'histoire de toute femme qui s'émancipe du joug des hommes.

En marge donc plutôt qu'en détestation du roman, même si toute l'œuvre de Franketienne se veut elle aussi très libre, ne se donne à lire sous sa forme compacte ni un poème ni un roman ou alors un roman dans sa forme la plus généreuse, débarrassé de toute temporalité sinon cette heure donnée, ce moment décisif, d'une pseudo temporalité à laquelle tout récit se soumet, hors temporalité, hors espace et un des plus beaux poèmes assurément !

Il n'y a guère que l'imagination qui n'y soit servie sous la forme d'un renouvellement foisonnant de la langue. En référence à Valéry et aux difficultés d'écrire encore du roman, Nathalie Sarraute dans *L'Ère du soupçon* le soulignait : « Quand il [l'auteur]songe à raconter une histoire et qu'il se dit qu'il lui faudra, sous l'oeil narquois du lecteur, se résoudre à écrire : « La marquise sortit à cinq heures », il hésite, le cœur lui manque, non, décidément, il ne peut pas »[4]. Le lecteur averti et sensible recherche avant toute chose, une certaine qualité de langage. Et lors d'une conférence en 1969 elle dit : « Le langage n'est essentiel que s'il exprime une sensation [...] Alors de quel langage se servirait-il ? D'un langage banal et usé. Il écrirait, pourquoi pas ? « La marquise sortit à cinq heures. » Car à vision plate, langage plat : la sensation et le langage ne font qu'un »[5].

Cette phrase donc, « la marquise sort à cinq heures », par provocation ? Oui certes, il y a toujours un peu de provocation chez Franketienne, il va en faire un leitmotiv, prétexte aux déambulations revendicatrices de cette Femme qui les représente toutes, femme emblématique de celles qui sont toujours sous la

---

4. Nathalie Sarraute, *L'ère du soupçon*, Paris, Gallimard, 1956, p. 70.
5. Nathalie Sarraute, « Le langage dans l'art du roman », *Œuvres complètes*, Paris, Gallimard, 1996, pp. 1691-1692.

domination du mâle : « combien terrible insupportable horrible inacceptable lugubre épouvantable est ma douleur de femme perdue pendue suspendue entre la corde phallique misogyne implacable et la divine miséricorde miraculeuse hypothétique aléatoire quand mon corps se balance de vertige pendulaire à cinq heures avec vingt mille ans de douleur interminable pour la violente longévité machiste et la brûlante éternité mâle... »[6], interminable incipit qui donne le ton de l'expression violente revendiquée contre la violence outrageusement subie.

Mais au fait, cette femme qui crie, hurle sa douleur n'est-ce pas la langue poétique elle-même ? Cette « femme » exultante matrice donnant la vie « sous la lumière du silence », dans les « modulations de gamme » traversant le village, qui naît et sort à cinq heures, « égarée au mitan totalement au mitan des déchets et des décombres pétrifiés... L'incandescente nervosité des ombres accentuant l'incendie du silence »[7].

Dans ce pays dévasté, la marquise sort à cinq heures, désorientée, trébuchante. On se souviendra ici que ce texte a été écrit après le dernier cataclysme qu'a connu l'île de l'auteur, Haïti, une île soumise à bien de sacrifices et de douleurs. Comment peut-on encore écrire de la poésie après un tel événement... ? Pourrait-on se demander quand on est poète. Et de se rappeler à nous tant de questionnements similaires autour de la nécessité d'un tel art en ce monde violent.

« L'écriture hors blasphème entre les doigts du vieux poète solitaire déchira le masque des langues de médisance et dénoua l'ankylose des chemins sclérosés »[8] entre visions macabres, déchéances, extravagantes détresses et mirages hallucinés de couleurs, de cris d'oiseaux imaginaires, entre lumières et ombres, l'exaltation maîtresse du langage du poète seul maître à bord de ce navire d'encre qui tangue sans cesse. « Ce jour-là le génial poète philosophe Paul Valéry témoigne que la marquise sortit à cinq heures derrière l'anonymat du mal »[9].

---

6. Franketienne, *La marquise sort à cinq heures*, Paris, Gallimard, 2017, p. 7.
7. Ibid., p. 8.
8. Ibid., p. 9.
9. Ibid., p. 9.

« Rien que la volupté mystérieuse aux battements de l'énigme autour du nombril de la marquise »[10]. Ne pas chercher à donner sens sous la cendre et la lave du volcanique Frankétienne, poésie s'exprime au plus près toujours de l'excès sensuel de la langue.

« Et la marquise était sortie à cinq heures ». Cette marquise que l'angoisse possède, pleine de désirs, de fantasmes et de passions ravageuses, « embarquée dans une aventure enlugubrée de ténèbres »[11] qui ne sait elle-même si elle est et ce qu'elle est, « guerrière », « fascinée par le feu musical des combats impossibles »[12], toujours prompte aux départs sans retour, aux détours inconnus, « virtuose des amours difficiles », « femme maudite ». Ne sait qui, quoi, où, comment ? De partout et toujours, de nulle part et d'ailleurs, dévastée, ombrageuse, pleine de plaies, gangrénée, « en solitude nouée, toujours à vif, pourtant », « lèvres épuisées de voyelles assoiffées ». Et la marquise poursuit ses rêves de voyage, son voyage de rêve aux confins des mystères, dans « le rugissement du scalpel » jusqu'à la porte enfin qui s'ouvre sur « des morsures d'éclairs en foudroyance allitérative de tendresse douloureuse dans les viscères de la marquise apeurée »[13].

> *Ils ont voulu me tailler, me détailler. Ils ont voulu me couper, me découper. Ils ont voulu me cisailler, me morceler. Ils ont voulu me cogner, me bousculer. J'ai tenu tête à la meute des fauves embrindezingués de fureur. Ils ont voulu me martyriser, me déclitoriser. Ils ont voulu me déboulonner, me découronner. Ils ont voulu m'écharpiller, me déchalborer. Ils ont voulu m'écarteler, me débroussailler, me deboubouner, me dépecer, me pulvériser, me déboiser, me ratiboiser. J'ai tenu tête à la horde des chiens enragés. Ils ont voulu m'écrabouiller, m'enculer, me dévelouter, me décabosser, me décapoter, me dévaginer... J'ai tenu tête aux harassements violents et aux assauts des prédateurs. J'ai hurlé. J'ai résisté jusqu'au bout. Et puis je suis sortie hors du château maudit... Il était cinq heures*

---

10. Ibid., p. 9.
11. Ibid., p. 9.
12. Ibid., p. 9.
13. Ibid., p. 16.

> *de l'après-midi ce jour-là, lorsque j'ai franchi le petit pont de bois, pour me faufiler ensuite à travers les étroites et sombres ruelles du village*[14].

La femme ici, (ou la poésie?), malmenée et sous le joug des hommes qui veulent la soumettre, la maîtriser, la châtier, en dépecer le sens, et les sens, la marquise elle, dit : « Je suis la maîtresse. Je suis la prêtresse. Je suis l'unique protectrice de mon corps. Je suis la gardienne de ma demeure spirituelle. L'empire du rire divin s'étend vers la clarté mystique du plein silence dont les échos grandissent sous la dérision close. La serrure étranglée aux jappements de la clé »[15]. Quelle magnifique ironie dans cette dernière phrase !

D'un langage saturé d'horreurs, de troubles, d'humeurs, de sang, « langage raturé », il/elle use, parlant et déparlant jusqu'au délire ou la démence, dans « l'hémorragie des signes et des symboles crevés »[16]. L'écriture de Franketienne se confond avec la passion, le sexe, vagin, clitoris, cuisses, « je jouis de mon vide centre liberté reconquise [...] virgules et flèches vénéneuses des cyclones synglindêques »[17] et « des guêpes anarchiques ».

Du voyage érotique et mystique de la voyageuse solitaire et libre dans ses rites et dans les rythmes de ses reins, libre de ses tripes, de ses méninges, de son sexe, et son corps tout entier, Franketienne rend « toutes les magicritures », « bataclans de vie et de survie ». « Je sais aussi qu'un unique dé sépare la vie du vide ». Quelle phrase !

Invoquant Valéry, le poète met d'emblée le lecteur en position d'adhérer ou pas à cette folie scripturaire, ce mouvement labyrinthique et en spirale pour dénoncer et exprimer une violence tourbillonnante contenue dans le sang du poète. Les échappées lyriques sont un hymne au féminin dans toute sa splendeur, entre envol et révolte. « L'être divin est fondamentalement d'essence femelle primordiale »[18].

---

15. Ibid., p. 14.
16. Ibid., p. 28.
17. Ibid., p. 25.
18. Ibid., p. 64.

Le poète est la marquise, le poète et la marquise parlent d'une même voix, elle dit son errance, son corps de souffrance, il exulte les mots, les extirpe de sa « peau de risques » : « J'habite une peau de risques. Et je découvre le péril qui menace ma vie de femme trop libre en son déséquilibre sous des lambeaux de feu [...] je chevauche mon vertige »[19], dit la marquise.

La marquise sait sa redevance à son désir d'écrire venu de la lecture. « Patiemment durant de longues années de solitude, j'ai tâtonné, en explorant le labyrinthe envoûtant des longues lectures nocturnes »[20]. Longtemps prisonnière d'un carcan, elle avait tout perdu, sa tendresse féminine et maternelle, le château la retenait, l'aliénait, la dépossédait. Elle a « cessé d'être une humaine créature [...] perdu le bonheur et le goût d'être femme [...] J'ai vite senti dans mes méninges, dans mon cœur et dans mes tripes que j'écrirais un jour, ne serait-ce que des fragments autobiographiques »[21].

Elle est sortie du château maudit, sortie d'un long cauchemar pour entrer dans « un rêve infini »[22]. « Souvent je me suis tue pour caresser le silence [...] Ma violence intérieure en grattelle d'écriture »[23].

Le je du poète et celui de la marquise se confondent. Le poète se fait femme libre, conteuse de sa liberté, la marquise use des mots du poète labyrinthique cerné d'énigmes et d'exubérantes échappées dans la langue aux confins des signes, ceux visibles distillés sur la page, ceux invisibles dans l'espace de l'imaginaire de nos vies, toujours en partance, toujours insaisissables. « J'aimerais bien trouver mon île imaginaire où je pourrais vivre toute seule, loin des désagréments de la vie artificielle »[24].

Et une possible réponse à l'énigme de ce livre : « Écho de l'écriture imaginaire qui me chatouille. L'écriture en crise dans les profondeurs de mes entrailles.

---

19. Ibid., p. 60.
20. Ibid. p. 58.
21. Ibid., p. 58.
22. Ibid., p. 60.
23. Ibid., p.115.
24. Ibid., p. 74.

L'écriture en marche. L'écriture en rut. L'écriture en délire. Folie sauvage où la main nue rattrape la vitesse de la voix soûlée d'ivresse. Le corps inhabitable bouge, insaisissablement cogné d'azur »[25]. Le « corps ascensoûlé de vertige », Franketienne écrit comme il rêve, comme il crée sans condition, sans conditionnements, libre toujours. Faisant fi des modes, des diktats et des formalismes, il enseigne la liberté.

Chaos de langue, tourments des mots au plus près de la souffrance féminine, c'est de toute façon une femme qui parle par sa bouche, qui écrit sous sa plume et couche sa douleur de vivre et de dire. « Tout l'enfer du désir explose en feu de sable au mitan du désert privé d'oasis, l'érotique castration en rut au cœur d'un songe déglandulé où j'imagine encore l'au-delà de l'absence »[26].

Les mots de Franketienne sont jaillissements, bulles qui éclatent, diamants diffractés, sources pures d'émotions non contenues, libres toujours et imprévisibles, « énergie mystérieuse intemporelle ».

Enfin, cette profession de foi de la marquise énoncée en toute fin du livre, par la voix du poète, au nom d'une féminitude en marche est un éloge éclatant et un sacre du féminin :

> *Moi marquise sans peur et sans excuse, j'appréhende le hasard inaudible aux spasmes de mon ventre. Je m'approprie les audaces guerrières des amazones dans mes méninges survoltées et repues de fleurs impaires. Je suis devenue une combattante. Je suis une militante en colère. Je suis une féministe lucide et enragée en même temps. Je dénonce le vieux système de l'exclusivisme qui, depuis des millénaires, octroie tous les privilèges à la tonitruance animale et orgueilleuse des mâles qui fondamentalement sont responsables du mauvais fonctionnement de la planète. La machine planétaire est en panne avec un moteur déconstrombré par la violence, l'injustice, la corruption, la prédation aveugle et le non-partage. Et dire qu'il*

---

25. Ibid., p. 75.
26. Ibid., p. 75.

> *y a quelques femmes complices de ces horreurs insupportables. Moi marquise déchue mais engagée, j'ose mes osmoses et mes métamorphoses dans un héroïque combat d'avant-garde. [...] Je hausse mes cris subversifs au feu de ma féminitude en marche*[27].

Libérez une marquise, longtemps prisonnière d'un lointain passé où le mâle toujours domine, laissez-la prendre parole afin qu'elle assouvisse son besoin de liberté et de révolte. Et « Le temps bouge et roule à l'ovale du chaos qui allait envahir un mystérieux cimetière marin en perpétuelle mouvance dans l'imaginaire du poète qui me fit sortir du château à cinq heures du matin ou à cinq heures de l'après-midi »[28]. « Je suis foutrement libre », disait la marquise, ou le poète ou les deux bien sûr. Explosion jouissive du texte dans cette libération physique de la marquise, femme acquise à la cause de la femme martyrisée. « [...] seules les femmes, douées d'une haute conscience spirituelle et exercées à résister aux assauts des malheurs incrustés dans leur corps de douleur, sont aptes à sauver l'humanité de la débâcle provoquée par la gestion aveugle des prédateurs. Sinon, la déroute humaine est définitivement et irrémédiablement consommée »[29].

Vœu ultime du poète, celui de l'homme après un long parcours sur cette terre, « peut-être que la marquise est une ombre éphémère dans l'univers fabuleux d'un vieux fou solitaire »[30] mais sans aucun doute, un appel à l'insurrection que cette marquise sortant à cinq heures aux « cinq coups sonores dans l'horloge du poète »[31].

J'ai découvert l'œuvre de Frankétienne par *Les Métamorphoses de l'oiseau schizophone*, en huit mouvements, plus exactement par le premier mouvement intitulé *D'un pur silence inextinguible*, l'œuvre d'un poète qui se permettait toutes les transgressions, toutes les libertés les plus inouïes dans ses incursions dans la langue française, inventions lexicales, évictions de genres, tensions

---

27. Ibid., p. 83.
28. Ibid., p. 127.
29. Ibid., p.129.
30. Ibid., p. 130
31. Ibid., p. 114.

entre mots et images, jeux de mots, syntaxe détournée, rythmique imparable. Tout cela produisant un éclatement jubilatoire à la lecture, dans les synapses de mon cerveau, je découvrais une liberté et une violence dans lesquelles je me reconnaissais toute entière. Chaos, oui mais chaos ordonné, chaos comme on dit explosion en milliards de particules qui se recomposent pour créer une émotion, un sens, un dire jaillissant.

Le spiralisme donc. Langue inventive et fantasque qui osait faire jaillir l'émotion intacte, sans les diktats scolaires, sociétaux, normalisants.

Il y a tant à dire sur la poésie, et sur l'usage de la langue pour tous ceux qui s'emploient à la « structurer ». Je crois bien que nous nous illusionnons à rechercher une pureté en consacrant une poignée de poètes ou en réclamant une exemplarité en un seul. Si la langue se travaille pour ciseler le poème, la variété et la qualité des voix tiennent à la singularité de chacun. Frankétienne est l'un de ces auteurs qui déboulonnent vos certitudes et impulsent par son chant de puissance expressive, un désir dans la survie et dans la révolte, par sa rage de liberté. Son univers est celui d'un artiste, fait de richesse et de sens, d'encre et de sang, de voyelles et d'émotions. D'aucuns n'entreront jamais dans cette liberté, d'autres n'en ressortiront jamais, je fais partie des seconds. Osez ! Pourrait être son cri de ralliement !

Frankétienne, ou Franketienne, en créole Franketyèn, de son vrai nom Frank Étienne, écrivain (en français et en créole haïtien), peintre et comédien haïtien, est un des géants qui marquent la création littéraire et artistique de son époque. Il fonde en 1968 avec René Philoctète et Jean-Claude Fignolé « la Spirale » qui prône l'art total en mélangeant les genres romanesque, théâtral et poétique,

Infatigable inventeur des mondes, expert en dynamique syntaxique et pyromane lexical, Frankétienne a publié plus d'une trentaine de titres, en français et en créole. Chacune de ses œuvres est ancrée dans l'histoire contemporaine haïtienne.

Marie-Josée DESVIGNES
DEA ès Lettres

Bibliographie

BRETON, André, *Œuvres complètes* (tome I), Paris, Gallimard 1988.

FRANKÉTIENNE, *La marquise sort à cinq heures*, Paris, Vents d'Ailleurs, 2017.

---, *Les Métamorphoses de l'oiseau schizophone*, Vol. I, *D'un pur silence inextinguible* [1996], Vents d'ailleurs, 2004.

SARRAUTE, Nathalie, *L'ère du soupçon*, Paris, Gallimard, 1956.

---, « Le langage dans l'art du roman », *Œuvres complètes*, Paris, Gallimard, 1996.

Pour citer cet article :

Marie-Josée DESVIGNES, « Lire *La marquise sort à cinq heures* de Frankétienne », *Revue Legs et Littérature*, 2017 | no. 10, pp. 99-111.

Anthologies de la littérature haïtienne : entre contexte et justification

Jean James Estépha a étudié les Lettres Modernes à l'École Normale Supérieure de l'Université d'État d'Haïti. Membre de l'Association Legs et Littérature (ALEL), il est détenteur d'un Master I en sciences du langage (Lettres, langues, culture et civilisations) avec la mention FLE (Français Langue Etrangère). Professeur de littérature, il s'intéresse particulièrement à la question des rapports entre la littérature haïtienne et son cinéma. Actuellement, il travaille sur la question du handicap en milieu scolaire pour son Master en Sciences de l'éducation dans le cadre d'un programme mis sur pied par l'École Normale Supérieure en partenariat avec l'Université du Québec à Chicoutimi.

Résumé

À ce jour, la critique littéraire haïtienne possède plusieurs florilèges de textes et/ou d'auteurs haïtiens. Cet effort de groupement témoigne de la volonté de la critique de proposer aux lecteurs un choix d'éléments remarquables (de leur point de vue) de la chose littéraire en Haïti. D'autres anthologistes plus cléments ont tenté de répertorier de manière exhaustive la liste des écrivains d'une ou de plusieurs époques. Qu'est ce qui justifie l'orientation d'une anthologie de la littérature haïtienne ? Les choix répondent-ils à une nécessité ou participent-ils à une volonté de regrouper le bon et le beau ou simplement d'imposer une compréhension particulière ? Quel est, au final, l'apport réel de ces anthologies à la littérature haïtienne ? Le texte suivant tente de faire le tour de la question.

Mots clés

Anthologie, préface, littérature haïtienne, critique littéraire, orientation.

ANTHOLOGIES DE LA LITTÉRATURE HAÏTIENNE : ENTRE CONTEXTE ET JUSTIFICATION

Contrairement aux œuvres littéraires, la critique sent parfois le besoin de se justifier. Les anthologistes, en général, n'échappent pas à cette règle. Il va sans dire que ces auteurs ont chacun un souci précis quand ils nous livrent leur catalogue littéraire. Cependant, force est de constater que chacun d'eux est convaincu de l'utilité de la nouvelle anthologie produite, même si le livre ne porte pas forcement le nom d'anthologie. C'est peut être ce qui explique pourquoi certains auteurs consacrent de longues pages à essayer de démontrer la nécessité de leur anthologie. Nous nous proposons donc, à travers quelques préfaces ou introduction de ce type d'ouvrage de la littérature, d'analyser les motifs qui sous-tendent la production des anthologies haïtiennes.

Une lecture de préfaces

D'une anthologie à une autre, les auteurs sont convaincus que le dernier texte présenté est unique et apporte une nouveauté, un plus qui vient simplement combler un vide. À ce compte, il est intéressant de lire les introductions, avant-propos, préfaces et/ou présentations des anthologies afin de comprendre le projet, le but du texte. C'est ce travail que nous avons effectué à partir de plusieurs préfaces ou du texte introducteur des anthologies de la littérature haïtienne. Le premier texte qui nous intéresse est l'*Histoire de la littérature haïtienne ou l'âme noire* de Duraciné Vaval. Publié pour la première fois en 1933, ce texte, nous dit l'auteur dans son avant-propos, n'est pas un livre tout public. De plus, il est le premier en son genre donc il se propose ou s'impose comme une nécessité absolue.

> *Ce livre, qui s'adresse à tous les esprits cultivés, contient un tableau du mouvement littéraire en Haïti de 1804 à nos jours. Aucun ouvrage de ce genre n'a encore été publié en notre pays. On y trouvera la biographie succincte de nos écrivains, l'analyse détaillée ou rapide de leurs principales productions. Les œuvres sont replacées dans leur milieu, dans leur époque et éclairées par les circonstances qui les firent naître*[1].

Plus loin dans ce même avant-propos, Vaval nous explique pourquoi il a choisi de faire cette analyse des œuvres lui-même tout en donnant des extraits des œuvres étudiées :

> *Nous avons cru bon de donner quelques citations, même de quelques lignes des auteurs étudiés. C'est pour que le lecteur ait une impression directe des œuvres. Cette méthode s'impose, vu que la plupart de nos productions littéraires (surtout celles de nos premiers écrivains), sont inconnues ou introuvables*[2].

Pour sa part, Lélia Justin Lhérisson dans son *Manuel de littérature haïtienne* a présenté en 1955 une Histoire de la littérature destinée principalement au secteur éducatif. Dans son avant-propos, l'auteure est on ne peut plus claire, il s'agit d'une histoire littéraire et d'un texte expliqué dans lequel son souci premier est de faire comprendre à ses élèves la littérature haïtienne et de les aider à découvrir la gloire passé du pays et les belles œuvres écrites par les écrivains du temps jadis :

---

1. Duraciné Vaval, *Histoire de la littérature haïtienne ou L'âme noire*, Port-au-Prince, Héraux, 1933, p. 4.
2. Ibid., p. 4.

> *Nous présentons aujourd'hui au public une Histoire de la littérature haïtienne. Nous espérons que ce livre comblera une lacune dans le domaine de l'enseignement en Haïti. Il réunit en seul volume l'histoire de la littérature haïtienne [...] plus des textes expliqués (…)*[3].

On comprend par là le projet de l'auteure, il s'agit d'un manuel destiné au cours d'histoire littéraire. Les textes présentés dans le manuel servent de prétexte à la lecture expliquée. Mais, plus encore, dans ce projet, elle insiste sur le fait que le choix des textes indique déjà des thématiques préétablis.

Afin de rester dans l'esprit de la question du manuel nous nous sommes tournés vers le très connu *Manuel illustré d'Histoire de la littérature haïtienne* de Pradel Pompilus et Raphaël Berrou, rédigé à la demande du Département de l'Éducation Nationale et publié en 1961. Dans leur avant-propos, les deux auteurs affirment que ce livre s'adresse aux professeurs et aux élèves du secondaire en cours de littérature haïtienne. Cependant, un point assez curieux dans cet avant-propos retient notre attention, il s'agit du souci didactique qui a guidé cet ouvrage :

> *Le souci didactique en a constamment dominé la préparation. C'est lui qui explique la disposition des matières, l'abondance des analyses et des questionnaires, la simplicité voulue de la langue et du style, le choix des auteurs, les limites de nos développements*[4].

L'on comprend très bien cette préoccupation mais ce que l'on comprend un peu moins bien c'est cette volonté de guider l'analyse des professeurs et des élèves qui utilisent le manuel :

> *Ces morceaux choisis viennent en général appuyer nos jugements, sont souvent accompagnés d'un questionnaire,*

---

3. Leila Justin Lhérisson, *Manuel d'Histoire de la littérature haïtienne*, Port-au-Prince, 1955, p. 3.
4. Pradel Pompilus et Raphaël Berrou, *Manuel illustré d'histoire de la littérature haïtienne*, Port-au-Prince, Deschamps, 1961, pp. 2-3.

> *mais celui-ci n'a rien de limitatif et n'a point pour but de réduire à néant l'intervention du professeur ; il lui indique seulement une direction dans laquelle il peut orienter son commentaire, un point précis auquel la réflexion de l'élève peut s'attacher*[5].

Nous laissons de côté les textes qui prétendent regrouper l'ensemble de la littérature haïtienne afin de nous intéresser à des anthologies un peu plus spécialisées. Considérons d'abord le texte de Dieulermesson Petit Frère, *Haïti : Littérature et décadence. Études sur la poésie de 1804 à 2010*. Comme son nom l'indique la matière première de ce livre est la poésie mais il présente un projet nouveau, une perspective nouvelle, une nouvelle manière d'étudier la poésie c'est-à-dire sans prétention d'orienter la compréhension du lecteur. Le lecteur peut lire l'anthologie en toute liberté, ce qui compte ce n'est pas la période ou le courant auquel appartient l'écrivain mais plutôt sa parole poétique :

> *Cet essai s'inscrit dans le cadre d'un projet à la fois audacieux et ambitieux. Primo, il s'agit de faire l'état des lieux de la poésie haïtienne et secundo, réaliser un inventaire du champ littéraire haïtien en priorisant comme démarche la parole poétique en dehors de tout esprit de groupe, de clans ou d'idéologies petite-bourgeoises [....]. Le propos est donc, de ce fait, dépouillé des lieux communs de telle sorte qu'il ne soit vu à travers le prisme d'aucun préjugé, en dépit de sa portée subjective et/ou arbitraire. L'on conclura, en fin de compte, comme son sous titre l'indique, non de façon exhaustive, les temps forts de la production poétique en Haïti, de ses premiers balbutiements jusqu'à l'époque contemporaine*[6].

Le prochain livre qui nous intéresse diffère de ceux que nous venons d'invoquer en ce sens que son souci premier, contrairement aux anthologies précédentes, n'est pas l'enseignement de la littérature quoique son utilisation

---
5. Ibid, p.4.
6. Dieulermesson Petit Frère, *Haïti : Littérature et Décadence. Études sur la poésie de 1804 à 2010*, Port-au-Prince, LEGS ÉDITION, 2017, pp. 60-61.

dans le domaine serait un atout majeur. Il s'agit du *Panorama de la Littérature* Haïtienne de la Diaspora de Pierre-Raymond Dumas. Préfacé, dans sa deuxième édition, par Daniel Supplice qui était ministre des Haïtiens vivant à l'étranger à l'époque, il affirme que ce livre « est une véritable encyclopédie de la dissémination de la pensée haïtienne au-delà de nos frontières »[7].

L'auteur, de son côté, qualifie son texte de livre-bilan et nous présente son objectif en ces termes : « Éclairer et mieux faire comprendre cette littérature peu connue en Haïti... »[8]. Plus loin, il justifie son travail en écrivant :

> *Ce travail représente avant tout un effort bibliographique et critique pour rassembler, commenter, vulgariser... avec plus ou moins de passion contagieuse, l'essentiel de nos publications littéraires à l'extérieur au cours de ces quatre dernières décennies. Il était important, je crois, de les présenter en bloc : il faut que les générations futures puissent en saisir les caractéristiques essentielles et la diversité*[9].

Ainsi, le projet de Pierre-Raymond Dumas est sans équivoque, il faut regrouper cette production littéraire en pensant à la postérité. Cependant, n'y aurait-il pas dans la présentation des « caractéristiques essentielles » une sorte de volonté d'orienter le lecteur ? Quoiqu'il en soit, le prochain texte cosigné par Georges Castera, Claude Pierre, Rodney Saint-Éloi et Lyonel Trouillot et qui porte le titre *Anthologie de la littérature haïtienne : Un siècle de poésie : 1901-2001* s'inscrit dans une démarche différente puisqu'il refuse d'orienter le lecteur. C'est ce que nous lisons dans l'introduction de cette anthologie en ces termes :

> *Nous avons préféré présenter les auteurs par ordre de*

---

7. Pierre-Raymond Dumas, *Panorama de la Littérature Haïtienne de la Diaspora*, Port-au-Prince, C3 éditions, 2012, p. 17.
8. Ibid., p. 19.
9. Ibid., p. 30.

> *naissance. Tout autre classement (thèmes, écoles, poésie de la diaspora, poésie féminine, poésie d'expression créole...) aurait dirigé la visite en faisant trop précéder votre lecture par la nôtre ou par une convention dont la pertinence n'est pas toujours fondée, un même auteur pouvant figurer dans plusieurs de ces groupes. Nous avons choisi de faire confiance à la lectrice, au lecteur, en leur livrant des textes avec un minimum de commentaires, en insérant toutefois, grâce à des notices biobibliographiques, certains éléments leur permettant d'opérer des regroupements*[10].

Il y a donc chez ces auteurs et chez Petit Frère la volonté de laisser le lecteur libre, mais on peut toutefois se demander si le choix des textes et des poètes, guidé certainement par la subjectivité, n'exerce pas déjà une certaine influence sur le jugement du lecteur. Nul ne saurait répondre avec certitude à cette interrogation. Pour ne pas avoir à répondre à cette question, le prochain anthologiste qui nous intéresse nous dit clairement les raisons de ses choix.

Dans l'« avangou » de son livre en créole titré *Antoloji kreyòl pwezi d'Ayiti*, Claude Clément Pierre, après avoir vanté, avec beaucoup de chaleur, la richesse et la beauté de la poésie créole haïtienne depuis le 18e siècle avec le texte de Duvivier de la Mahautière, justifie son anthologie de la poésie créole par une lecture à la langue d'origine et une connaissance de la langue créole. Puis, il nous livre les raisons de ses choix de textes qui doivent servir les élèves, les étudiants, les animateurs, les professeurs, les chercheurs et toute personne qui s'intéresse aux questions de la langue et de la culture. Il écrit :

> *Se pa ni laj yon otè, ni premye let siyati l, ni enpotans pwodiksyon li, ni kalite èv li, ki jistifye plas li nan liv sa a. Se oubyen dat teks la te parèt la ki jistifye plas li, oubyen lan lòd chèchè a pran konesans teks la*[11].

---

10. Claude Pierre, Georges Castera, Rodney Saint-Éloi, Lyonel Trouillot, *Anthologie de la littérature haïtienne. Un siècle de poésie : 1901-2001*, Montréal, Mémoire d'encrier, 2003, p. 6.
11. Claude Pierre, *Antoloji Kreyol Pwezi d Ayiti*, Port-au-Prince, Pleine page, 2000, p. 7.

> *Ce n'est ni l'âge ni le nom, ni la quantité ou la qualité de l'œuvre d'un auteur qui justifient sa place dans ce recueil. Il s'agit de préférence de la date de parution du texte ou à quel moment le chercheur découvre le texte.* (TDR)

Dans ce même « avangou/avant-goût » où l'auteur souhaite au lecteur beaucoup de plaisir, il précise que les extraits sélectionnés devraient servir de prétexte à éveiller la curiosité du lecteur afin que celui-ci aille lire au complet les textes auxquels il aurait pris goût. En ce sens, on peut comprendre que cette anthologie s'affirme plutôt comme une prise de contact non seulement avec la langue elle-même mais aussi avec ce trésor diversifié qu'est la poésie créole d'Haïti.

Pour laisser un peu de côté les manuels d'histoire de la littérature et les anthologies consacrées à la poésie, nous nous tournons à présent vers une préface d'une anthologie qui est tout aussi originale que rare : l'*Anthologie de nouvelles haïtiennes* de Pierre-Raymond Dumas. S'il est vrai qu'à côté de la poésie et du roman haïtien, la nouvelle est un genre mineur et peu connu par rapport à ceux-ci, il est tout aussi vrai que la nouvelle haïtienne est assez riche et offre une pluralité de thématiques. Publié dans la revue franco-haïtienne *Conjonction*, ce texte ne contient pas à proprement parler une préface mais plutôt une sorte d'historique que l'auteur intitule « Nouvelles d'Haïti » dans laquelle il souligne la belle perspective d'avoir à l'avenir des nouvelles en créole et d'utiliser le genre dans le domaine de l'enseignement : « Reste sans nul doute la nature, accessible, séduisante (…) de la nouvelle comme instrument d'enseignement en particulier et d'apprentissage de la culture en général »[12].

On peut dire ainsi que les anthologistes ont encore fort à faire quant à la réunion de certains textes qui ont tendance à tomber dans l'oubli ou qui sont peu connus voire inconnus. À cet effet, peut-on considérer le rôle des anthologistes comme vital pour la littérature ? Devraient-ils intensifier leur présence tout en évitant de proposer une lecture en amont ? Peuvent-ils y

---

12. Pierre-Raymond Dumas, *Anthologie de Nouvelles haïtiennes*, Port-au-Prince, 2002. p. 12.

arriver ? Si oui, comment peuvent-ils le faire ?

Nous n'avons certes pas de réponse toute faite à l'ensemble de ces interrogations mais il demeure certain que les anthologistes haïtiens réalisent un travail d'une grande importance. L'introduction du livre intitulé *50 livres haïtiens cultes qu'il faut avoir lus dans sa vie* prouve effectivement la portée de ce travail des critiques littéraires. Les auteurs dudit ouvrage, à savoir Wébert Charles, Mirline Pierre et Dieulermesson Petit-Frère ont, en effet, produit un livre unique dans l'univers des anthologies haïtiennes. Ce livre-répertoire rassemble, comme son titre l'indique, 50 livres haïtiens. Il s'agit de 50 livres haïtiens rassemblant presque tous les genres littéraires (poésie, roman, nouvelles, lodyans) et même des essais. Plus que le choix de ces 50 textes, le livre présente brièvement les titres et les raisons qui justifient la présence du livre en question dans la liste du répertoire. Mais pourquoi avoir écrit un tel livre alors que l'on sait que ces choix risquent de ne pas faire l'unanimité ? Peut-être justement, si le but recherché était l'adhésion de tous, le livre n'aurait jamais vu le jour. Voyons ce que disent les auteurs pour justifier l'accouchement d'un tel ouvrage.

Dans l'introduction nous lisons ceci :

> *50 livres haïtiens cultes qu'il faut avoir lus dans sa vie doit nous permettre de prendre le pouls de la production littéraire haïtienne à travers différents genres et des œuvres majeures allant des premiers temps de la création jusqu'à l'époque contemporaine. Une vue panoramique de la production littéraire de 1859 (date de la publication de* Stella*) jusqu'à 2013, sans aucun souci de classer les œuvres. Ce livre se veut un guide d'orientation autant pour les jeunes lecteurs que pour les grands passionnés, amants, amateurs et consommateurs de littérature haïtienne. Il se donne pour tâche de piquer leur curiosité et leur donner des envies de lecture. 50 livres, c'est peu, si l'on considère toute la richesse de la production littéraire haïtienne. Mais, c'est tout de même nombreux puisque c'est le premier document de ce genre à*

> *avoir témoigné de toute la diversité de la production littéraire d'Haïti en dehors des cloisons chronologiques, historiques et géographiques. [...] 50 livres pour dire que la littérature est symbole de fraternité ; pour qu'elle ne meure point. [...] 50 livres qui témoignent de la richesse de la littérature haïtienne et qui disent également qu'il y a certainement d'autres 50 livres et que tout choix est arbitraire*[13].

L'ambition des auteurs est donc énorme : ils veulent réaliser à la fois un bilan qualitatif et diversifié ; guider les lecteurs ; éveiller leur goût de la lecture ; partager des lectures et donner un avant goût de la littérature haïtienne tout en laissant au lecteur la liberté de dresser sa propre liste de 50. En somme, c'est un livre qui ne devrait laisser personne indifférent quoiqu'on se demande comment doit-on laisser un tel livre entre les mains des jeunes non-lecteurs qui n'ont pas encore lu ces livres majeurs. N'est-ce pas un livre à lire après avoir lu la majorité des 50 livres en question ou, bien plus encore ? L'on sait qu'il ne remplira pas le même rôle selon que l'on soit apprenti lecteur ou lecteur confirmé mais jusqu'à quel point le premier peut-il en bénéficier réellement ?

Conclusion

Certains diront peut être qu'il n'existe pas assez d'anthologies de la littérature haïtienne. Il est vrai que l'on n'a pas pu faire le tour des anthologies existantes comme celles de Christophe Philippe Charles, de Ghislain Gouraige, de Léonidas Jean-Robert, de Franck Fouché, Silvio F. Baridon et Raymond Philoctète. Cependant, à travers cette brève lecture de préfaces des anthologies, nous pouvons comprendre que les textes dédiés aux écoles, en général, ont plutôt tendance à orienter la lecture des jeunes lecteurs. Ce qui parait paradoxal puisque le lecteur doit apprendre par lui-même à exercer son esprit critique par rapport à ce qu'il lit. Heureusement, certains anthologistes l'ont compris et ont proposé, par souci d'originalité, des textes sous un angle différent tout en essayant de garder une certaine neutralité. Mais peut-on

---

13. Webert Charles, Mirline Pierre, Dieulermesson Petit Frère, *50 livres haïtiens cultes qu'il faut avoir lus dans sa vie*, Port-au-Prince, LEGS ÉDITION, 2014. pp. 8-9.

réellement parler de neutralité quand on sait que l'esprit même de l'anthologie est la sélection? Le défi de réunir des éléments disparates ou la volonté de présenter au public ce qui est inconnu suffit-il au point de parler d'objectivité dans le cadre d'une anthologie ? En plus de la réponse à ces interrogations, les futures anthologies haïtiennes ont certainement un bel avenir devant elles.

Jean James ESTÉPHA, M.A.

Bibliographie

BARIDON, Silvio F. et PHILOCTETE, Raymond, *Poésie vivante d'Haïti*, Paris, Maurice Nadeau, 1978.

CASTERA, Georges, PIERRE, Claude, SAINT-ÉLOI, Rodney et TROUILLOT Lyonel, *Anthologie de la littérature haïtienne. Un siècle de poésie : 1901-2001*, Montréal, Mémoire d'Encrier, 2003.

CHARLES, Wébert, PIERRE, Mirline, PETIT-FRERE, Dieulermesson, *50 livres haïtiens cultes qu'il faut avoir lus dans sa vie*, Port-au-Prince, LEGS ÉDITION, 2014.

CHARLES, Christophe Philippe, *Littérature haïtienne. Tome 1 : Les Pionniers, l'École de 1836*, [1996], Port-au-Prince, Choucoune, 1998.

---, *Littérature haïtienne. Tome 2 : L'école patriotique*; Port-au-Prince, Choucoune, 1998.

---, *Littérature haïtienne. Tome 3 : La génération de « La Ronde »*, Port-au-Prince, Choucoune, 2001.

DUMAS, Pierre-Raymond, *Anthologie de nouvelles haïtiennes*, Port-au-Prince, Conjonction, 2002.

---, *Panorama de la Littérature Haïtienne de la Diaspora* [2000], Port-au-Prince, C3 éditions, 2012.

FOUCHÉ, Franck, *Guide pour l'etude de la littérature haitienne*. Port-au-Prince, Panorama, 1964.

GOURAIGE, Ghislain, H*istoire de la littérature haïtienne, (de l'indépendance à nos jours)*, Port-au-Prince, Imprimerie des Antilles, 1963.

LHERISSON, Léïla, *Manuel d'Histoire de la littérature haïtienne*, Port-au-Prince, 1955.

LÉONIDAS, Jean-Robert, *Ce qui me reste d'Haïti : Fragments et regards*, Montréal, CIDIHCA, 2010.

PETIT-FRERE, Dieulermesson, *Haïti : Littérature et Décadence. Études sur la poésie de 1804 à 2010*, Port-au-Prince, LEGS ÉDITION, 2017.

PIERRE, Claude, *Antoloji Kreyol Pwezi d Ayiti. Randevou*, Port-au-Prince, Pleine Plage, 2000.

POMPILUS, Pradel, BERROU, Raphaël, *Manuel illustré d'histoire de la littérature haïtienne*, Port-au-Prince, Deschamps, 1961.

VAVAL, Duraciné, *Histoire de la littérature haïtienne ou « L'âme noire »*, Port-au-Prince, Héraux, 1933.

Pour citer cet article :

Jean James ESTÉPHA, « Anthologies de la littérature haïtienne : entre contexte et justification », *Revue Legs et Littérature*, 2017 | no. 10, pp. 113-126.

Écriture de l'onomastique et figuration d'un archétype socio-humain dans *L'Otage* : entre subversion et postulation

Chargé de cours à l'Université de Yaoundé I, Cameroun, Pierre Suzanne EYENGA ONANA enseigne les littératures écrites africaine et américaine, la sémiologie des textes littéraires africain et euro-américain, les théories de la culture, les questions de féminismes et les Gender Studies. Auteur d'une vingtaine de publications scientifiques, il a participé à de nombreux séminaires et colloques (inter)nationaux : France, Gabon, Côte d'Ivoire, Burkina Faso. Il travaille actuellement à la publication de deux ouvrages sur le genre et la culture camerounaise contemporaine.

Résumé

Une analyse de L'Otage *de Faustin Mvogo commande de considérer cette œuvre comme le lieu de cristallisation de la faillite politique d'une nation africaine imaginaire engouffrée dans l'imposture de la mal gouvernance. Passé au crible du référent culturel sous-tendant la création onomastique des personnages, ce roman se positionne comme un texte réaliste à plus d'un titre. Autant avancer que l'originalité de ce récit réside davantage dans l'insertion subtile en son sein des schèmes linguistiques d'une aire culturelle qu'il convient de décrypter. Dès lors, quels outils convoquer pour donner sens à ces indices culturels révélateurs du patrimoine béti qui traverse en filigrane l'écriture des personnages du roman ? En inter-rogeant le mythe politique qui articule la dynamique actantielle de* L'O-tage *sur la base d'un référentiel de lecture socio-sémiotique et ethno-critique, la présente étude vise à montrer qu'en Afrique la dation du nom ne relève pas du hasard ; sous-tendue par un référent culturel « eton » obsédant, elle puise dans les vestiges de la mémoire collective africaine et sert de froment identitaire au peuple beti de la région du Centre du Cameroun dans un contexte de*

Mots clés

Identité politique, mémoire collective, onomastique, patrimoine beti, ethno-critique

ÉCRITURE DE L'ONOMASTIQUE ET FIGURATION D'UN ARCHÉTYPE SOCIO-HUMAIN DANS *L'OTAGE* : ENTRE SUBVERSION ET POSTULATION

Introduction

Le personnage, être imaginaire, n'existe que par les mots du texte. Le romancier, démiurge invétéré et créateur de microcosmes, travaille à faire oublier la dichotomie personnage-personne, grâce à des procédés de caractérisation divers. Au terme du processus de création scripturaire, le personnage acquiert ainsi une véritable identité. Pour Hamon, « l'appellation d'un personnage est constituée d'un ensemble, d'étendue variable, de marques : nom propre, prénoms, surnoms, pseudonymes, périphrases descriptives diverses, titres, portraits, leitmotive, pronoms personnels, etc. »[1].

Mais en tant que concept sémiologique, le personnage peut, comme le soutient Hamon, se « définir comme une sorte de morphème doublement articulé, morphème migratoire manifesté par un signifiant discontinu [un certain nombre de marques] renvoyant à un signifié discontinu [le sens ou la valeur du personnage] »[2]. Il sera défini par un faisceau de relations qu'il contracte, sur le plan du signifiant et du signifié, successivement ou/et simultanément,

---
1. Philippe Hamon, *Le Personnel du roman*, Genève, Droz, 1983, p. 107.
2. Ibid., p.125.

avec les autres personnages et indices de lisibilité de l'œuvre. Autrement dit, l'« étiquette sémantique » qui résulte d'une lecture des personnages ne saurait être une « donnée » à priori, et stable, qu'il s'agit purement de reconnaître, mais une construction qui s'effectue progressivement, le temps d'une lecture, le temps d'une aventure fictive[3]. Autant donc le reconnaître, le personnage est toujours « la collaboration d'un effet de contexte (soulignement de rapports sémantiques intratextuels) et d'une activité de mémorisation et de reconstruction opérée par le lecteur »[4].

De ce qui précède, il ressort que la quête de l'effet-personnage correspond dans texte romanesque à « la prise en considération [...] du jeu textuel [des] marques [sus-évoquées], de leur importance qualitative et quantitative, de leur mode de distribution, de la concordance et discordance relative qui existe, dans un même texte, entre marques stables (le nom, le prénom, et marques instables à transformations possibles [qualifications, actions]»[5]. C'est donc l'ensemble de ces marques, c'est-à-dire la prise en compte de l'« étiquette » du personnage qui, d'après Hamon, construit le personnage.

La problématique de la présente communication s'articule autour du questionnement ci-après : en quoi et comment les « agents » de Faustin Mvogo, en tant que « morphèmes migratoires », se veulent-ils les ferments d'une ère nouvelle révélatrice d'un renouveau politique camerounais au travers d'une onomastique sémantiquement motivée? Autrement dit, en interrogeant le mythe politique qui traverse en filigrane la dynamique actantielle de L'Otage peut-on affirmer que la dation du nom en Afrique ne relève pas du hasard ? En d'autres termes, n'est-elle pas sous-tendue, dans le cas de L'Otage par la prégnance d'un référent culturel eton obsédant puisant dans les vestiges de la mémoire collective africaine et servant de froment identitaire au peuple beti de la région du Centre du Cameroun dans un contexte de mondialisation ? La réponse affirmative à cette question n'induirait-elle pas qu'une certaine catégorie de personnages de L'Otage

---

3. Philippe Hamon, « Pour un statut sémiologique du personnage », Op. cit., p.126.
4. Ibid., p. 126.
5. Ibid., p. 126.

s'affiche comme des « morphèmes migratoires »⁶ constitués à la fois d'un signifiant et d'un signifié discontinus ? Au demeurant, quelle vision du monde sous-tend la création des figures et visages politiques qui se donnent à lire dans le récit de F. Mvogo si ce n'est la postulation d'un monde neuf, un monde candide où tout reste à refaire voire à parfaire ?

La réponse au questionnement qui fonde cette problématique prend appui sur une double approche théorique sociocritique et ethno-critique. Abordant la question plus spécifique des personnages dans un récit, H. Mitterand suggère une démarche bipolaire : d'abord, le système des personnages, qu'il définit comme une physiognomonie, c'est-à-dire, « le portrait des personnages […] à partir d'un système acquis de caractérisants fonctionnalistes, devenus des indices où s'associent la notation physique et la connotation psycho-sociologique »⁷. Ensuite, le décryptage des fonctions du personnage au double plan narratif et mimétique. Enfin, la quête du mythe ou du symbole que cache la création actantielle, sous la bannière de la vision du monde de l'écrivain.

Sous le prisme de l'ethno-critique, il nous sera donné d'établir que la structure implicite de tous les noms propres étudiés dans *L'Otage*, permet d'inférer que si apparemment ils se déploient comme de simples opérateurs de lisibilité, ils apparaissent profondément comme des indices de sens dotés chacun d'un statut sémique et d'un rôle actantiel consubstantiellement définis : dans l'intrigue, on relève en effet une adéquation féconde entre le signifiant du nom mis en regard et son signifié romanesque.

L'ethno-critique stylisée par Jean-Marie Privat, en 1990, propose d'étudier la littérature en articulant poétique des textes et ethnologie du symbolique. Il s'agit de procéder à la « reconnaissance ethnographique » en montrant que « les folklorèmes ou culturèmes résistent en fait à une lecture positive qui n'y verrait que de simples détails insignifiants, effets de réels ou de pittoresque »⁸. L'étude vise « la compréhension ethnologique du contexte socioculturel car,

---

6. Ibid., pp. 124-125. Hamon y définit le personnage comme morphème migratoire manifesté par un signifiant discontinu (un certain nombre de marques renvoyant à un signifié discontinu (le sens ou la valeur du personnage).
7. Philippe Hamon, « Pour un statut sémiologique du personnage », Op. cit., p. 49.
8. J. M. Privat, « Ethnocritique et lecture littéraire », *Pour une lecture littéraire 2. Bilan et confrontations ?*, De Boeck, Duculot, 1995, p. 78.

replacés dans un certain contexte socioculturel, [les] éléments signifiants relèvent souvent d'une logique symbolique particulière. Le rôle de l'ethnocriticien revient alors à comprendre ces logiques afin de reculturer le texte littéraire »[9].

1. Des personnages comme « morphèmes migratoires » : le sens en débat

Quand on scrute la création actantielle chez F. Mvogo, ce qui frappe à première vue le lecteur qui partage la culture de l'écrivain camerounais, c'est l'originalité de cet auteur, qui participe d'une logique novatrice. De fait, en se fondant sur le postulat hamonien qu'« étudier un personnage, c'est pouvoir le nommer »[10], on relève chez l'agent de Faustin Mvogo, une complicité sémique euphorique entre l'élément phonique[11] qui constitue le support onomastique, et l'élément logique qui sous-tend son parcours narratif dans la trame du récit. Du coup, ces personnages, informants textuels, deviennent, comme le dirait Hamon, « des fonctionnaires de l'énonciation réaliste »[12].

S'agissant de la taxinomie des personnages de F. Mvogo, le caractère novateur de cette catégorie romanesque nous aura contraint de nous soustraire de la seule typologie de P. Hamon[13]. L'échantillon des personnages étudiés a révélé une véritable polymorphie figurative au plan onomastique. On pourrait toujours questionner nos motivations relativement à notre échantillonnage. Il convient de dire à ce propos que ceux des personnages qui fondent notre analyse sont suffisamment représentatifs de l'être-au-monde qui se laisse lire au travers de la société du texte de *L'Otage* : ils comptent tout simplement parmi les plus actifs de la narration, quant à la vision du monde qui se dégage de la lecture de l'ouvrage. Le bilan statistique qui en découle est symptomatique d'une volonté certaine chez le romancier camerounais d'affecter un signifié discontinu intrinsèque à chacun de ses actants au travers de sa

---

9. Ibid., p. 79.
10. Ibid., p.107.
11. Ibid., p.109. L'élément phonétique renvoie au son du nom, tandis que l'élément logique renvoie quant à lui à l'idée.
12. Philippe Hamon, Op. cit. p. 66.
13. Celle de Philippe Hamon et celle de Milagros Ezquerro. Hamon, dans *Le Personnel du roman*, parle des personnages principaux ou plus importants ou plus focalisés -Vs- les personnages secondaires, ou moins importants narrativement, ou moins focalisés.

dénomination. Il va sans dire que cet argument systémique n'est pour autant pas systématique dans l'ensemble du récit. Mais à l'analyse, ce point de vue s'illustre à merveille dans le récit et s'applique pratiquement à tous les personnages qui portent un nom de famille, quand on scrute la logique actantielle qui sous-tend la création romanesque de F. Mvogo au prisme de l'ethno-critique. Nous désignons cette catégorie actantielle par le sémème « personnages types de l'Africain authentique ». Plus dense chez F. Mvogo, cette catégorie onomastique se veut également celle qui épouse parfaitement l'orientation d'une étude ethno-critique.

Nonobstant cette dynamique onomastique florissante, nous tenons à préciser que la taxinomie adoptée peut ne pas s'avérer exhaustive dans l'espace critique de cette modeste communication. Elle est toutefois largement révélatrice de l'herméneutique que nous projetons dans notre analyse, à savoir, nous focaliser sur la classe des « personnages types de l'Africain authentique », dans notre propre taxinomie.

Il pourrait toutefois paraître réducteur ou, du moins, très peu convaincant de n'évoquer que la thèse de la statistique, comme argument de poids dans le but non seulement de convaincre les plus sceptiques, mais surtout de justifier de l'originalité de la création actantielle de F. Mvogo évoquée plus haut. Mais parce que, d'après M. Ezquerro, le statut sémiologique du personnage est des plus complexes du fait qu'il se manifeste dans la narration sous des aspects divers[14], il conviendra de puiser aux sources de l'ethno stylistique dans le sens de parvenir à la conclusion que « le nom propre possède des connotations données par la compétence culturelle, idéologique et encyclopédique du lecteur »[15]. Pour ce faire, nous allons tour à tour nous intéresser à l'onomastique, ainsi qu'à ce qu'Ezquerro appréhende comme « la représentation » du personnage qui, à chaque fois, se déclinera en des composantes sémantiques diverses : caractérisation puis commentaires explicites sur le personnage en question. À chaque fois, nous lirons les personnages à l'aulne des institutions sociales qu'ils incarnent dans la société du texte, à l'effet de

---

14. M. Ezquerro, *Théorie et fiction*, Montpellier, CERS, 1983, p.121.
15. Philippe Hamon, *Le Personnel du roman*, op.cit., p.111.

mieux en appréhender les enjeux lors de la deuxième partie de la communication relative à la figuration politique.

2. L'institution scolaire

On y analysera l'ensemble constitué par la communauté éducative à savoir, le ministre de l'éducation (Ndjo bodo), ses collaborateurs des services centraux (Essoum, Fouda), les enseignants (Edjogo, Mbarga), les élèves (Meboun Me Sonia et Onana), et leurs parents (Etounga, Elengue), l'élite locale (Nkoat'Akolo). Cet ensemble composite participe de ce qu'on appelle communément « conseil d'établissement » dans le jargon éducatif.

Ndjo Bodo, le ministre arriviste et incompétent

La figure du ministre arriviste et calomniateur est incarnée par le personnage de Ndjo Bodo qui, dans le roman, donne à lire une adéquation pertinente entre les signifiant et signifié discontinus de son nom. En Eton, langue nationale parlée par l'écrivain, le sème « Ndjo » dérive du verbe « adjoé » [adzuei] qui signifie « commander, donner un ordre » ; et « Bodo » [bodo], « les gens », souvent rendu dans d'autres langues pahouines[16] comme l'Ewondo, le Mvëlë ou le Boulou, etc., par « Bot » [bot] pour renvoyer à la même réalité.

Au plan purement individuel, Ndjo Bodo est donc un commandeur, un instructeur, un donneur d'ordres. Lorsqu'il vous reçoit chez lui, vous éprouvez toute la peine du monde à vous épanouir en sa compagnie parce qu'il « parle peu, (et se veut) énigmatique »[17]. « On n'est pas libre chez lui et en sa compagnie »[18], souligne le narrateur avec une tonalité sarcastique, avant de préciser que « même les ivrognes prennent des allures trop sérieuses, tellement calmes que cela devient secret de polichinelle qu'ils ont déjà trop bu »[19]. Personnage « ondoyant et divers », le ministre a cependant une très grande capacité de transformation lorsqu'il se mue en donneur de leçons : il « peut

---

16. Ce sont ces langues nationales camerounaises qui sous-tendront l'analyse étymologique dans notre étude.
17. Ibid., p. 123.
18. Ibid., p. 27.
19. Ibid., p. 59.

devenir loquace, lorsqu'il tient un des sujets qu'il affectionne ; [...] Quand il disserte sur le sujet, l'écouter religieusement et parfois même, noter par écrit devient un signe d'intelligence. Il aime ça »[20].

Au plan professionnel, il s'agit surtout d'un collaborateur autoritaire qui n'apprécie pas du tout d'être contrarié. Face à un problème quelconque, il « préfère vous entendre l'avoir résolu vous-même. Ce n'est pas son rôle de subir vos problèmes. Que lui dire sans provoquer sa colère ? »[21]. D'ailleurs pour mieux le servir et susciter en lui un semblant d'émotion, il vous suffit d'être proactif : « Il faut être à même de deviner que le ministre craint pour son poste »[22]. C'est en raison de tout ceci que Ndjo Bodo apparaît comme un personnage difficile à vivre. « Intriguant à la limite »[23], « rancunier à souhait »[24], il ne compose pas avec ceux qui, comme lui, s'estiment être à l'abri du besoin. « Ennemi juré de l'exploitant forestier »[25], parent de Tara, « il sait aller jusqu'au bout de la sauvagerie, traquer les ex et les courtisans de sa belle amie (Grâce) et les faire vivre dans la terreur et la peur »[26]. Parce qu'il raffole du pouvoir, il finit par afficher le visage du démagogue : « Il faut être à même de deviner que le ministre applique généralement le contraire de ce qu'il dit en public »[27] ; « Ndjo Bodo dit toujours ce qu'il ne fait pas. Un anti Obama en somme. Yes we should »[28].

Quand on scrute son indice onomastique à l'aulne de sa geste dans le récit, signifiant et signifié discontinus s'imbriquent à merveille. À commencer par l'emplacement de son bureau qui est logé à la toute dernière enseigne de l'immeuble siège ministériel. Trouvant un justificatif plausible à cet état de fait, Edjogo soulignera à propos d'une telle option : « C'est une position stratégique, position de tout pouvoir, religieux, traditionnel, politique... N'avez-vous jamais noté la position des églises, celle de l'édifice admi-

---

20. Ibid., p. 69.
21. Ibid., p. 119.
22. Ibid., p. 123.
23. Ibid., p. 108.
24. Ibid., p. 59.
25. Ibid., p. 72.
26. Ibid., p. 108.
27. Ibid., p. 59.
28. Ibid., p. 72.

nistratif, ou du chef traditionnel ? C'est toujours au sommet d'une colline ? Le pouvoir se place en haut »[29].

La même position dite du pouvoir séduit Ndjo Bodo quand il choisit le site qui doit abriter sa « luxueuse villa au chic insolent et provocateur »[30]. Le narrateur informe alors que le ministre l'« avait fait construire [...] sur le sommet d'un monticule, de manière à surplomber le reste du quartier »[31]. Si pour le ministre, l'avantage d'un tel choix réside dans le fait que « l'accès à sa demeure devient ipso facto difficile et même dangereux pour les visiteurs inopportuns »[32], il faut néanmoins reconnaître que ce dernier aura profité de son statut « d'homme de pouvoir » pour confondre les caisses de l'État aux siennes propres. Et c'est, du reste, ce qui explique pourquoi sa résidence fut bâtie à une vitesse vertigineuse. Le narrateur raconte qu'elle « a été rapidement construite après sa nomination »[33] ; et c'est tout dire !

Mais Ndjo Bodo exhibe davantage le visage du patron fainéant, laxiste et somnolent, qui assimile son bureau à sa chambre ; la position qu'il y occupe atteste de cette inertie criarde qui meuble son quotidien au bureau : « Le ministre est affalé sur le divan [...] en bras de chemise, le col ouvert. Il a ôté ses chaussures et ses deux pieds croisés sont posés sur le guéridon [...] Les deux mains épousent la largeur du sommet du canapé »[34]. Pour mieux se sentir dans la peau d'un homme fort, Ndjo Bodo multiplie des stratégies pour se faire célébrer : il n'attend recevoir que de l'argent et les honneurs, sans le moins du monde travailler d'arrache-pied pour les mériter. Prenant ainsi du plaisir à jouer les chefs d'État, il tient à ce que chacune de ses arrivées soit empreinte de solennité ou de triomphalisme. Ainsi, pour

> *Reconnaître Ndjo Bodo, il suffit de bien observer quel personnage arrive, flanqué de gaillards en lunettes de soleil noires, s'assurant qu'il n'y a pas un agresseur dans les parages,*

---

29. Ibid., p. 17.
30. Ibid., p. 102.
31. Ibid., p. 68.
32. Ibid., p. 59.
33. Ibid., p. 58.
34. Ibid., p. 59.

> *bousculant les imprudents qui osent barrer la voie, ouvrant les portières de voiture sans quitter des yeux les badauds au cas où l'un d'eux s'aviserait de tousser pour indisposer le ministre*[35].

Au plan politique, on se serait pourtant attendu à ce qu'un ministre, « serviteur », se dévoue allègrement à la tâche, dans l'optique de se mettre au service de ses administrés ; mais, Ndjo Bodo abhorre ceux de ses collaborateurs qui, comme Tara, restent fidèles à un modus vivendi honorable qui rime avec fermeté, ténacité ou opiniâtreté; après tout, ils n'ont qu'« à l'imiter au lieu de se foutre dans des situations scabreuses »[36]. La philosophie de Ndjo Bodo se résume, au contraire, à développer des stratagèmes devant concourir à le maintenir au pouvoir le plus longtemps possible. Le narrateur résume en quelques principes, les grandes lignes de cette « philosophie de sauvegarde »[37] exacerbée par une propension au « pouvoirisme », à l'arrivisme mal voilé ainsi qu'à la démagogie à outrance : Les autres déclinaisons de cette syntaxe du commandement révèlent des fausses notes qui inscrivent finalement la partition dans une dynamique de cacophonie inopérante :

> *Le patron de Tara avait développé une philosophie [...] faite de laisser-aller, d'esquive initiée par Pilate, d'abandon de la responsabilité et d'accusation ouverte contre tous ceux qui osent contrarier l'ordre établi. C'est payant et valorisant. La longévité au poste est à ce prix, n'en déplaise au blanc-bec qui prétend changer le monde avec sa droiture. Il mourra pauvre*[38].

D'ailleurs, le ministre étend les tentacules de son immense pouvoir au point de marcher sur les plates-bandes de ses administrés. Il leur impose également de lui rendre compte de l'issue réservée à ses injonctions de travail. On a en mémoire cette scène au cours de laquelle Tara dut s'expliquer pour avoir osé hésiter d' :

> *Admettre en première année le petit Ahmed Aboubacari, sous le*

---

35. Ibid., p. 59.
36. Ibid., p. 56.
37. Ibid., p. 17.
38. Ibid., p. 18.

prétexte que ses effectifs étaient en dépassement. Ce n'était pas du goût de Ndjo Bodo, dont l'empressement à servir un mentor ne devait souffrir de contrariété. Il fallait s'exécuter dans l'immédiat. Cela fut fait sur un intempestif coup de téléphone portable[39].

Mais à bien y regarder, le comportement de Ndjo Bodo (dit Carlos), trouve bien un justificatif dans la genèse même de sa promotion au poste de ministre. Car on sait que: « Ndjo Bodo était devenu ministre à la suite de son passé de professionnel de la chose. Ses compères attendaient beaucoup de lui, surtout qu'il modernise l'appareil de gestion et les méthodes de travail, qu'il décomplexe les gens de sa profession et promeuve la méritocratie dont il est lui-même un premier chantre »[40].

Le fait pour ce personnage d'avoir au contraire opté pour l'éloignement en choisissant d'installer son officine très haut au-dessus de tous, montre à l'envie, que ce ministre n'a ni la vocation ni l'ambition de servir le peuple pour lequel il a été choisi. Car enfin, « caracoler au dernier étage de l'immeuble »[41], à l'effet de faire « respecter l'expression du pouvoir »[42], se résume à une seule intentionnalité : « essouffler les visiteurs »[43] ; les fatiguer au maximum par l'ascension fastidieuse des marches de l'immeuble et, au final, susciter en eux le découragement afin qu'ils se présentent totalement en méforme devant leur hôte. Cette stratégie atteste de la volonté manifeste de Mvogo à exprimer l'obsolescence voire la caducité d'une politique de nominations inopérante. Nous pensons dire ici que telle semble être la vision du monde de cet auteur, en mettant sur la sellette un personnage aussi rétrograde que Ndjo Bodo, qui vous « reçoit, assis sur etoantomba, un fauteuil spécial, que lui avait remis un collège de dignitaires de sa tribu »[44].

---

39. Ibid., p. 18.
40. Ibid., p. 18.
41. Ibid., p. 69.
42. Ibid., p. 172.
43. Ibid., p. 172.
44. Ibid., p. 172.

Edjogo : l'intellectuel blasé, volubile et désinvolte

Le nom Edjogo dérive du verbe « a djoak », [adzuak] qui est polysémique, tant il signifie à la fois : « baigner dans… ; nager dans… ; voguer dans… ; exceller dans… ; raffoler de … ; être plongé ou trempé dans…». Ce signifiant colle parfaitement à la geste de ce personnage dans *L'Otage*.

Physiquement parlant, Edjogo reste, à trente-neuf ans, englué dans le célibat. Cet état de choses est davantage renforcé du fait qu'il ait quand même été un jour été marié, quoiqu'ayant sombré dans le divorce, d'autant que « d'autres personnes pouvaient admirer la beauté de sa femme »[45], tandis qu'il était, pour sa part, plongé dans l'absorption de sa bière dans son débit de boisson préféré. Le moins que l'on puisse dire est que sa femme est « aujourd'hui répudiée pour infidélité vraie ou supposée »[46]. C'est sans nul doute pour cette raison que nulle part dans le roman, il ne nous est rapporté qu'il entretient une famille au quotidien.

Le narrateur le présente par la suite comme un personnage d'apparence « pittoresque et négativement remarquable »[47], qui baigne dans la crasse : habillement jamais soigné ; chaussures d'un noir gris poussiéreux, un peu déchirées, jamais cirées donc depuis belle lurette ; il s'agit d'un sujet qui ne manquent pas d'attirer l'attention de ses élèves ; ses chaussettes affichent en outre une couleur indéfinissable. Par ailleurs, « il transpire abondamment »[48], preuve qu'il va constamment à pied. Mais Edjogo est également plongé dans la consommation de l'alcool qu' « on peut lui concéder des avances sur consommation »[49]. Edjogo vogue ensuite dans le sérieux qu'il imprime à sa parole au moment de contracter des dettes : « à la fin de chaque mois …. dettes »[50]. En dépit de tout ce qui précède, Edjogo baigne dans la maîtrise de soi et celle du travail bien fait. Ainsi, « Malgré sa beuverie, [il] préserve un niveau d'endettement soutenable […] il ne prend ses cuites qu'après son travail. On

---

45. Ibid., p. 172.
46. Ibid., p. 172.
47. Ibid., p. 172.
48. Ibid., p. 173.
49. Ibid., p. 172.
50. Ibid., p. 23.

ne l'a que rarement vu ébréché à son lieu de service »⁵¹.

Edjogo est enfin plongé dans une espèce de logorrhée. Sa volubilité en fait toutefois ce personnage loquace dont les réflexions n'ont rien à voir avec le délire. C'est donc à juste titre que le narrateur le dit « fin dans l'analyse psychanalytique des comportements de son entourage »⁵². De ses réflexions, l'on retiendra, par exemple que : « l'opération dite de corbeau va effectivement bécoter les vrais salauds, ceux qui se font payer deux fois des frais de représentation ou mission, ceux qui les gonflent jusqu'à la menace d'éclatement de la caisse »⁵³. Parce que, intrinsèquement, Edjogo se présente comme « un anussophobe endurci »⁵⁴, soucieux de le demeurer, il est, en dépit de tout, ancré dans une pureté d'esprit admirable. Cet enseignant de grand mérite ne s'accommode ni de pratiques occultes ni de manœuvres de corruption en échange de quelques prébendes ou d'un poste juteux. Abondant dans un discours des plus familiers doublé d'un franc-parler vertigineux, Edjogo souligne en effet que : « J'comprends rien, ben rien alors aux chefs, ni aux femmes d'ailleurs [...] je dis, j'comprends rien aux hommes qui exigent qu'on baisse la culotte pour se faire nommer. Yes, j'comprends rien aux promotions de canapé. J' vous dis »⁵⁵.

Fidèle en amitié, Edjogo se laisse par ailleurs appréhender comme un fidèle auditeur de l'information radiophonique. Soulignant cette fidélité à rester «trempé dans l'actualité », le narrateur révèle à sa décharge : « Edjogo a bien capté l'information et croyant l'avoir entendu seul, il avertit son chef (Tara) »⁵⁶. En outre, de l'amorce des tribulations de Tara à l'examen du BEPC jusqu'à sa promotion en Europe, Edjogo lui reste fidèle. C'est d'ailleurs sa gesticulation qui attire l'attention d'un Tara dépité pensant avoir totalement été honni par un système dynamitant piloté de main de maître par un certain ... Ndjo bodo : « [Tara] ne comprend d'abord rien de la gesticulation d'Edjogo. [...] Mais le connaissant comme pas un autre ; il prend tout de

---

51. Ibid., p. 63.
52. Ibid., p. 63.
53. Ibid., p. 75.
54. Ibid., p. 176.
55. Ibid., p. 170.
56. Ibid., p. 170.

même la peine de revenir à son secours »⁵⁷.

Fouda et Mbarga : types de l'enseignant clochardisé, aigri et quémandeur

Le nom Fouda est un glissement sémantiquement justifiable, dès lors qu'il dérive du verbe « a fudi / a furi», [afudi] ou « a pouti » [aputi], qui signifie « mettre, introduire, plonger, tremper...». Fort de ces sémantèmes, on peut effectivement voir dans la geste de ce personnel politique, un personnage qui met les autres dans les problèmes, qui introduit la difficulté dans la vie de ses pairs de la société du texte.

Chargé de l'enquête qui doit déculpabiliser Tara dans l'affaire qui l'oppose au diplomate, Fouda se complaît à rendre une copie fautive dans laquelle il souligne à grands traits que Tara a bagarré avec son patron Essoum. Alors que Tara est dans l'expectative, il lui téléphonera pour davantage l'inquiéter et le tourmenter: « Pas d'inquiétude, mais tu sais, c'est la hiérarchie qui décide. Moi, je me suis contenté de relater ce que j'ai vu et entendu »⁵⁸. Malheureusement pour Fouda, et comme le relève le narrateur, « son coup de fil reste énigmatique. Ceux qui le connaissent bien l'étiquettent vicieux, cynique, heureux des déboires de ceux qu'il envie, jouant Ponce Pilate à tout bout de champ et n'assumant jamais ses responsabilités »⁵⁹.

Mbarga est une déclinaison du verbe « a mbara » qui signifie « craindre, avoir peur de..., redouter quelque chose ». Par le moyen d'une intonation ascendante, « mbarga », en ewondo, signifie « crains ». De toutes les façons, ce nom s'inscrit dans le champ sémantique de la peur dans le récit de F. Mvogo, et projette une adéquation opérante entre signifiant et signifié discontinus. Au plan professionnel, Mbarga fait effectivement peur aux absentéistes et inspire crainte et souci aux parents et/ou aux élèves, du fait pour lui d'être le responsable du pointage des heures d'absence dans son établissement. En acceptant volontiers de supprimer des heures d'absence aux élèves, Mbarga minimise l'ampleur de sa faute et se demande secrètement :

---

57. Ibid., p. 99.
58. Ibid., p. 100.
59. Ibid., p. 152.

«Qu'est-ce que supprimer quelques heures d'absence attribuées à un enfant ? »[60]. C'est sans doute ce qui justifie les pots de vin qu'il reçoit très souvent des parents comme M. Elengue, qui veulent épargner leur progéniture des conséquences souvent fâcheuses inhérentes à l'absentéisme : mise à pied, exclusion temporaire voire définitive de l'établissement. Mais le statut de quémandeur que revêt Mbarga dérive d'une certaine peur qu'il est appelé à gérer tous les mois : « Mbarga, en cas de difficulté pour couvrir son mois, est cependant tenu de payer d'abord son loyer. La sécurité de sa famille l'exige. Le reste parfois ne lui permet plus de boucler le mois »[61]. Lors de l'enquête conduite par Fouda, si Mbarga soutient Tara dans son affaire contre Essoum et autres, c'est parce que ce dernier avait dissipé la peur dans laquelle il baignait le jour où Tara découvrit qu'il annulait les absences des élèves. De fait, « Tara avait […] demandé que Mbarga ne soit nullement inquiété pour ces absences annulées »[62].

Essoum, le bonimenteur coquin et incompétent

Ce nom réfère littéralement à la « méchanceté ». D'aucuns diraient, prosaïquement « le mauvais cœur » ; on ajouterait un roublard, un coquin qui encense la médisance, la calomnie, les boniments. Le signifiant que dégage le nom de ce personnage antipathique forme avec son signifié, une dualité tout à fait éclairante dans le récit de F. Mvogo. Décrit par le narrateur comme un amateur d'élucubrations[63], Essoum, pourtant « supérieur hiérarchique direct de Tara », « était réputé pour ses magouilles et son incompétence »[64]. Cette stratégie de travail masque son incompétence notoire et lui attire au contraire la sympathie de ses patrons qui se complaisent dans ses boniments. Le narrateur homodiégétique de *L'Otage* confirme ce point de vue lorsqu'il déclare qu' « on le disait très vicieux et rusé, ce qui lui avait valu sa longévité au poste »[65]. Sachant pertinemment que ses dires trouveraient auprès du ministre un écho des plus favorables, il ne s'embarrasse pas d'agir comme du poison pour emballer la carrière de son administré.

---

60. Ibid., p. 96.
61. Ibid., p. 19.
62. Ibid., p. 19.
63. Ibid., p. 97.
64. Ibid., p. 95.
65. Ibid., pp. 95-96.

Essoum, en effet, ne ménage aucun effort pour alimenter, à distance, la querelle entre Tara et le ministre Ndjo Bodo, lui mentant que Tara s'est livré à une bagarre avec le diplomate tricheur. Dans son rapport que le narrateur taxe d' « histoire nébuleuse »[66], il « raconte comment il venait de séparer deux pugilistes en pleine imitation de Joseph Bessala »[67]. Ce qui, bien entendu, est archifaux. Mais cela ne lui suffit pas. Pour empirer le mal et corser le malaise, il ajoute qu' « il est venu par acquis de conscience, dans un tour d'inspection de routine des centres d'examen. Ce n'est pas Tara qui l'a appelé pour le mettre au courant de la situation. Tara, lui, ne songeait qu'à se déshabiller pour faire de l'exercice physique, pour parodier Martin Ndongo Ebanga »[68]. Quant à savoir s'il parvient à atteindre son objet de valeur en nuisant à Tara, le moins que l'on puisse dire est qu'il le fait avec beaucoup de maestria, puisque le narrateur raconte que : « Tara tombe dans une hébétude sans nom, atteint d'un engourdissement des sens inconnu jusque-là, comme obsédé, comme hypnotisé par les élucubrations d'Essoum »[69]. Prenant du plaisir à com-plexifier des causes perdues, des situations suffisamment amochées, Essoum n'hésite guère à tisser de toutes pièces une autre histoire, tout aussi cohérente que la version originale des faits, quoique complètement parallèle à elle. Pour preuve, « Essoum a rejeté la suggestion d'une intervention de la police, chargée alors de couvrir l'examen, laquelle police a voulu s'emparer de la petite faussaire pour la traduire en justice »[70]. Au total, le personnage d'Essoum est un roublard, un pêcheur en eau trouble qui s'excite du malheur qu'il cause aux autres. Tara l'avait finalement compris, ainsi que l'illustrent à suffisance ces paroles du narrateur : « Il est maintenant persuadé qu'Essoum, connu pour ses roublardises, avait inventé une histoire pour faire l'intéressant auprès de Ndjo Bodo et pour lui nuire »[71].

Mintag Elengue Jeanne Martine ; archétype de l'élève-touriste

« Mintag », [mintak] désigne la « joie, le plaisir, le divertissement, la

---

66. Ibid., p. 96.
67. Ibid., pp. 161-162.
68. Ibid., p. 126.
69. Ibid., p. 96.
70. Ibid., p. 126.
71. Ibid., p. 127.

réjouissance, la distraction, l'amusement, l'euphorie, la délectation, etc. ». L'on ne saurait ne pas admettre que, dans le récit, Mintag incarne à merveille ces attributs que semblent lui prêter le signifiant de son nom.

La distraction, chez elle, inaugure un plaisir futur plus grand : celui que lui procure son sexe : « toujours bien moulée dans son jeans aux pieds étroits, qui moule bien ses fesses, elle était rendue terriblement excitante aux yeux d'un responsable du milieu »[72]. C'est elle qui manifestement offre son poste à son père, lequel ferme « définitivement les yeux sur les sorties diurnes et ostensiblement nocturnes de sa fille du fait même émancipée »[73].En négociant de la sorte pour la liberté d'un corps qui pouvait rapporter gros à sa famille, Mintag achève de mettre en avant le pendant licencieux de sa personnalité romanesque. Fille de dix-sept ans seulement, elle ne s'embar-rasse pas outre mesure de « raconter dans les détails sa nuit chez le boss et sa fortune »[74]. Engluée dans des pratiques qui lui procurent de l'extase, l'école rebute Mintag Elengue Jeanne Martine. Elle semble s'y rendre plus par contrainte que par nécessité. Le narrateur rend mieux cet état de fait quand il souligne que : « Pour l'instant, l'école l'embête, se complique, sinus, cosinus, probabilité et domaine de définition s'embrouillent dans sa tête de linotte, lui perdent le temps »[75]. Ce n'est que tout logiquement que le jour du BEPC, elle enverra quelqu'un d'autre composer à sa place avec, du reste, la complicité d'un père littéralement conquis : il s'agit de sa « petite sœur en admiration pour ce succès et ces plaisirs inconnus, bien que décrits dans les moindres détails »[76].

Meboun Me Sonia Jeanne et Onana : prototypes de l'apprenant idéal

Le terme « meboun » renvoie précisément à « la bouderie, la fâcherie ou l'humeur ». Et l'adjonctif nominatif « Me Sonia » (de Sonia), révèle l'origine, la source, ou l'instigateur de cet état d'âme, de cette humeur : c'est Sonia Jeanne effectivement qui le génère. Il s'agit donc de démontrer que les altérations d'humeur, les attitudes changeantes et fluctuantes, c'est-à-dire la bouderie, font partie du traintrain du personnage de Meboun Me Sonia. Mais

---

72. Ibid., p. 127.
73. Ibid., p. 127.
74. Ibid., p. 74.
75. Ibid., p. 74.
76. Ibid., p. 74.

qu'on convienne de dire que ce qui importe davantage est moins la bouderie de Meboun Me Sonia que les mobiles qui sous-tendent cette disposition de l'esprit : elle boude quand elle se convainc de posséder un objet de valeur ou tout au moins quelque chose de précieux à révéler ou, à contrario, à cacher.

À ce signifiant discontinu correspond un signifié tout à fait plausible dans le récit. De fait, la longueur du nom de ce personnage, quatre composantes qui en font le nom le plus large dans la dynamique actantielle de F. Mvogo, en dit long sur l'étendue de ses connaissances : encyclopédiques, tout simplement. D'ailleurs, ses camarades confirment ce point de vue en lui collant le surnom de Dico, « à cause de sa manie de trouver chaque fois la réponse lorsque toute la classe est en panne »[77]. « Enfant surdouée »[78] comptant parmi les meilleurs élèves de sa classe, le narrateur dit de Dico qu'elle « pétillait d'intelligence »[79]. À cet égard, on pourrait inférer que Meboun boude parce qu'elle est persuadée que son intelligence est vive et sa mémoire infaillible. Le fait pour elle de ne se mettre en exergue que quand on s'y attend le moins gonfle son orgueil de bon aloi, car en réalité, elle ne gêne personne dans sa classe. Autant sa verve cognitive irradie opportunément sa classe au moment où ses camarades font, tous, une crise d'intelligence, autant elle permet de débusquer la supercherie mise sur pied par le diplomate faussaire et ses filles, grâce à un atout de taille : « Dico était une personne sûre. [...] Elle n'était d'ailleurs pas seule à refuser cette identité à la nouvelle Jeanne-Martine. En fait, toute la classe était unanime sur la supercherie »[80].

S'il nous était demandé de justifier notre option pour l'analyse concomitante des personnages Onana et Meboun me Sonia, nous répondrions que selon le narrateur omniscient, « Onana se présente parfois comme le double masculin de Meboun Me Sonia Jeanne. Ils restent en tout cas inséparables... »[81]. Bien plus, « les deux surdoués se livrent [...] une saine rivalité »[82], de laquelle naît « une complicité [...] fondée uniquement sur l'acquisition de toujours plus de connaissance »[83]. Ceci dit, Onana, à première vue, ne réfère à aucun sème

---

77. Ibid., p. 94.
78. Ibid., p. 83.
79. Ibid., p. 83.
80. Ibid., p. 83.
81. Ibid., p. 45.
82. Ibid., p. 47. 83
83. Ibid., p. 78.

admissible dans le parler de l'auteur. Mais à y regarder de près, si l'on scrute ce nom au prisme d'une logique anagrammatique, on se rend compte, qu'Onana renvoie à « n'oaan » mieux, à « nnoan » qui lui désigne « l'oiseau », par un phénomène de transfert de sens. Onana s'assimilerait ainsi à un oiseau qui vole et s'envole continuellement vers des cimes toujours plus hautes, vers des rêves neufs et des destinations cognitives inconnues mais toujours nouvelles.

Dans le récit de *L'Otage*, le sème vol et envol traverse en filigrane la geste de ce personnage ; Onana s'envole dans un premier temps en quittant le village pour la ville. Aux dires du narrateur, « le deuxième chant du coq l'a surpris déjà debout. Et le voilà [...] en partance pour la ville de Yaoundé [...] dans un Opep bien de chez lui »[84]. Le survol semble véritablement partie du parcours actantiel et intellectuel d'Onana, quand on sait qu'au plan académique, il survolait les épreuves auxquelles était soumise sa sagacité, « en arrachant souvent l'ensemble des meilleurs prix offerts dans son établissement »[85]. Mais Onana, c'est davantage un personnage qui rêve de voir inscrire son nom au panthéon de l'histoire scientifique de son pays. Nourrissant « des rêves de choisir des métiers très contraignants et de meilleur avenir, le petit Onana [...] est passionné de l'actuariat »[86], un métier des plus futuristes, alors qu'il rentre tout juste en seconde scientifique. Précisons que « les actuaires travaillent de préférence dans les bourses de valeur, les assurances et les banques. Ils gagnent beaucoup d'argent et sont encore rares dans notre pays (le Cameroun) »[87].

M. Elengue /M. Etounga : types du parent nanti mais démissionnaire

Ce sont là deux parents qui jouent à la perfection les rôles actantiels suggérés par leurs signifiés onomastiques respectifs. Le premier, Elengue, en langue bantou-Eton, signifie, « mollesse, engourdissement, flegme, indifférence,

---

84. Ibid., p. 43.
85. Ibid., p. 99.
86. Ibid., p. 99.
87. Ibid., p. 99.

indolence, résignation, inertie, impassibilité, imperturbabilité, etc. » ; tandis que le second nom Etounga, en langue bantou-Eton, renvoie à « folie, ignorance, démence, déraison, aberration, aliénation, etc. ; ». Nous avons cru bon de mettre ensemble ces personnages parce qu'ils sont tous les deux parents dans le récit de *L'Otage*.

S'agissant de M. Elengue, sa mollesse procède du fait qu'il déraisonne en concédant des attitudes très peu conseillées à la jeunesse à savoir, le culte de la facilité et du moindre effort. Pour lui, son enfant ne « peut supporter une marche [simple et bienfaisante] à pied dans pas moins de deux bornes »[88], alors qu'en même temps, il supporte et encourage la même fille à s'entrainer à s'habiller comme une dame toute faite. Voilà ce qui justifie l'ironie du narrateur : « Il ne faut pas demander tant d'effort à une jeune fille de quinze ans, dont les seins commencent à poindre, et qui s'entraine à porter des chaussures à talon »[89].

Faute de consentir un sacrifice si infime et à cause de sa pusillanimité exacerbée, M. Elengue favorise l'absentéisme de sa fille à l'école. La seule issue en vue de continuer à ménager le jeune absentéiste, c'est de venir corrompre le surveillant de secteur en lui offrant des présents : « il n'a fait que penser à un encadreur de son fils. Qu'est-ce que supprimer quelques heures d'absence à un enfant ? »[90], ironise le narrateur. Face à une telle crise d'éducation qui est en réalité un ferment d'inertie, d'engour-dissement et d'indifférence, au regard de l'avenir sensible de la jeune fille, l'on ajouterait volontiers : au lieu d'entrainer sa progéniture dans de tels dédales, il convient d'encourager les filles à bien et vite assimiler leurs leçons : le reste leur sera donné en surcroit dès lors que chaque chose vient en son temps.

La folie de M. Etounga n'est pas trop différente de l'indolence de M. Elengue. Étant lui-même en mission à l'étranger, son chauffeur ayant répondu aux abonnés absents, il ne trouve cependant aucun inconvénient à ce que son enfant tire profit d'une telle situation pour ne pas aller à l'école. Comme dans le cas de son pair parent, M. Elengue opte lui aussi pour la corruption du

---

88. Ibid., p. 76.
89. Ibid., p. 141.
90. Ibid., p. 141.

surveillant «...pour gommer les absences de son enfant. [...] À deux kilomètres de l'école, l'enfant ne pouvait venir à pieds. Il fallait comprendre »⁹¹.

Il convient de dire ici que le parent ne devrait point abandonner la charge de l'éducation de l'enfant aux enseignants : il ne doit pas démissionner. Démissionner. Les liens affectifs qui lient parents et enfants ne doivent aucunement alimenter la corruption des enseignants, conduisant ces derniers à céder aux malins caprices des apprenants. De toutes les manières, tout parent ultra attentionné est un danger pour tous : d'abord les enfants, dont l'avenir est tronqué, truqué voire truandé; ensuite les enseignants, dont la dignité est monnayée et sacrifiée à l'autel de la corruption ; enfin et surtout les parents eux-mêmes, qui ne récolteront rien pour avoir mal moissonné, et dont l'avenir restera sans véritables lendemains, le fils ayant poussé dans les dédales de la complicité ataraxique avec le géniteur pas trop complaisant.

3. Les relations sociales

Nkoat'Akolo : l'outrecuidante élite

Ce nom désigne « un infirme », mais pas n'importe lequel, celui dont le pied est tordu. Dans le récit, Nkoat'Akolo est présenté comme étant un « handicapé physique et peut-être aussi mental pour oser dire des sottises à haute voix »⁹². Élite du coin, notable du milieu, il défend des idées rétrogrades dont l'application exacerberait les conflits entre autochtones et allogènes. C'est dire que le discours de ce personnage est fortement ancré dans une espèce de sécession qui ne voue aucun culte à l'intégration nationale. Car enfin, en avançant des propos tortueux et fallacieux qui traduisent « son hostilité à la présence d'un allogène à la tête d'un établissement construit sur les terres de ses ancêtres »⁹³, Nkoat'Akolo révèle toute la teneur d'un pensée tordue qui ne peut que plonger le pays dans des querelles fratricides. De même, quand il se fait recevoir avec son équipe pour combattre Tara dans l'optique de le voir perdre ses fonctions de proviseur, Nkoat'Akolo achève d'illustrer la sinuosité

---

91. Ibid., p. 141.
92. Ibid., p. 147.
93. Ibid., p. 107.

d'une pensée obsolète qui s'assimile à la bêtise : « Nous sommes devenus leurs vassaux, à force de prôner la cohabitation. Notre hospitalité nous tuera»[94]. La prégnance du raisonnement retors de Nkoat'Akolo se laisse enfin saisir quand il se met à répandre partout une information de source douteuse suite à son entretien avec Ndjo Bodo : « Emana vit donc dans l'attente d'un grand événement, le tsunami qui devrait détrôner Tara [...] assurance en très haut lieu a déjà été donnée à Nkoat'Akolo »[95].

4. La communication

Bissogo Méleine, la journaliste aguichante et opportuniste

Bissogo laisse penser au « vice », à la dépravation, la débauche, la licence, le libertinage, la perversion. Et généralement, les pervers sont le plus souvent des êtres qui poussent dans l'hypocrisie, dès lors qu'on ne saurait se jouer de plusieurs partenaires sexuels sans se montrer hypocrite. L'Otage laisse lire une parfaite symétrie entre le signifiant du nom de Bissogo et son signifié discontinus.

Le caractère pervers de ce personnage procède de ce que, bien qu'elle repousse les avances de Soule parce que ce dernier est nordiste, elle montrera toutefois sa passion pour l'argent en « se donna(nt) à lui hypocritement, l'ignorant en public, mais le rencontrant secrètement chaque fois qu'il le voulait »[96]. Par ailleurs, le sème « vice » transparaît de l'analyse onomastique lorsque Bissogo pousse dans la flagornerie en vouant implicitement un culte à Ndjo Bodo sous la forme d'éloges qu'elle fait diffuser dans les antennes. En se projetant de la sorte, « elle garde en tête l'espoir des marchés à venir, en récompense de ces éloges. Et puis, pourquoi, par ce biais ne serait-elle pas le responsable de la communication gouvernementale du nouveau ministre ! »[97]. L'intention de la journaliste est donc non pas la diffusion d'une information fiable, recoupée et authentique, mais celle de se livrer à la quête de ses intérêts

---

94. Ibid., p. 107.
95. Ibid., p. 107.
96. Nom d'un colombin très rapide donné amicalement à ces véhicules sans papier ni assurance, véhicules qui ne peuvent lus subir le contrôle technique, tant ils ont pris de l'âge (L'Otage, p. 44).
97. Mvogo, Faustin, L'Otage, Paris, L'Harmattan, 2012, p. 46.

égoïstes. Voilà pourquoi elle en rajoute au moment de traiter de la question du ministre dans les medias. Son vœu est de soigner l'image d'un dictateur tel que cela se lit dans ces propos du narrateur : « Elle en rajoute en donnant son portrait à la radio : homme intègre, homme de la situation, le président de la république a vu juste, un homme de métier... »[98].

5. L'institution policière

Ezingang, type du policier « raquetteur anti-paix »

Le signifié discontinu du nom Ezilngang est « fou, crapule, étourdi, aliéné ». Et le moins que l'on puisse dire est que ce personnage porte bien son nom dans *L'Otage*. Pressenti pour assurer la sécurité des personnes et des biens, le policier Ezilngang confond la mission sécuritaire pour laquelle il a été recruté à la police judiciaire, au chantage qu'il fait subir quotidiennement aux conducteurs d'*Opep*[99]. Mais sa folie n'a rien de psychiatrique ; elle est davantage liée à son étourderie, du moment où il empoche indifféremment argent et capsules de bière comme fruits de sa quête quotidienne effrénée dans les barrières de contrôle. La folie d'Ezilngang est perceptible dans ces mots que prononce un motorboy au conducteur d'*Opep* : « si on trouve mon ami « Ezilngang », file-moi vite la capsule de *Guinness* d'hier, et je m'en charge »[100]. Il faut souligner que la capsule revêt un enjeu pour le policier étourdi : à défaut d'obtenir l'argent qu'il convoite, Ezilngang ne reste que « trop heureux alors de l'échanger plus tard contre une bouteille pleine »[101].

6. L'Otage : entre subversion scripturaire et figuration politique

La polymorphie actantielle qui s'offre au lecteur dans la trame du récit de *L'Otage*, impose d'affirmer que la geste du personnel romanesque de F. Mvogo recèle une figuration politique diffractée qui se décline en une herméneutique polyphonique. Dépasser cette première strate sémantique

---

98. Ibid., p. 46.
99. Ibid., p. 44.
100. Ibid., p. 46.
101. Ibid., p. 46.

reviendrait, fort logiquement, à avancer que *L'Otage* inscrit son signifié discontinu au-delà d'un registre socioculturel bien défini sur une carte géographique. Il serait surtout réducteur de voir dans la *mimesis*, c'est-à-dire l'imitation, la représentation, l'unique code de référence de ce roman, au mépris de sa principale visée, la *semiosis*, c'est-à-dire son sens. Les personnages qui s'offrent à lire dans ce roman articulent chacun une vision du monde que l'auteur camerounais postule par la voie de la politique, saisie comme l'art aristotélicien de bien gérer la cité pour le bien de tous. De sorte qu'il y a lieu d'alléguer, à la suite de Jean Ricardou, que le roman s'avère véritablement être l'aventure d'une écriture : une écriture de la subversion des formes actantielles, appréhendées sous le prisme des personnages dits « types de l'Africain authentique » dans notre modeste taxinomie. En effet, la parfaite adéquation signifiant-signifié discontinus qui en résulte, en fait de véritables « morphèmes migratoires » dotés d'une symbolique heuristique au double plan onomastique et logique. Sans doute, cette polymorphie figurative témoigne dans *L'Otage* de la dynamique qui rythme l'écriture du personnage dans un « monde autrement », où tout « faire » reste à refaire voire à parfaire. Ainsi, du collaborateur corrompu, aigri et jaloux, au journaliste intéressé et opportuniste, de l'agent de police cupide et rançonneur, à la mise à l'index de la clochardisation des éducateurs, de l'exacerbation du débat séculier entre autochtones et allogènes, au procès de la faillite d'un système éducatif rétrograde et inopérant, en passant par le décryptage sans fioriture de la caducité d'une grille d'évaluation certificative gangrénée, un constat reste à établir ; le roman de Faustin Mvogo donne à voir les turpitudes d'une société politique dont les acteurs restent à bonne distance du développement voire du somptueux projet d'émergence pressentie pour 2035. D'où la visée éthique qui traverse de bout en bout. La morale futuriste fondamentale qui s'y dégage en filigrane, appelle les citoyens à servir loyalement leur cité, sans jamais pousser dans les dédales de l'homme « hobbessien », qui prend du plaisir à se muer en loup pour néantiser son prochain.

Pour ne pas conclure !

Avec froideur et lucidité, F. Mvogo aborde la problématique politique du Cameroun soumise aux aléas des temps nouveaux sous la forme de prospectives en vue d'un meilleur « être-au-monde ». Par le biais d'une onomastique fertile, ce démiurge revisite les contours d'une dénomination motivée, parvenant ainsi à nommer les maux politiques dont souffre son pays, non sans suggérer une thérapeutique efficiente puisant aux sources du patrimoine culturel beti. Au travers de ses êtres de papier, l'écrivain place le patrimoine eton au cœur de son écriture actantielle et de la mémoire culturelle beti. Le personnage s'offre dès lors comme une force agissante investie d'un enjeu identitaire, celle que convoque le romancier aux fins de dessiner les courbes d'un rêve qui pourrait bien un jour prendre corps pour peu qu'il se laisse féconder par la réalité ancestrale : voir éclore une cité neuve, faite de belles gens, consciencieux, épris du travail bien fait, ayant surtout à l'esprit le développement durable en vue du bénéfice commun. Soulignant l'urgence à repenser les stratégies de lutte contre la pauvreté par la valorisation des richesses et valeurs patrimoniales, notamment onomastiques, le roman de F. Mvogo se positionne au final comme une source de restauration de la mémoire beti, celle qui est l'âme du peuple éton de la Région du Centre au Cameroun. Voilà qui explique pourquoi l'écrivain camerounais fixe dans son roman, les cadres d'une cité parfaite, à l'image de l'El Dorado voltairien, où tout serait pour le mieux dans le meilleur des mondes possibles.

Pierres Suzanne EYENGA ONANA, Ph.D.

Bibliographie

Ezquerro, Milagros, *Théorie et fiction*, Montpellier, CERS, 1983.

HAMON, Philippe, *Le Personnel du roman*, Genève, Droz, 1983.

---, « Pour un statut sémiologique du personnage », *Poétique du récit*, Paris, Seuil, 1977, pp. 115-180.

MBANGA, Anatole, « Propositions pour une méthode d'analyse des textes littéraires francophones », *Imaginaires francophones*, n°23, année d'édition, pp. 421-430.

PRIVAT, Jean-Marie, « Ethnocritique et lecture littéraire » *Pour une lecture littéraire 2. Bilan et confrontations*, De Boeck, Cuculot, 1995, pp.78-82.

MITTERAND, Henri, *Le Discours du roman*, Paris, PUF, 1980.

MVOGO, Faustin, *L'Otage*, Paris, L'Harmattan, 2012.

Pour citer cet article :

Pierre Suzanne EYENGA ONANA, « Écriture de l'onomastique et figuration d'un archétype socio-humain dans *L'Otage* : entre subversion et postulation », *Revue Legs et Littérature*, 2017 | no. 10, pp. 127-153.

Voix de femmes, violence urbaine et désir dans *La couleur de l'aube* et *Guillaume et Nathalie* de Yanick Lahens

Dieulermesson PETIT FRERE a fait des études premier cycle en Lettres à l'École normale supérieure et de Master 2 en Littératures à l'Université Blaise Pascal, avec une thèse sur Marie NDiaye. Détenteur également d'une maîtrise en Lettres de l'Université des Antilles et de la Guyane et d'une spécialisation en Développement et conception de curriculum de l'Université Catholique d'Uruguay, il enseigne l'Analyse du discours à l'Université de Port-au-Prince. Éditeur et critique littéraire, il est l'auteur de Haïti : littérature et décadence. Études sur la poésie de 1804 à 2010 (2017), de deux livres pour enfant, Je découvre... Viviane Gauthier (2014), Je découvre... Marie Vieux-Chauvet (2016) et co-auteur de l'essai 50 livres haïtiens cultes qu'il faut avoir lus dans sa vie (2014). Ses thèmes de recherche portent sur l'identité, la famille, la migration, la violence et le désir.

Résumé

En plus d'évoquer son rapport avec le monde et sa perception de l'univers, l'œuvre de Yanick Lahens ne semble négliger en rien les vices et les tares de son milieu, les contradictions et les complexités de la vie humaine. La couleur de l'aube et Guillaume et Nathalie sont, à ce sujet, deux romans qui présentent cette symétrie thématique alternant féminité, violence (réel et symbolique), préjugés et érotisme. Cet article entend étudier l'idéal féminin en analysant la manière dont l'auteur propulse les femmes au-devant de la scène, les instruments qu'elle les pourvoie dans leur quête de liberté, de bien-être et d'affirmation de soi. Il se propose aussi de cerner le rôle de la violence dans la transformation de la ville en entité chaotique, primitive et délaissée, et de réfléchir sur la dimension des corps, du désir dans la re-présentation d'une sexualité (féminine) épanouie.

Mots clés

Féminisme, violence, érotisme, fictionnalisation, minorité sexuelle

VOIX DE FEMMES, VIOLENCE URBAINE ET DÉSIR DANS *LA COULEUR DE L'AUBE* ET *GUILLAUME ET NATHALIE* DE YANICK LAHENS

Yanick Lahens est, comme bon nombre de ses personnages, un auteur qui aime la solitude. Pas qu'elle n'aime pas la compagnie des autres mais elle fait cavalier seul, ne fait partie d'aucun groupe ou clan. D'une grande ouverture d'esprit, elle a plutôt choisi de produire son œuvre loin du bruit et la fureur. Quoiqu'elle ait peu écrit, son œuvre est d'une densité, d'une qualité et d'une richesse thématique à nul autre pareil. Elle [son œuvre] occupe, pour répéter Joëlle Vitiello, « une place privilégiée –à côté de celles de Marie Vieux-Chauvet, Jan J. Dominique, Yanick Jean et Paulette Poujol-Oriol– dans la littérature au féminin en Haïti »[1]. En plus d'évoquer son rapport avec le monde et sa perception de l'univers, c'est une œuvre qui ne néglige en rien les vices et les tares de son milieu, les contradictions et les complexités de la vie humaine.

C'est par l'essai –genre assez complexe et exigeant– que Yanick Lahens fait, en 1990, son entrée dans la littérature, sans négliger les diverses études critiques qu'elle a publiées dans les revues, pour ensuite s'intéresser au récit

---

1. Joëlle Vitiello, « Yanixk Lahens », http://ile-en-ile.org/lahens/. Consulté le 9 septembre 2017.

–la nouvelle et le roman afin de dire le mal-être et le malaise de l'Haïtien mais surtout pour réinventer l'espoir. Produisant dans le sillage de ses devancières, à savoir les femmes-écrivains qui l'ont précédée, entre autres Marie Vieux-Chauvet, pionnière du roman moderne haïtien et Jan J. Dominique « qui, en 1985, a apporté un air frais à la littérature des femmes écrivains »[2] , elle circonscrit l'œuvre dans un vécu contemporain qui touche autant la condition haïtienne que l'humaine condition. Son univers romanesque est peuplé de femmes. Elles sont de tout âge et proviennent de tous les milieux et catégories sociales : adolescentes, paysannes, femmes au foyer, intellectuelles... Le personnage féminin est pour ainsi dire une particularité importante de cette œuvre qu'elle a su construire dans un pays assiégé par les catastrophes de tout genre (politique, naturelle) en l'espace de deux décennies.

D'une thématique à l'autre et d'un récit à l'autre, le lecteur découvre peu à peu les contours d'une écriture et d'une production qui dépeignent l'imaginaire du monde et le symbolisme des mythes et des réalités haïtiennes. Outre les voix de femmes qui oscillent tantôt entre révolte, résistance, affirmation et acceptation de soi, d'autres thématiques comme la ville, la violence (urbaine) et le corps ou le désir s'imposent à l'auteur jusqu'à devenir une constance de son œuvre. *La couleur de l'aube* (2008) et *Guillaume et Nathalie* (2013) sont, à ce sujet, deux romans qui présentent cette symétrie thématique alternant féminité, violence (réel et symbolique), préjugés et érotisme. Cet article entend étudier l'idéal féminin en analysant la manière dont l'auteur propulse les femmes au-devant de la scène, les instruments qu'elle les pourvoie dans leur quête de liberté, de bien-être et d'affirmation de soi. Il se propose aussi de cerner le rôle de la violence dans la transformation de la ville en entité chaotique, primitive et délaissée, et de réfléchir sur la dimension des corps, du désir dans la re-présentation de la sexualité (féminine) épanouie.

Il ne fait pas de doute que dès que l'on parle de littérature féminine, la tendance ou la conception voudrait toujours que l'on s'arrête ou mette l'accent sur deux choses : le degré de féminité et la dimension auto-biographique du

---

2. Ginette Adamson, « Yanick Lahens romancière : pour une autre voix/voie haïtienne », Suzanne Rinne et Joëlle Vitiello, *Elles écrivent des Antilles*, Paris, L'Harmattan, 1999, p. 108.

texte. Comme s'il serait question d'une littérature produite par des femmes qui ne parlent que de la vie des femmes et par-là de l'auteur en question. C'est se tromper grandement sur l'objet de la littérature dite féminine –parce que produite par des femmes qui se sont soulevés contre le système de domination masculine pour faire faire à la conspiration du silence. De ce fait, les années soixante-dix marquent une étape importante dans la lutte contre la marginalisation de la femme de la vie sociétale et le point de départ de son engagement à interroger l'histoire pour (lui) restituer sa vérité, questionner les interdits, les dogmes, dire l'oubli, la violence et l'exclusion pour proposer de nouvelles formes de rapport avec l'autre, la société et soi-même. D'où l'émergence ou l'apparition de nouvelles formes de construction sociale et symbolique. Ce sont donc les travaux, les idées et le combat de figures féminines importantes comme Beauvoir, Sarraute et Duras dans les années cinquante et soixante en Europe, l'apport de Betty Friedan aux États-Unis, d'Evelyn Fox Keller, Hellen Longiro en Angleterre pour la suppression du système patriarcal, l'émancipation et le respect des droits de la femme qui ont conduit à une autre forme de réappropriation de la femme. Sans oublier la part des femmes africaines, le combat qu'elles ont mené contre l'exclusion et leur engagement à revendiquer leur place dans la société, le rôle du mouvement féministe en Haïti dans le processus de libération et du triomphe de la parole de la femme dans une société polarisée et dont il faut à tout prix se battre pour « l'abolition du patriarcat comme du capitalisme, la disparition des rapports d'oppression, d'exploitation, d'aliénation et la fin de la bipolarisation entre les sexes »[3].

Yanick Lahens est née en 1953 dans un contexte mouvementé et marqué par de grands bouleversements sociaux et politiques à l'échelle mondiale, entre autres les premiers balbutiements du mouvement féministe, la décolonisation de l'Afrique, et la crise et l'instabilité politique sur le plan national. Elle a grandi et vécu sous la dictature, assistant à la débâcle de son pays miné par les luttes et les crimes politiques, où des familles entières sont endeuillées et

---

3. Françoise Picq, « Un homme sur deux est une femme ». Les féministes entre légalité et parité (1970-1996), *Les temps modernes*, no 593, 1997. Cité par Delphine Naudier « « L'écriture-femme, une innovation esthétique emblématique », *Sociétés contemporaines*, no 44, 2001, p. 60. http://www.cairn.info/revue-societes-contemporaines-2001-4-page-57.htm. Consulté le 9 septembre 2017.

réduites au silence ou à l'exil et parfois anéanties quand elles évitent ou refusent « de parler par signes »[4]. Pétrie et meurtrie des idéaux de justice, d'égalité, de vivre-ensemble et de bien-être collectif, c'est dans la littérature, précisément dans ses romans et nouvelles, qu'elle se met à faire l'inventaire de nos maux et de nos malheurs, nos angoisses et nos peurs. Quoiqu'issue de la petite bourgeoisie mulâtre haïtienne, elle n'hésite pas, comme Marie Vieux-Chauvet, à se démarquer de cette classe barbare et répugnante pour mieux la démasquer et faire son procès en prenant parti pour « des rêves de liberté, d'égalité ou de fraternité »[5].

Comme bon nombre d'écrivains haïtiens –qu'ils soient de sa génération ou de celles l'ayant précédée –l'œuvre de Yanick Lahens se veut une fictionnalisation de la vie politique, sociale et culturelle d'Haïti. N'est-ce pas d'ailleurs le propre ou la raison d'être même de la littérature de se constituer en réservoir potentiel des valeurs, des mœurs, des formes, des traditions et des manières d'être, de vivre et de penser des peuples ? C'est le pari de tout écrivain, en proposant de nouvelles formes d'imaginaires, d'inscrire son acte d'écriture –en dépit du postulat qui veut qu'il soit un accomplissement de soi –dans une dynamique patrimoniale, une forme d'altérité qui ne trouve son essence que pas la transmission ou la diffusion massive de la culture. La parole de Yanick Lahens est donc dite avec force et naturelle et témoigne de son rôle de vigie ou d'avant-garde.

En effet, l'œuvre de Yanick Lahens, en plus de sa singularité et sa dimension humaine, se veut un miroir qui projette comme dans un film les images du quotidien haïtien. Construite avec des personnages ou plutôt des héroïnes incarnant « le combat des femmes et le sacrifice pour leur peuple, autant de femmes qui évoquent la lutte et leur engagement avec la vie »[6], son écriture évoque une autre perception du monde –un monde détaché des clichés réduisant la femme à l'état d'objet pour en faire un sujet pensant et agissant.

---

4. Anthony Phelps, « Le temps des signes », Patrick Cintas, James Noël, Rodney Saint-Éloi (dir.), Haïti. *Cahiers de la Revue, d'Art et de Littérature, Musique, (RAL,M)*, Paris, Le chasseur abstrait éditeur, 2009, p. 43.
5. Yanick Lahens, *Guillaume et Nathalie*, Port-au-Prince, Lune, 2013, p. 102.
6. Nathalie Philippe, « Le temps des Grandes Royales », L'engagement au féminin, *Notre Librairie*, 172, Saint-Étienne, 2009, p. 3.

Une écriture qui bouscule grandement et avec fracas les mécanismes du machisme oppressif ayant entravé l'idéal et l'élan féminins durant tout le cycle de la vie haïtienne et qui épouse les mêmes voix/voies audibles et assurées telles que tracées par Nadine Magloire, Marie Vieux-Chauvet et/ou Jan J. Dominique. Tout en portant le lourd fardeau de notre tragique existence, elle traduit aussi cette fragilité et cette sublimité exprimées tant dans le désir d'être et la rage de vivre. Aussi lire Yanick Lahens est-il une invitation à entrer en contact avec tout un ensemble de réseaux de phénoménalités liés à la sociabilité, les tremblements politiques, le désastre humain, les bruits, les flux et les reflux du monde.

L'œuvre romanesque de Yanick Lahens comprend seulement quatre romans. Quatre grands romans qui portent les voix et les cris, le silence et la révolte de tous les déshérités et miséreux et ceux de la classe moyenne décapitalisée, paupérisée par une « élite barbare et répugnante »[7] dans une île où « l'Apocalypse a déjà eu lieu tant de fois […] dans cette ville, dans cette île »[8]. De son premier roman, Dans la maison du père (2000) à son dernier, Bain de lune (2014) qui a reçu le prix Femina, toute la vie haïtienne passe sous plume : la politique, la violence, la dictature, la corruption, la misère, la paysannerie, la ville. Mais les deux romans qui nous préoccupent dans notre étude sont précisément *La couleur de l'aube* (2008) et *Guillaume et Nathalie* (2013).

Paru d'abord en 2008 chez Sabine Wespieser en France, *La couleur de l'aube* a été réédité la même année à Port-au-Prince chez les Presses nationales d'Haïti. Il a reçu en 2008 le prix Millepages et le prix RFO en 2009. D'une compassion et d'une sincérité envoûtante, ce roman, plein d'humanité et de rage, raconte l'histoire difficile et périlleuse d'une de ces familles ordinaires peuplant le quotidien de « cette île maudite », assiégée de toutes parts par la violence et la misère, qui se battent contre les aléas de la vie. Deux jeunes femmes, deux sœurs, deux figures du désespoir, Angélique, trente-deux ans, vaincue et résignée et Joyeuse, vingt-trois ans, insoumise et sensuelle, vivent dans une petite maison dans un quartier populeux sous le regard inquisiteur et protecteur de leur mère. Infirmière dans un hôpital en manque de tout,

---

7. Voir Rodney Saint-Éloi, *Passion Haïti*, Montréal, Hamac, 2016, p. 15.
8. Yanick Lahens, *La couleur de l'aube*, Port-au-Prince, Presses nationales d'Haïti, 2008, p.

Angélique a un fils, Gabriel, qu'elle élève seule, dans le tumulte d'une ville toujours en ébullition. Joyeuse, comme son nom l'indique, travaille dans une boutique de luxe chez Mme Herbruch et vit dans l'insouciance tout en attendant un homme qui mettra du rose sur sa vie. Un soir, leur jeune frère Fignolé, militant désenchanté du parti des Démunis, n'est pas rentré. Et c'est la consternation dans le rang des deux femmes, y compris la mère, qui lui vouent un amour sans borne. Et les voilà parties sur les traces de cet homme révolté qui a toujours cru que « la liberté n'est pas d'abord un droit mais un devoir, une exigence »[9].

Guillaume et Nathalie a reçu le prix littéraire de l'ADELF et le prix Carbet des lycéens en 2014. Dans ce roman, deux corps, l'amour et l'amitié aidant, tentent de dire à la fois la beauté et la laideur d'une ville, Port-au-Prince, d'une île, Haïti, habitée par toutes les formes de démons. Roman de la sensualité, de l'amitié, de l'amour et de la pudeur, *Guillaume et Nathalie* fait le récit d'une société contrastée, fragmentée et abandonnée en plein dans la tourmente à laquelle deux voix, tout inaudibles qu'elles soient, tentent de frayer un chemin, cherchent le bout du tunnel. Un homme, Guillaume Jean-François, cinquante, sociologue de profession et une femme, Nathalie Dubois, trente-trois ans, architecte, sont attirés l'un vers l'autre. Irrésistiblement. Ils sont dans un même environnement de travail mais ne semblent pas partager le même univers parce qu'apparemment ne se ressemblent pas, n'ont pas les mêmes goûts et la même vision du monde. Ils sont tous deux issus de la classe moyenne mais voient, chacun, les choses à leur manière. Mais tout va basculer au moment où le hasard a décidé autrement et que l'envie et le besoin d'aimer semblent défier tous les risques et périls. Deux cœurs blessés, déchirés par une ville qui ne jure que par le désenchantement ; Nathalie revient dans ce pays qui a failli emporter ses rêves et Guillaume vit dans un exil intérieur, sa famille étant à l'étranger. D'une écriture douce, poétique et sensuelle, l'auteure promène les yeux du lecteur sur les corps des amants, leurs ébats amoureux sans tomber dans l'érotisme cru, la trivialité ou la paillardise. C'est aussi Port-au-Prince –la ville éclatée par l'explosion démographique– avec ses scènes de violence, ses experts dépourvus de toute expertise, fraîchement

---

9. Ibid., p. 105.

débarqués dans le pays avec leurs programmes importés et qui croient pouvoir reconstruire ce pays en un tour de main. Ignorant ses spécificités. Ses réalités et autres.

Dans ces deux romans, Yanick Lahens utilise deux procédés narratifs différents. Dans *La couleur de l'aube*, la narration se veut ni simple ni complexe. Deux voix alternées, Angélique et Joyeuse, pivots du récit et, du coup, de l'illusion réaliste, prennent le relais à travers un « je » dynamique portant à lui seul les (en)jeux dramatiques du réel. Dans *Guillaume et Nathalie*, Lahens adopte la vision par-derrière –ce que Genette appelle le récit *non-focalisé* ou *focalisation zéro*[10] – où le point de vue est celui d'un narrateur omniscient, d'un dieu qui sait plus que les personnages et tout sur eux. C'est donc un narrateur hétérodiégétique où tout passe par lui, sa vision et sa perception n'étant pas limitées par la perspective d'un personnage. L'action n'est pas organisée suivant une logique linéaire, mais selon un désordre chronologique où les scènes et les sommaires sont imbriqués, emboîtés les uns aux autres, ce qui semble donner au récit une valeur seconde.

En effet, les personnages, en tant que « signifiant et signifié discontinus »[11] ont, dans *La couleur de l'aube* et *Guillaume et Nathalie*, une dimension universelle. Ils renvoient, en dépit de « l'effet de contexte »[12], à des catégories qui existent en dehors du récit, le « hors-texte », le monde réel. Constitués de plus de femmes, leurs voix occupent une position centrale, précisément dans le premier roman où toute la parole et toutes les actions sont portées par elles, ce qui fait d'elles les axes centraux des récits. Deux catégories sont prises en compte : les femmes de la classe moyenne, jouissant d'un mieux-être, que l'on désignerait sous le vocabulaire de petite-bourgeoise à savoir Mme Herbruch, la patronne de Joyeuse Méracin, Nathalie (l'architecte) et Monique, la femme de Guillaume vivant à Montréal ; et celles des classes défavorisées dépourvues de tout mais que malgré vents et marées se battent pour joindre les deux bouts. Quel que soit leur niveau dans l'échelle sociale, elles sont toutes des femmes laborieuses. De la mère d'Angélique et

---

10. Gérard Genette, *Figures III*, Paris, Seuil, 1972, p. 206.
11. Philippe Hamon, « Pour un statut sémiologique du personnage », R. Barthes, W. Kayser, W. C. Booth, *Poétique du récit*, Paris, Seuil, 1977, pp. 124-125.
12. Ibid., p .126.

Joyeuse passant par Ti Louze, la servante, Mme Jacques jusqu'à Mme Belony, la mère de Mirvil, et Nathalie, ce sont toutes des expressions et des symboles de constance et d'héroïsme.

Quoiqu'issue de la petite bourgeoisie, Nathalie est comme celles des couches défavorisées, une femme de courage, qui croit dans le travail et l'effort. Tout comme ces femmes, elle a été une victime du système social dans un pays où « la tendresse et l'injustice se touchent de près »[13]. Adolescente, elle vivait dans son petit monde, coincée dans sa petite bulle ignorant les réalités du pays.

Nathalie était encore une adolescente de la moyenne convenable. [...] Une adolescente aux cheveux frisés défrisés tous les mois, parlant un français châtié. Trop défrisés, les cheveux, et trop châtié, le français, pour être vrais. À croire qu'il y avait toujours eu une enfant imaginaire à la peau claire et aux cheveux lisses qui vivait aux dépens de la vraie Nathalie, noire, aux cheveux crépus et parlant créole .

Il a fallu donc la rencontre avec Antoine Reiman, ce fils de bonne famille, pour qu'elle ait eu accès à un autre monde et voie la vie autrement, qu'elle enlève son masque et connaisse l'existence des préjugés. Et puis, il y a eu le viol de Nathalie le soir du cambriolage de la maison familiale par les hommes armés, ce qui aurait pu la déstabiliser totalement. Mais avec l'aide d'un oncle maternel de son ami Antoine elle a pu quitter l'île et a su refaire sa vie.

> *Nathalie était encore une adolescente de la moyenne convenable. [...] Une adolescente aux cheveux frisés défrisés tous les mois, parlant un français châtié. Trop défrisés, les cheveux, et trop châtié, le français, pour être vrais. À croire qu'il y avait toujours eu une enfant imaginaire à la peau claire et aux cheveux lisses qui vivait aux dépens de la vraie Nathalie, noire, aux cheveux crépus et parlant créole*[14].

Il a fallu donc la rencontre avec Antoine Reiman, ce fils de bonne famille,

---

13. Yanick Lahens, *Guillaume et Nathalie*, Port-au-Prince, Lune, 2013, p. 59.
14. Ibid., p. 79.

pour qu'elle ait eu accès à un autre monde et voie la vie autrement, qu'elle enlève son masque et connaisse l'existence des préjugés. Et puis, il y a eu le viol de Nathalie le soir du cambriolage de la maison familiale par les hommes armés, ce qui aurait pu la déstabiliser totalement. Mais avec l'aide d'un oncle maternel de son ami Antoine elle a pu quitter l'île et a su refaire sa vie.

Yanick Lahens est un auteur qui écrit avec les bruits de la ville dans sa tête, les turbulences et les violences de cette « île où il n'y a désormais que des soumis revenant la queue basse et des perdants partant à genoux »[15] à ses côtés. La misère et la précarité des uns, les préjugés et le cynisme des autres, rien n'échappe à son œil qui scrute le réel, pour mieux le photographier. Qui y a-t-il de plus violent quand un homme, pour accéder au pouvoir, promet monts et merveilles à un peuple à l'agonie dont les droits ont toujours été bafoués, vivant dans l'extrême fragilité, et une fois son objectif atteint se retourne contre ce peuple ? Fignolé, le frère d'Angélique et Joyeuse, est l'image de ce peuple déçu, perdu et trahi et qui se révolte, prend les armes contre le chef du parti des Démunis qui prétendait défendre les causes du peuple. Il n'y a pas de nom pour décrire cette violence qui s'abat sur cette île, et ce depuis des décennies. Pas de nom pour nommer la peur qui entrave la vie de ses habitants. Le cri d'Angélique dans *La couleur de l'aube* résume toute la vulnérabilité de la vie ici où « le malheur trouve toujours [...] toute la place pour faire pousser ses ailes et grandir... »[16] :

> *Aujourd'hui quand tu poses le pied hors de ta maison tu es un numéro joué à la borlette, tu ne sais pas si tu y reviendras. Aujourd'hui chacun marche son cercueil sous le bras parce que la mort, elle n'est plus dans les ténèbres sous la terre. Cœur posé, en plein soleil, elle monte et descend les rues de cette ville et le temps pour toi de te ressaisir quand tu la croises, te voilà raide comme un cadavre*[17].

Si d'un côté Angélique se montre interpellée par cette violence sans foi ni loi, cette incertitude qui sied dans le quotidien des uns et des autres, de l'autre

---

15. Yanick Lahens, *La couleur de l'aube*, Port-au-Prince, Presses nationales d'Haïti, 2008, p. 87.
16. Ibid., p. 60.

côté, Joyeuse s'interroge sur la violence symbolique exercée par les hommes à la peau claire dans leur manière de considérer une femme au teint foncé.

> *Jamais je n'oublierai le jour où Mme Herbruch m'a demandé de l'aide pour un grand banquet qu'elle préparait dans sa luxueuse demeure. Quand je traversai le salon jusqu'à sa belle toilette en céramique bleue en dessous de l'escalier, je sentis le regard des invités prestigieux me brûler et me réduire à une définition d'essence. Pour ces bourgeois, mulâtres à la peau claire, je n'étais pas une jeune femme en herbe mais juste la femelle noire d'une espèce avec un simple appareil distinctif : deux seins et un vagin. Une espèce vouée aux cases, aux services ou au lit[18].*

Nathalie eut aussi à subir le sort quand Antoine a décidé de l'emmener chez lui.

> *Dans le salon des Reiman, jamais Nathalie n'avait vu autant de quaterons, de griffes, de chabins[19] réunis en un seul lieu. Une véritable expédition dans une contrée lointaine. Tous avaient pensé, en voyant Nathalie d'ébène pour la première fois, qu'elle s'était trompée de lieu. Que sa place à elle était de servir avec un tablier, ou debout devant les fourneaux, ou sur le lit de la case dans la cour arrière à être empalée par les maîtres ou troussée par les fils[20].*

Rien que pour bien comprendre combien le pays était fractionné en deux républiques différentes : « … le petit royaume de Pétion-Ville [qui maintient] encore ses rites de colonies »[21] ou encore « Pétion-Ville à l'apartheid tranquille, à la discrimination soft, dont les codes tacites s'apprennent au berceau[22]. [À] l'accès toléré pour ceux dont le taux de mélanine dépasse un certain seuil »[23] et le « Port-au-Prince putasse et dépravée. Port-au-Prince ti

---

18. Ibid., p. 123.
19. Les termes quaterons, griffes et chabins désignent des gens à la peau claire.
20. Yanick Lahens, *Guillaume et Nathalie*, Port-au-Prince, Lune, 2013, p. 83.
21. Ibid., p. 84.
22. Ibid., p. 106.
23. Ibid., p. 84.

sourit, Port-au-Prince alcool et paille. Port-au-Prince prédation, [...] Port-au-Prince qui a une kalachnikov dans une main, un neuf-millimètre dans l'autre»[24]. Ce Port-au-Prince de « vendeurs et vendeuses de pacotille, de riz aux haricots rouges, des mendiants, des culs-de-jatte, des faussaires, des rabatteurs, des scribes qui vous font une identité à la demande[25] [car] la misère n'a pas de fond »[26].

C'est dans ce Port-au-Prince de tous les noms que le vol, le viol et tous les autres actes de violence trouvent droit de cité. La violence n'est pas seulement physique, elle se manifeste aussi dans les rapports, les représentations que tel personnage se fait de l'autre. Il suffit de voir la haine inspirée chez les femmes du quartier à la vue de Joyeuse et son amie Lolo : « Dès que nous avons été en âge d'arrêter le regard des hommes, les femmes du quartier se sont mises en tête de pincer les lèvres sur notre passage. D'imaginer des tortures raffinées qui nous rendaient enfin hideuses et tordues »[27]. Ou les réactions des hommes du quartier : « Au bout de la rue, les mâles du quartier, tous âges confondus, nous regardent passer en se léchant les babines »[28]. À lire ces deux récits, l'on ne peut s'empêcher de se demander comment habiter et vivre dans une ville désenclavée, délabrée et occupée constamment par la violence ? Le meurtre du jeune de son quartier et le viol de Marie-Laure par Une-balle-à-la-tête laissent sans voix :

> *Depuis qu'il avait, d'un coup de machette, tranché les mains et les jambes d'un jeune de son quartier qui tentait de fuir et qu'il l'avait balancé vif dans les flammes de sa maison. Depuis qu'il avait planté son sexe dans le ventre de Marie-Laure, la fille du directeur de l'unique école. [...] Elle avait crié, la tête cognant contre un mur à chaque coup de reins, puis avait fini par s'évanouir quand le dernier des trois amis de la bande, repu, avait poussé son grognement et l'avait laissée pour morte*[29].

---

24. Ibid., pp. 100-101.
25. Ibid., p. 34.
26. Yanick Lahens, *La couleur de l'aube*, p. 63.
27. Ibid., p. 59.
28. Ibid. p. 60.
29. Ibid., p. 158.

Le viol de Nathalie est tout aussi horrible. La violence est à son comble.

> *Il est si près de moi à un moment que je crois me fondre dans son haleine. [...] Il me maîtrise d'une main et commence à défaire la boucle de son pantalon. Je réussis à me dégager [...] Il me rattrape par les poignets. Je perds l'équilibre et tombe. Il me traine jusqu'au mur. [...] Quand je fais l'effort de me relever, il me gifle. Alors il m'immobilise d'une main sur le sol et de l'autre défait son ceinturon. Je sombre dans un silence de tombe. [...] Je suis incapable d'émettre un son. Pas un seul. De pleurer ou de mordre quand cette verge vient marteler mes entrailles. Il me fait mal, me laboure et gicle sa semence en moi*[30].

En effet, si la romancière se met à souligner le poids de la violence dans toute tentative d'instauration d'une stabilité politique et sociale, elle ne s'est pas arrêtée là. Yanick Lahens a pris le temps également de relever les causes à la base de la violence. Outre la discrimination sociale et les préjugés de tout type, il y a lieu aussi de considérer l'explosion démographique et la cumulation de toutes les richesses du pays entre les mains d'un petit groupe. Cette situation, Nathalie ne passe pas par quatre chemins pour l'expliquer à Péterson, son ami d'enfance, afin qu'il l'aide à comprendre le problème :

> *- Trop de bras, trop de nez, trop de jambes, Péterson. Trop de bouches à nourrir. Trop près les uns des autres. [...] Trop de gens, Péterson, pas assez de biens. Alors il faut que de temps en temps les biens circulent, pour que chacun ait un moment de possession, un moment de jouissance, si bref soit-il. Tu comprends ça, Péterson*[31] *?*

Alors que Péterson, n'a qu'une seule idée en tête. Il ne reste à ses yeux qu'une seule issue pour pouvoir sortir du labyrinthe, de cet enfer qui le dévore petit à petit. Toute la détresse et tout le désespoir du monde dans sa voix, il se confie

---

30. Yanick Lahens, *Guillaume et Nathalie*, pp. 154-155.
31. Ibid., p. 39.

à Nathalie : « Aide-moi à partir, Nathalie. Aide-moi, je t'en prie »[32]. Pour lui, il n'y a qu'une solution : partir. À bout de force, il ne peut plus continuer à se faire violence, supporter le poids de cette vie misérable et minable dans cette « île de tous les dangers »[33].

> *Rien à faire. Péterson ne mange pas à sa faim. [...] les yeux de Péterson étaient ceux de quelqu'un qui n'était plus d'ici. Qui rêvait de s'en aller. N'importe où, mais de s'en aller. Qui rêvait de mettre l'océan entre cette île et lui. Pour trouver l'endroit où la vie lui dirait qu'elle l'aimait.* « Maudite, cette île ». [..] « *Même si je l'aime [...], je dois partir. Je dois partir*[34].

La sexualité, écrit Sami Tchak, « est un matériau littéraire comme un autre[35] [...], elle traverse l'écrit dès ses origines [et] fait corps avec la littérature »[36]. Et Daniel Delas de souligner que « Toute œuvre littéraire, si éthérée paraisse-t-elle, a à voir avec la sexualité parce que la relation des êtres humains entre eux, qu'elle soit d'attrait ou de régulation, est toujours sexualisée »[37]. Est-ce à dire que les écrivains ont toujours eu à écrire l'intime, le corps. Car la relation de sexe, de genre, donc à l'autre, est bien cette problématique que la littérature se propose de saisir, qui fait qu'elle se définit autant comme le lieu par excellence de la transgression que de la subversion. Aussi depuis environ un demi-siècle, les thématiques sexuelles semblent-elles avoir droit de cité dans la littérature haïtienne. Parler du corps, par ricochet de sexe, ou de la description de l'acte, considéré autrefois comme un interdit, prend, depuis Nadine Magloire et Marie Vieux-Chauvet (l'on n'oubliera certainement pas Roumain et Alexis), de plus en plus de la place et d'espace dans le récit haïtien[38]. En

---

32. Ibid., p. 40.
33. Ibid., p. 41.
34. Ibid., p. 34.
35. Sami Tchak, « écrire la sexualité », Sexualité et écriture. *Revue Notre librairie*, no 151, Saint-Étienne, 2003, p. 7.
36. Ibid., p. 6.
37. Daniel Delas, « Décrire la relation : de l'implicite au cru », Sexualité et écriture. *Revue Notre librairie*, no 151, Saint-Étienne, 2003, p. 7.
38. Voir Dieulermesson Petit Frère, « Littérature et sexualité », *Le Nouvelliste*, 17 avril 2015, (http://lenouvelliste.com/lenouvelliste/article/143410/Litterature-et-sexualite). Nadine Magloire est considérée jusque-là comma l'écrivain haïtien à pousser très loin la description érotique dans ses romans. Déjà en 1944, Roumain a tenté d'esquisser une petite description de la scène d'amour entre Manuel et Annaïse dans *Gouverneurs de la rosée*.

s'inscrivant dans cette dynamique, l'écrivain haïtien transgresse l'ordre établi, brave tout ce qui relève de l'interdit et des tabous et fait dans le subversif puisque la littérature, comme le souligne Nathalie Carré, « n'a pas à être morale, elle est en droit de tout explorer »[39].

Yanick Lahens n'est pas du tout étrangère à cette approche. Son écriture s'inscrit dans une démarche qui se veut à la fois sensuelle et érotique. Dans ces deux romans, le corps est exhibé sans paravent, dans sa forme première quand il s'agit de décrire les scènes érotiques. L'acte sexuel est donc donné à voir sans masque sans pour autant tomber dans la pornographie mais un érotisme qui vous brûle les doigts. Mais ce n'est pas tant l'acte sexuel qui domine le texte, il n'est qu'un aboutissement dans le processus de désacralisation du corps pour mieux dire la sexualité. Parler de sexe ou des rapports de sexe pour Lahens ne tient pas toujours compte de ce qui est établi, il y a, généralement chez elle, une place pour les minorités, le semblable sexuel. Non pas qu'elle s'évertue à en faire l'apologie, mais leur [aux minorités] donne une présence significative. Aussi dans *La couleur de l'aube* et *Guillaume et Nathalie*, la figure de l'homosexuel prend-elle effet dans la peau d'un artiste. Dans le premier roman, on tombe sur un bisexuel, Vanel, jeune guitariste, initié à ce jeu par son instituteur, M. Perrin.

> […] *il ne lui apprit ni la grammaire ni la table de multiplication, encore moins le dessin ou la musique, mais l'intimité avec un sexe pareil au sien. Monsieur Perrin lui jura entre deux souffles, le caleçon autour des chevilles, la verge tendue entre les doigts, que ce serait mieux qu'avec les filles. Depuis Vanel oscille entre les deux sexes. Et Vanel cache son jeu à tous. [de peur qu'on apprenne] que des hommes lui demandaient de faire quelquefois l'homme et souvent la fille*[40].

Dans le second roman, Antoine, l'ami de Nathalie, « était amoureux d'un jeune peintre, Mirvil, oncle de Péterson au talent précoce, sorte de Basquiat tropical au pinceau halluciné »[41]. Ce trio rappelle un peu celui de Jean-Claude

---

39. Nathalie Carré, « Entre désir et raison, le choix des comportements », Sexualité et écriture. *Revue Notre librairie*, no 151, Saint-Étienne, 2003p. 25.
40. Yanick Lahens, *La couleur de l'aube*, p. 49.
41. Yanick Lahens, *Guillaume et Nathalie*, p. 85.

Fignolé[42] quoiqu'ici il n'y ait pas lieu de parler de triangle amoureux.

En effet, plus qu'un espace ou un lieu de fantasme, l'œuvre romanesque de Yanick Lahens, tout comme celle de Marie Vieux-Chauvet, Marie-Célie Agnant ou Jan J. Dominique, offre ou propose « une plongée dans l'inconscient féminin »[43]. Les deux sœurs Joyeuse et Angélique sont obsédées par des désirs sexuels qui, parfois, les poussent jusqu'à s'oublier. Si Angélique souffre d'un chagrin d'amour, car depuis la naissance de son fils Gabriel, élevé sans père, elle vit dans la crainte de Dieu, sans homme dans sa vie, mais avec les souvenirs des moments doux et jouissifs ayant bercé son passé.

> *Je garde le souvenir confus des mots corossol et grenadine. À faire courir des fourmis folles sur ma peau. À oublier le nom de ma mère et de sa patrie. D'une sorte d'ivresse s'emparant de moi. Une bouche sur la mienne. Langues confondues. Baisers silencieux. Murmures et promesses. Un torse sur le mien. Une main sur mes seins. Mon corps fendu en deux. Et le monde qui vacille...*[44]

Au début, le courant passait entre elle et cet homme. Il suffit de se fier à son témoignage pour s'en convaincre : « Le contact de sa peau sur la mienne m'a fait l'effet d'une décharge électrique. Et ses yeux ont fixé la naissance de mes seins »[45]. Puis, c'est la débâcle, car cette expérience a laissé un goût amer dans sa bouche. Et la voilà rongée par le remord : « Il y a cette envie de me taillader les lèvres pour qu'aucun homme n'y pose une bouche de mensonges et de balivernes. De me mutiler le sexe pour qu'il ne serve plus à ces conquérants si plein de morgues »[46]. De l'autre côté, Joyeuse mène une vie assez épanouie

---

42. Dans La dernière goutte d'homme, Fignolé présente un trio amoureux composé d'une mère peintre et écrivain, son fils musicien et son amant peintre. Entre homosexualité et inceste, le roman bouscule les interdits, va jusque dans l'intimité des êtres pour en proposer de nouvelles formes de rapports entre eux.
43. Yolaine Parisot, « L'espace de la représentation dans *Amour, Colère et Folie* de Marie Chauvet et dans L'autobiographie américaine de Dany Laferrière », Collectif, *Relire l'histoire et le littéraire haïtiens*, Port-au-Prince, Presses nationales d'Haïti p. 270.
44. Yanick Lahens, *La couleur de l'aube*, p. 128.
45. Ibid., p. 131.
46. Ibid., p. 128.

sur le plan sexuel. Sensuelle et capricieuse, elle ne lésine pas sur ses aventures amoureuses et ne cherche pas non plus à étouffer ses désirs et ses envies. Elle parle librement de ses conquêtes. Elle a essayé avec John, l'Américain arrivé avec le contingent de soldats lors de la deuxième occupation.

> *Je sentais sa débâcle d'homme et de conquérant sous ses mains fascinées, sa langue chercheuse, sa bouche avide, son sexe impatient. Il en aurait pleuré. Il m'appelait « Ma petite sorcière aux cheveux de charbon ». Longtemps après que ses caresses ne m'émouvaient plus, je l'ai autorisé à me toucher, à explorer encore et encore ce gouffre noir en moi*[47].

Mais c'est Luckson, le bienfaiteur, ce garçon qui lui a sauvé la vie lors de la violente manifestation qui l'a comblée. Leur rendez-vous d'amour en dit long. La scène est décrite avec une finesse et une douceur inédites. Avec des mots de plus en plus érotisants, Yanick Lahens donne une touche encore plus envoutante à son écriture.

> *Luckson m'a déshabillée comme, à bout de soif, on épluche une orange. Écrasant ses lèvres contre mes seins, mon ventre, glissant ses mains jusqu'au triangle ombreux de mes cuisses. Mon corps s'est lentement animé sous ses doigts et sa bouche. Sur ma peau à vif, il laisse des traînées de fièvre. J'offre mon ventre à ses lèvres, mon sein à son front. Sa barbe naissante me chatouille et je me surprends à rire. [...] Je baigne mon visage contre sa peau, et puis Luckson me retient fort et doux. Très fort et très doux entre ses hanches. Jusqu'à cette souffrance voluptueuse qui me saisit et me retourne lentement*[48].

Dans *Guillaume et Nathali*e, l'érotisme est plus poussé. Quoiqu'il ne s'agit pas d'un roman à l'eau de rose, mais toute la trame tourne autour de la relation (amoureuse) qui prend peu à peu forme entre les deux protagonistes. Ils sont

---

47. Ibid., p. 83
48. Ibid., pp. 185-186.

le double de Luckson et Joyeuse dans *La couleur de l'aube*. Rien qu'à voir Nathalie, mille et une petites idées passent par la tête de Guillaume. Ses fantasmes en disent long.

> *Nathalie avait opéré sur sa personne un vrai rapt. Silencieux. Sans appel. Et, depuis, l'homme en lui avait été mis à mal. Torpillé par ce soleil qu'elle avait dans le sang. [...] Il avait aimé la voix de Nathalie, la cambrure de ses reins, son rire au téléphone. Guillaume s'abimait résolument dans le fantasme. Dans cette réminiscence éblouie. Sexuelle, bien sûr. Guillaume était déjà dans l'obsession*[49].

L'obsession de Guillaume dépasse toutes les limites. Il n'a qu'un rêve, qu'une envie : « me coucher tout contre [Nathalie] et me glisser dans le doux bosquet sous la dentelle d'un string »[50]. Mais quand enfin, il « entre dans le tiède et l'humide de Nathalie, il est un conquérant qui doute »[51].

> *Guillaume a caressé le sein sous la robe de chambre. Il aime les seins de Nathalie. Le désir revient. Cela fait des heures qu'il ne les a pas lâchés. [...] Le voilà happé par ce corps chaud et ouvert. Il pose la main bas. Le nombril, l'œil du ventre, le regard descend vers le triangle ombreux des cuisses. Regarde sa bouche faire le saut dans l'ineffable. Nathalie voyage sous ses doigts. Sous sa bouche. Loin. Très loin en elle-même*[52].

L'écriture romanesque de Yanick Lahens charrie une grande charge érotique. En faisant le choix de parler du corps et de la sexualité, son écriture se veut à la fois transgressive et subversive en ce sens qu'elle lui a permis de s'affranchir de certains tabous sociaux. C'est que le roman moderne, nous dit Wébert Charles[53], tend toujours à creuser des tabous et à entrer dans l'intimité

---

49. Yanick Lahens, *Guillaume et Nathalie*, p. 46.
50. Ibid., p. 71.
51. Ibid., p. 20.
52. Ibid., pp. 141-142.
53. Wébert Charles, « *Guillaume et Nathalie* ou la géographie des corps », Catherine Boudet et Dieulermesson Petit Frère, *Érotisme et Tabou. Revue Legs et Littérature*, no 2, Port-au-Prince, LEGS ÉDITION, 2013, p. 23.

des lecteurs qui s'identifient aux personnages. Car comme le souligne Abir Kréfar à propos d'Adieu Hamourâbi de la romancière tunisienne Aboubaker Massouda, chez Lahens, particulièrement dans le cas de ces deux romans, les protagonistes décident « de faire la découverte de la sexualité au sein d'une relation fondée très largement sur l'attirance physique. [...] inscrite dans l'immédiateté du désir et la jouissance temporaire »[54]. D'où c'est « l'expression du désir qui domine et non la déchirure sentimentale provoquée par l'éloignement de l'être aimé, les conceptions de l'amour et de la sexualité que l'auteure attribue aux [protagonistes] prenant ici le contre-pied de leur distribution sociale habituelle entre les sexes »[55].

Entre écriture du désastre, désir de survie et quête de l'autre, les deux romans décrivent le tableau d'une société chaotique vouée à la violence et la mort, les déceptions, les incertitudes d'un peuple bafoué, témoin à la fois de sa grandeur et sa décadence. Ils mettent aussi en exergue le désenchantement et les désespérances d'une jeunesse désorientée et désemparée mais qui refuse d'enterrer sa rage de vivre. En même temps qu'ils disent notre insouciance, notre refus de sortir des ténèbres de l'ignorance, de la crasse et de la bêtise, ils expriment aussi notre résilience face aux malheurs, notre capacité à aimer au-delà des différences et des contradictions.

La couleur de l'aube met en relief l'Haïti troublée et troublante des années 2000. Il rassemble tous les événements malheureux, les jours sombres qui ont empoisonné et emprisonné les rêves les plus fous de tous les Haïtiens à l'orée du nouveau millénaire attendu sous le signe de la paix, de l'amour et du progrès. Les clivages sociaux et les tensions politiques n'ont jamais contribué à sortir l'île de l'ornière de la pauvreté. Au contraire, ils n'ont fait qu'accentuer notre misère, notre fragilité et nos malheurs.

Guillaume et Nathalie est plus qu'un simple roman d'amour. Au-delà d'une histoire de corps, de désir, de sexe, de passions et de jeux interdits, c'est le tableau d'une société déconcertante et fragile au décor infect et putride, d'un

---

54. Abir Kréfa, « Corps et sexualité chez les romancières tunisiennes. Enjeux de reconnaissance, coûts et effets des « transgressions » », *Travail, genre et sociétés*, 2011, vol. 2, n° 26, p. 113. http://www.cairn.info/revue-travail-genre-et-societes-2011-2-page-105.htm
Consulté le 10 septembre 2017.
55. Ibid., p. 113.

pays à la dérive empreint de préjugés séculaires, à la violence, la corruption et tous les maux du siècle. Il met à nu notre laideur et notre incapacité à nous assumer comme peuple (hommes et femmes) doué de la faculté d'être pleinement Humain et de construire collectivement un vivre-ensemble collectif. *Guillaume et Nathalie* est aussi et surtout un appel à l'unité de deux générations d'hommes et de femmes invités à vider leur contentieux pour redresser cette Haïti ravagée par la violence urbaine, l'aide déshumanisante des pays amis et ces projets empoisonnés des uns et des autres qui ne font que nous enfoncer de plus en plus dans le gouffre.

Avec ces deux romans, Yanick Lahens a exploré les bas-fonds de la société haïtienne en essayant tout au mieux d'analyser la dynamique des relations entre les différentes couches sociales. En mettant en avant des héros issus de classes sociales différentes, elle a su prouver, qu'au-delà des différences et des contradictions de toutes sortes, l'amour l'emporte toujours sur la haine et que le vivre-ensemble est encore possible. Tout en fustigeant le snobisme de la classe moyenne méprisante et égoïste, l'avarice de la bourgeoisie ignare et rétrograde, elle arrive à concilier les contraires pour nous conter, sans stéréotypes, avec les traits et faits de société, deux histoires qui montrent que seul le désir d'aimer et d'accepter l'autre comme son égal peut convaincre à bâtir un monde plus juste.

Dieulermesson PETIT FRERE, M.A.

Bibliographie

BARTHES, Roland, « L'effet de réel », *Littérature et réalité*, Paris, Seuil,1982, pp. 81-90.

--- *Le Degré zéro de l'écriture*, Paris, Seuil, 1953.

ADAMSON, Ginette, « Yanick Lahens romancière : pour une autre voix/voie haïtienne », Suzanne Rinne et Joëlle Vitiello, *Elles écrivent des Antilles*, Paris, L'Harmattan, 1999, pp. 107-118.

CARRÉ, Nathalie, « Entre désir et raison, le choix des comportements », Sexualité et écriture. *Revue Notre librairie*, no 151, Saint-Étienne, 2003, pp. 16-25.

CHARLES, Wébert, « Guillaume et Nathalie ou la géographie des corps », Catherine Boudet et Dieulermesson Petit Frère, Érotisme et Tabou. *Revue Legs et Littérature*, no 2, Port-au-Prince, LEGS ÉDITION, 2013, pp. 23-29.

DELAS, Daniel, «Décrire la relation : de l'implicite au cru », Sexualité et écriture. *Revue Notre librairie*, no 151, Saint-Étienne, 2003, pp. 10-15.

FIGNOLÉ, Jean-Claude, *La dernière goutte d'homme*, Montréal, Regain/ CIDIHCA, 1999.

GENETTE, Gérard, *Figures III*, Paris, Seuil, 1972.

HAMON, Philippe, « Pour un statut sémiologique du personnage », R. Barthes, W. Kayser, W. C. Booth, *Poétique du récit*, Paris, Seuil, 1977, pp. 115-180.

KRÉFA, Abir, « Corps et sexualité chez les romancières tunisiennes. Enjeux de reconnaissance, coûts et effets des « transgressions » », *Travail, genre et sociétés*, vol. 2, n° 26, 2011, pp. 105-128.
http://www.cairn.info/revue-travail-genre-et-societes-2011-2-page-105.htm.
Consulté le 10 septembre 2017

LAHENS, Yanick, *La couleur de l'aube*, Port-au-Prince, Presses nationales d'Haïti, 2008.

---, *Guillaume et Nathalie*, Port-au-Prince, Lune, 2013.

NAUDIER, Delphine, « L'écriture-femme, une innovation esthétique emblématique », *Sociétés contemporaines*, no 44, 2001, pp. 57-73. http://www.cairn.info/revue-societes-contemporaines-2001-4-page-57.htm. Consulté le 10 septembre 2017.

PARISOT, Yolaine, « L'espace de la représentation dans Amour, Colère et Folie de Marie Chauvet et dans L'autobiographie américaine de Dany Laferrière », Collectif, *Relire l'histoire et le littéraire haïtiens*, Port-au-Prince, Presses nationales d'Haïti, pp. 259-279.

PETIT FRERE, Dieulermesson, « Littérature et sexualité », *Le Nouvelliste*, 17 avril 2014. http://lenouvelliste.com/lenouvelliste/article/143410/Litterature-et-sexualite. Consulté le 13 septembre 2017.

PHELPS, Anthony, « Le temps des signes », Patrick Cintas, James Noël, Rodney Saint-Éloi (dir.), Haïti. *Cahiers de la Revue, d'Art et de Littérature, Musique, (RAL,M)*, Paris, Le chasseur abstrait éditeur, 2009.

PHILIPPE, Nathalie, « Le temps des Grandes Royales », L'engagement au féminin, *Notre Librairie*, 172, Saint-Étienne, 2009.

PICQ, Françoise, « Un homme sur deux est une femme ». Les féministes entre légalité et parité (1970-1996), *Les temps modernes*, no 593, 1997.

ROUMAIN, Jacques, *Gouverneurs de la rosée* [1944], Paris, Les éditeurs français réunis, 1961.

SAINT-Éloi, Rodney, *Passion Haïti*, Montréal, Hamac, 2016.

TCHAK, Sami, « écrire la sexualité », Sexualité et écriture. *Revue Notre librairie*, no 151, Saint-Étienne, 2003, pp. 6-7.

VITIELLO, Joëlle, « Yanick Lahens », *île en île*, http://ile-en-ile.org/lahens/. Consulté le 19 septembre 2017.

Pour citer cet article :

Dieulermesson PETIT FRERE, « Voix de femmes, violence urbaine et désir dans *La couleur de l'aube* et *Guillaume et Nathalie* de Yanick Lahens », *Revue Legs et Littérature*, 2017 | no. 10, pp. 155-178.

Deuxième partie

Témoignages et Entretiens

181 **Critique littéraire en Haïti : Enjeux, difficultés et nécessités**

Par Nadève Ménard et Darline Alexis

197 **Stéphane Martelly : Pour un renouveau de la critique littéraire haïtienne**

Propos recueillis par Dieulermesson Petit Frère

205 **Yanick Lahens : « Il y a toujours eu une méfiance vis-à-vis des critiques littéraires »**

Propos recueillis par Mirline Pierre

Critique littéraire en Haïti : Enjeux, difficultés et nécessités

Ancienne élève de l'École Normale Supérieure (ENS), Darline Alexis a poursuivi ses études de lettres à l'Université des Antilles-Guyane et a obtenu un diplôme en didactique des langues étrangères à l'université Lumière, Lyon 2. Elle enseigne à l'ENS et à l'université Quisqueya. Sa dernière publication, « Jean Price-Mars préfacier des littéraires. Occupation américaine d'Haïti (1915-1934) » a paru dans les colonnes de la revue Chemins critiques *(2017).*

Détentrice d'un doctorat en Lettres de l'Université de Pennsylvanie, Nadève Ménard est professeure à l'École Normale Supérieure (ENS). Traductrice, elle a dirigé l'essai Écrits d'Haïti : perspectives sur la littérature haïtienne contemporaine (1986-2006) *(2011) et publié l'étude* Lyonel Trouillot, Les enfants des héros *(2016).*

La critique littéraire en Haïti est confrontée à un déficit de cadrage théorique, un manque d'institutions formelles et une incompréhension de la part du public du rôle qu'elle est appelée à jouer. Les critiques littéraires Darline Alexis et Nadève Ménard ont profité de l'occasion offerte par ce numéro de la *Revue Legs et Littérature* consacré à la critique littéraire pour débattre en toute liberté et objectivité de certaines questions récurrentes qui reviennent dans leurs travaux ainsi que dans ceux de leurs collègues, notamment : écrits et littérarité ; le poids de l'ailleurs dans la critique littéraire locale ; critique et universalité conceptuelle ; l'existence de la critique haïtienne.

1. Tous les écrits ne sont pas littéraires

D. Alexis : La littérature occupe une place importante en Haïti. C'est un domaine représenté par des talents incontestables et en même temps, une de nos sources de fierté collective. Beaucoup de gens se rêvent écrivains. Et ceci n'est pas dérangeant. C'est même une très bonne chose que d'avoir des aspirations, de se penser d'une certaine façon. Se projeter dans ce qu'on veut aide à se donner les moyens de concrétiser ses rêves.

N. Ménard : Tout à fait. J'entends parfois les gens se plaindre des activités comme Livres en folie ou autres foires du livre, disant que c'est une occasion où finalement n'importe quoi (et/ou qui !) peut et est publié. Ce qui est peut-être vrai, mais personnellement je n'y vois pas de problème. Tout le monde qui veut le faire devrait avoir la possibilité de se faire publier ou de se publier. Pourquoi pas ? C'est une forme d'expression comme une autre. Cela ne veut pas dire pour autant que tous les écrits se valent ou que tout écrit est littéraire.

D. Alexis : Le problème est qu'on ne peut pas décréter tout seul un certain nombre de choses. On peut se vivre comme écrivain mais, malheureusement ou pas, il y a besoin, dans ce cas-ci, de l'aval de structures institutionnelles, d'écrivains reconnus pour la qualité de leur production, de la critique littéraire, de certaines personnalités ou structures auxquelles la société délègue le pouvoir de qualifier… pour obtenir la reconnaissance souhaitée. On est reconnu en tant que littéraire quand des lecteurs et autres spécialistes vous accordent ce « label ».

« On est reconnu en tant que littéraire quand des lecteurs et autres spécialistes vous accordent ce label »

N. Ménard : C'est dans ce sens que l'absence de structure éditoriale solide dans le pays est à lamenter. Un bon éditeur constitue un support inestimable pour l'auteur. Il est vrai que bon nombre de nos plus grands auteurs (Franketienne, René Philoctète et autres) ont publié à compte d'auteur et sont arrivés à nous offrir des chefs-d'œuvre. Mais ces auteurs constituent des exceptions. Et même en ce qui concerne les exceptions, on pourrait se demander si tel livre n'aurait pas pu être meilleur avec un travail d'édition accompagnateur. Le manque d'éditeurs tout court et d'éditeurs compétents et sérieux ont un impact certain sur la qualité des livres produits.

En plus, un bon travail d'édition, les collections créées et maintenues aident les lecteurs à se repérer. Comment distinguer entre un roman policier et un recueil de nouvelles ? Comment faire quand on veut lire un roman traitant d'amour, mais pas un roman style Harlequin ? L'idée ne serait pas du tout d'éliminer les textes qui ne correspondent pas à la grande littérature, mais de donner aux lecteurs les outils nécessaires pour pouvoir faire le tri.

D. Alexis : Nous évoluons dans un espace dans lequel l'institution du fait littéraire n'est pas effective. Il n'y a que très peu de maisons d'édition, peu d'entreprises de correction de textes, peu de critiques journalistes professionnels ou encore d'entreprises de marketing pour la promotion des œuvres. Tout ceci crée une double situation d'auto-proclamation d'une part et de frustration d'autre part. L'auto-proclamation, parce que les productions sont à la fois à compte d'auteur et même à compte d'éditeur pour reprendre Kettly Mars[1]. La frustration, parce que chaque producteur de texte est convaincu de ne produire que des chefs-d'œuvre. Quand l'effort de se publier n'est pas suivi de la reconnaissance à laquelle l'auteur pense avoir droit, il se crée une situation de tension dans les milieux du livre.

Mais regardons de plus près les enjeux liés à la pratique de l'auto-proclamation qui vient avec le vide institutionnel mentionné dans un pays où les liens sociaux se distendent et les rapports intergénérationnels sont en train d'être redéfinis. Pendant longtemps, les grandes villes du pays ont été le théâtre

« Quand l'effort de se publier n'est pas suivi de la reconnaissance [...] il se crée une situation de tension dans les milieux du livre »

---

1. Dans ses différentes prises de position, Kettly Mars désigne ainsi non seulement le fait par l'auteur de débourser pour la publication de son œuvre mais aussi de remplir toutes les fonctions dévolues en temps normal à une édition.

de multiples lieux de rencontres où se côtoyaient des gens de différentes générations : les clubs de lecture, les cercles littéraires, des regroupements divers justifiés par les affinités intellectuelles partagées. Ces espaces où les auteurs pouvaient présenter leurs œuvres devant un public diversifié compensaient les manques susmentionnés qui n'ont rien de récents et l'absence des pouvoirs publics dans la promotion des talents. Ceci ne signifie pas que les productions étaient forcément de bien meilleure qualité mais l'exercice critique qui précédait les publications était chose plus courante, même si les critiques négatives n'étaient pas mieux acceptées.

N. Ménard : Je crois que ces lieux existent toujours, mais sont peut-être moins courants ou encore un peu plus axés sur la reconnaissance que sur la qualité. Et il ne faut pas oublier les nouvelles technologies...

D. Alexis : Justement. Il faut considérer les possibilités nouvelles de publication avec les technologies de l'information et de la communication. Il s'est créé aujourd'hui d'autres espaces de légitimation des écrits et cela aussi est une bonne chose. Les blogues, les pages Facebook et autres plateformes se sont multipliés cette dernière décennie. Il n'y a plus besoin de débourser pour rendre publics ses écrits. Un ordinateur, une connexion internet et le tour est joué. La validation par les pairs sur les réseaux sociaux est devenue un autre moyen d'obtenir la reconnaissance voulue. Dans certains pays, des carrières ont débuté de cette façon et des maisons d'édition achètent des droits d'auteurs d'œuvres à grand succès sur les plateformes de publication réunissant des millions de jeunes et moins jeunes (ce n'est pas qu'une affaire d'âge). Cela a été le cas, par exemple, pour *Cinquante nuances de Grey* de E. L. James ou plus récemment de *After* de Anna Todd, deux histoires éroticoromantiques à l'eau de rose. Bien entendu, elles font l'objet d'un plus ou moins grand travail de réécriture avant leur

« *Il s'est créé aujourd'hui d'autres espaces de légitimation des écrits* » publication en version grand public. Cette nouvelle donne nourrit les rêves de célébrité éclair qui sont plus difficiles à concrétiser dans la filière traditionnelle de publication.

Pourtant, ce tournant entamé grâce à la technologie ne suffit pas. Non plus l'adhésion-approbation exclusive des pairs. Les compliments et manifestations d'appréciation rassurent certes, mais le sentiment qu'ils sont dus beaucoup plus à la solidarité générationnelle ou de corps (les écrivains en ligne) mine quelque part la satisfaction ressentie. C'est peut-être la raison pour laquelle la soumission de manuscrits aux éditeurs et aux divers concours d'écriture organisés par les institutions d'ici et d'ailleurs sont en hausse constante. Il y a un réel besoin d'une parole plus distante, plus objective et sans concession, même quand elle peut faire mal. On la veut aussi constructive, d'où l'importance des éditions et à certains égards de la critique.

« Il y a un réel besoin d'une parole plus distante, plus objective et sans concession »

N. Ménard : La critique aurait donc son rôle à jouer en amont et en aval. Il faudrait que les journaux et autres publications fassent appel à des critiques ou au moins à des gens ayant une connaissance de base de la littérature quand il s'agit de produire des notes de lecture, par exemple. Toute fiction n'est pas forcément un roman. Un essai sociologique n'est pas un livre d'histoire. Un essai n'est pas un manuel de classe. Il faut juger chaque texte selon ce qu'il est et non pas selon ce qu'on voudrait qu'il soit.

« Il faudrait que les journaux et autres publications fassent appel à des critiques »

D. Alexis : Tous les écrits se réclamant de la littérature ne sont pas toujours admis ou reconnus comme œuvres littéraires parce qu'il y a des critères ou marqueurs de « littérarité » : la créativité, l'inventivité, une certaine appropriation de la langue d'écriture, un souffle propre à l'auteur… C'est ce qui explique par ailleurs qu'un écrit d'un auteur déjà plébiscité par la critique peut ne pas être considéré comme une œuvre littéraire. La dimension littéraire n'est pas acquise une fois pour toutes, elle n'est pas accolée de manière pérenne au nom d'un auteur.

N. Ménard : En dernier lieu, je dirai qu'il faudrait aussi réfléchir sur les raisons qui nous poussent à vouloir identifier tout texte publié comme texte littéraire ou tout écrivain comme homme ou femme littéraire. On peut être intellectuel ou historien, écrire des ouvrages sur le savoir-vivre ou sur le monde de l'entreprenariat sans être littéraire pour autant. Est-ce parce que quand nous lisons des biographies historiques, on se rend compte que beaucoup des personnalités ayant marqué notre vie nationale étaient « aussi » écrivains ? D'ailleurs, depuis des années, certains critiques littéraires avancent l'idée selon laquelle la carrière d'écrivain n'est qu'une étape dans le parcours vers la vie politique. Identifier tout écrivain comme étant littéraire, serait-il donc une façon de reconnaître un certain potentiel de leader ?

2. Le poids de l'ailleurs

D. Alexis : Le déficit dans l'institutionnalisation de la littérature chez nous conduit les auteurs à se tourner vers l'extérieur. Le lectorat ici est réduit. Cela s'explique par le faible pouvoir d'achat et une culture de la lecture qui est en construction. Un best seller à *Livres en folie*, la plus grande manifestation sociale autour du livre, n'ira que dans de rares cas au-delà du millier d'exemplaires vendus. La francophonie est un espace de plusieurs millions de lecteurs. Un succès dans les grands centres d'achats du livre en langue française ouvre la voie aux traductions dans d'autres langues et à un plus grand rayonnement (inter)national. Un auteur aspire à être lu et reconnu. C'est légitime.

> *« La réalité sociale du livre définit les stratégies des maisons d'édition »*

La réalité sociale du livre définit les stratégies des maisons d'édition. Il n'y a pas de comparaison possible entre le lancement d'un livre ici ou aux États-Unis ou en France. Les enjeux sont de natures différentes et influencent les efforts déployés : pas de prix littéraires en perspective, pas de vente à dynamiser, pas de célébrité à rechercher... Tu le sais, un très bon livre peut faire l'objet d'une recension critique dans la presse en Haïti, dans le meilleur des cas, il peut y en avoir deux. Il y a parfois des exceptions, par exemple *La vie sans fards* (JC Lattès, 2012) de Maryse Condé, pour citer un livre récent, a eu plus de cinq articles critiques, beaucoup plus pour un point de polémique que par souci de la qualité du texte d'ailleurs. Je les ai analysés dans un ouvrage collectif dirigé par Françoise Simasotchi-Bronès, *Maryse Condé en tous ses ailleurs* (L'improviste, 2014).

> « La fabrication de l'objet littéraire haïtien semble être beaucoup plus le fait d'une critique étrangère que locale »

Par conséquent, la fabrication de l'objet littéraire haïtien semble être beaucoup plus le fait d'une critique étrangère que locale. Il y a des paradigmes créés par la critique en fonction des préoccupations qui sont propres aux différents espaces. Ce qui interpelle, c'est quand ceux de l'ailleurs sont repris dans des recensions ici sans questionnement. Mais, quand on y regarde de plus près, la critique étrangère n'est pas forcément en situation de domination. Certains paradigmes sont des créations haïtiennes. Marie-José N'Zengou-Tayo[2] souligne, par exemple, que la thématique de l'exil dans la critique s'est imposée à partir de l'essai de Yanick Lahens, *L'exil : entre l'ancrage et la fuite, l'écrivain haïtien* (Deschamps, 1990). Aujourd'hui, malheureusement, la prééminence de ce thème dans la critique étrangère a tendance à réduire les œuvres à des manifestes sur l'exil. Ce qui agace un peu.

N. Ménard : On questionne souvent l'existence même de la critique littéraire en Haïti. Pour moi, il est clair que la critique haïtienne existe et ce depuis longtemps. Les revues et journaux du 19ème siècle accordaient déjà des pages aux appréciations

---

[2]. Propos tenus à l'occasion d'un panel sur l'écriture du séisme au cours de la conférence annuelle de l'Association des Études Haïtiennes à Port-au-Prince en 2013.

des œuvres littéraires et aux débats sur la littérature. Dans une intervention récente (lors du colloque organisé par l'Université d'État d'Haïti (UEH) sur la recherche universitaire en Haïti en février 2017), j'ai évoqué les dangers qui nous guettent quand la majorité des travaux critiques réalisés sur la littérature haïtienne sont faits par des étrangers. Je ne dis pas qu'on ne devrait pas faire appel à tout ce qui peut nous être utile dans l'appréciation des textes lus, mais il ne faut pas oublier que le point de vue du critique est forcément influencé par son positionnement, que ce soit de manière consciente ou pas. Donc, ma préoccupation est de savoir si quand nous lisons une majorité de textes critiques venant de l'ailleurs, si ceux-ci n'orientent pas notre appréciation des textes publiés par les auteurs haïtiens ? Est-ce que le regard que nous portons sur ces écrits ne risque pas d'être biaisé ? Est-ce qu'on n'aurait pas tendance à considérer notre propre littérature avec des yeux de l'ailleurs ?

Nous pouvons prendre l'exemple de nos manuels littéraires, où tel auteur haïtien est décrit comme étant le Lamartine haïtien ou notre Victor Hugo. D'où viennent ces comparaisons ? À quoi servent-elles ? Elles maintiennent la France et sa tradition littéraire comme notre référence, et toute œuvre haïtienne est jugée par rapport au standard de la littérature française.

C'est très encourageant de constater ces derniers temps que l'on trouve dans les journaux des notes de lecture, des entretiens, des analyses marquant la sortie de textes haïtiens par nos auteurs consacrés et parfois par les auteurs haïtiens les moins connus aussi. Ce dont on n'a pas assez est la critique universitaire ou spécialisée, celle qui n'est pas forcément publiée dans les journaux, mais plutôt dans les revues spécialisées ou dans des monographies. Dans ce domaine aussi, il y a eu de récents progrès, mais il reste du travail à faire. Ce manque renvoie bien sûr au peu de départements de Lettres Modernes ou de

Littérature existant dans le pays. C'est au sein de ces départements que se forment les futurs critiques, où se cultive aussi leur public.

Il est essentiel que la voix des lecteurs et des critiques haïtiens soient entendus dans la sphère des spécialistes. Surtout quand les textes haïtiens sont utilisés à l'étranger (ou en Haïti) comme prétexte pour parler du pays. La tension entre la critique locale et celle étrangère ne date pas d'aujourd'hui. On n'a qu'à penser à Frédéric Marcelin et *Autour de deux romans* (1903), l'essai qu'il publie en faisant appel à la presse française pour répondre aux compatriotes qui critiquent ses deux premiers romans en ce qui concerne leur représentation d'Haïti. Les rapports de pouvoir entre des pays comme Haïti et la France ou les États-Unis font qu'on ne peut pas considérer ces interprétations venues d'ailleurs comme de simples curiosités.

« Les textes haïtiens sont utilisés à l'étranger comme prétexte pour parler du pays »

Il faut aussi tenir compte du fait que la critique étrangère se préoccupe surtout de ce qui est produit à l'extérieur et en français. On n'a qu'à penser à l'absence relative d'une figure comme Georges Castera dans les interprétations et critiques faites à l'étranger alors qu'il est incontournable dans le paysage littéraire haïtien, y compris dans la critique.

D. Alexis : La critique académique semble de plus en plus échapper à ce déséquilibre entre étrangers et haïtiens. Mais c'est uniquement parce que la territorialité se définit autrement aujourd'hui. Notre critique universitaire se déploie dans plusieurs pays et lieux de savoir. Quand je regarde les approches priorisées par Régine Jean-Charles ou Régine Joseph qui officient aux États-Unis, il y a énormément de points de rencontre avec tes approches Nadève, celles d'Alix Emera, de Fritz Berg Jeannot ou les miennes. Notons également que nous avons pris collectivement l'habitude de nous référer beaucoup plus aux productions de la critique haïtienne de qualité. Il y a quelques années les noms de Léon-François Hoffmann ou de J. Michael Dash revenaient très souvent dans nos écrits. Aujourd'hui, il y a une plus grande prise en compte de la diversité des écrits universitaires. Les réflexions marquées par les études postcoloniales sont certainement pour beaucoup dans ce changement

Cependant, il est une réalité que dans l'un et l'autre domaines, les étiquettes les plus utilisées sont issues des travaux de la critique étrangère. La critique haïtienne a peut-être moins tendance à étiqueter que les autres. C'est une question à explorer, je pense.

3. De l'universalité des concepts

D. Alexis: La question de l'universalité des concepts mobilisés pour analyser la littérature haïtienne est importante. Je ne crois pas trop que les concepts en soi fassent problèmes, ce sont les usages que nous en avons qui suscitent le questionnement. Je trouve que dans l'ensemble les universitaires haïtiens, ceux d'aujourd'hui, à quelques exceptions près, les appliquent à la littérature haïtienne et à d'autres disciplines sans trop de distance.

Je prends quelques exemples : l'utilisation que nous faisons des théories de la lecture dans un pays qui est en plein dans le processus de construction d'une culture de l'écrit ; notre façon de nous référer aux genres littéraires sans trop tenir compte de l'impact de notre culture orale sur les productions écrites. Nous construisons des grilles à partir de Foucault, de Deleuze, de Bourdieu… ce qui n'a rien de répréhensible, mais sans questionner l'applicabilité des outils et concepts que ces chercheurs ont forgés à notre réalité culturelle. Je suppose que tout ceci est dû à l'absence de vrais laboratoires de recherche dans nos universités.

« *La question de l'universalité des concepts mobilisés pour analyser la littérature haïtienne est importante* »

N. Ménard : Dans mon cours sur la nouvelle haïtienne, j'utilise surtout des manuels et des textes théoriques français. Et en fait, je place la nouvelle haïtienne dans la lignée de la nouvelle française qui, elle, s'inspire des versions italiennes et espagnoles. Cependant, je me sens souvent frustrée du fait que tous les exemples cités dans ces manuels sont effectivement français ou européens. Et j'essaie toujours d'attirer l'attention sur les particularités haïtiennes du genre. Pierre-Raymond Dumas a fait un travail intéressant dans ce sens dans son article « Bref aperçu sur la nouvelle haïtienne » publié dans *Notre Librairie* en 1997 dans lequel il essaie d'identifier les différents types de la nouvelle haïtienne. Pierre Maxwell Bellefleur travaille aussi sur le sujet, mettant l'emphase sur les thèmes privilégiés par les nouvellistes haïtiens. On a besoin d'encore plus de recherches allant dans ce sens pour que nos références ne soient pas toujours et automatiquement celles de l'ailleurs. Les travaux entrepris sur la *lodyans* comme genre sont extrêmement intéressants de ce point de vue. Puisqu'il s'agit d'un genre essentiellement haïtien, les critiques et théoriciens sont plus créatifs dans leur manière de l'aborder et ne se reposent pas uniquement sur les théories développées par des critiques étrangers ou et/ou élaborées à partir d'autres traditions littéraires.

Je n'ai rien contre les théories développées ailleurs et les utilise dans mes propres travaux au besoin. Mais j'ai plutôt tendance à me méfier de l'universalité. Pour moi, l'universalité est surtout question de pouvoir. Qui est assez puissant pour ériger son point de vue en universel ? Qui peut prétendre à l'universalité ? Tout ceci dépasse bien sûr le cadre strictement littéraire, mais puisque la littérature et les études littéraires font partie du monde, il faut situer nos pratiques par rapport aux relations qui les forment et les soutiennent.

> *« La littérature et les études littéraires font partie du monde »*

Pensons par exemple au caractère universel du réalisme, du

surréalisme, du structuralisme, du romantisme... Qu'en est-il du réalisme merveilleux ? Pourquoi serait-ce un mouvement seulement ou principalement applicable à une partie du monde? Ou faudrait-il poser la question à l'inverse : sont le réalisme et le romantisme des courants universels ou plutôt régionaux mais venant de régions dominantes alors que le réalisme merveilleux est issue d'une région dominée ?

D. Alexis : De plus, il y a une sous-utilisation des concepts forgés par les Haïtiens eux-mêmes. Ils sont moins connus et discutés. Les rapports de domination y sont certainement pour quelque chose. Mais, il n'y a rien d'irréversible, si l'université haïtienne se donne les moyens de structurer les champs d'étude et de recherche. C'est sur la quantité et la qualité des productions que cette bataille pourra être gagnée.

4. L'existence de la critique haïtienne

N. Ménard : Plusieurs critiques et journalistes dans des articles, des conférences questionnent ou mettent en doute l'existence de la critique littéraire en Haïti –ceci même quand ils sont eux en train de pratiquer cette critique. Comment expliquer cette persistance à nier une activité à laquelle ils prennent part et pour laquelle ils ont un intérêt manifeste ?

« Il n'y a rien d'irréversible, si l'université haïtienne se donne les moyens de structurer les champs d'étude et de recherche »

Comme tu l'as souligné par rapport aux textes littéraires plus tôt, il est vrai et tout à fait logique que la quantité de textes critiques produits en Haïti ne peut pas être comparée à celle produite en France, au Canada ou aux États-Unis, mais de là à dire qu'il n'y a pas de critique en Haïti du tout...

Je pense qu'une des raisons principales de cette négation se trouve dans un malaise par rapport à la qualité de critique produite, ou du manque de qualité pour être plus précis. L'absence ou le manque de canaux formels dédiés à cette activité ainsi que le manque d'institutionnalisation, de lieux de formation dédiés à ceux qui voudraient s'y lancer font que la critique produite est très inégale en termes de qualité. Et on ne peut pas nier qu'il existe une critique peu rigoureuse qui n'a d'autre but que de flatter –mais il ne faut pas se faire d'illusion, ceci existe partout.

D. Alexis : Dans une réflexion en cours menée conjointement avec deux autres collègues sur le traitement de l'art et des questions linguistiques dans certains journaux haïtiens sur une période relativement longue, nous avons constaté que les débats sur la littérature en Haïti tournent essentiellement autour de quatre grands questionnements : l'existence et la fonction de la littérature, le statut et le rôle de l'écrivain, le livre et la place de la lecture dans la société, l'existence d'une critique littéraire. Bien entendu, le découpage réalisé est artificiel car ces questions sont imbriquées et généralement traitées de manière simultanée dans un article.

> *« Il existe une critique peu rigoureuse qui n'a d'autre but que de flatter »*

La récurrence de ces questions manifeste en fait des préoccupations d'ordre institutionnel. Y a-t-il une institutionnalisation de la littérature chez nous ? Qui organise, gère, régule le domaine du livre de manière globale ? Quelles sont les politiques publiques en la matière ? Quels sont les moyens concrets dévolus à leur mise en œuvre ? Nous pouvons citer des noms d'institutions étatiques ou non qui ont, défini dans leur mission, des volets relatifs à la gestion de ce secteur : la Direction Nationale du Livre (DNL), le Bureau Haïtien des Droits d'Auteurs (BHDA), la Bibliothèque Nationale d'Haïti (BNH) et d'autres encore. Mais dans les faits, quels sont leurs champs d'intervention réelle ? Et pour la critique littéraire proprement dite, quels sont les journaux ? Qui sont les critiques journalistes ? Combien existe-t-il de revues qui présentent et proposent des analyses des œuvres ? Qui sont les critiques académiques ?

Ce sont toutes ces préoccupations générées par un dénuement avéré du secteur du livre qui expliquent la récurrence d'un certain type de débats par les écrivains, les éditeurs, les lecteurs. On peut craindre leur persistance puisqu'on est encore très loin de l'organisation structurelle nécessaire pour aboutir à une gestion effective et efficiente de ce secteur en espace organisé. Et parce que cette organisation fait défaut et que la critique littéraire journalistique dépend de la bonne volonté des uns et des autres dans un espace d'intense « production littéraire », la question de son existence est légitime. Le métier de critique n'existe pas vraiment chez nous. Certaines personnes y consacrent un peu de leur temps. Ce ne sont pas des professionnels qui vivent de cette activité.

Malgré des périodes notables de notre histoire où des figures de proue ont pu créer une réelle synergie, la critique journalistique est dans l'ensemble affaire de dilettantes chez nous. Ce qui a pour conséquence de la ramener, comme le remarquait déjà quelques commentateurs dans des revues du début du 20ème siècle, à la limite des œuvres produites par les amis. Untel produira un article sur l'œuvre d'un ami, d'une connaissance ou encore sur une œuvre qui l'aura particulièrement séduite ou révoltée. Le degré de probité des uns et des autres décidera de l'orientation et de la formulation de la recension. Mais il y a aussi que, dans ce contexte, il n'est même plus prudent aujourd'hui de se prononcer sur une œuvre qui ne vous aura pas plu, le risque d'être pris à parti par un auteur mécontent est bien réel. Mais cela ne règle pas le problème, car ne rien dire des écrits des uns et des autres peut entraîner également son lot de ressentiments.

« *La critique de qualité produite en Haïti n'est pas toujours facile à trouver* »

N. Ménard : Je conviens que la critique de qualité produite en Haïti n'est pas toujours facile à trouver. On a toujours eu des revues littéraires, mais leur durée de vie n'est pas longue. On n'a rien de comparable à la *Revue de la Société haïtienne* *d'histoire et de géographie* dans le domaine littéraire par exemple. Les lieux de diffusion de la critique haïtienne sont multiples : les journaux, les bulletins éphémères... Beaucoup de nos critiques publient aussi à l'étranger, dans des revues et livres pas toujours bien distribués en Haïti. En plus, ce ne sont pas tous les critiques littéraires qui ont le reflexe de Max Dominique ou de Pierre-Raymond Dumas de recueillir leurs articles dans des volumes. Tous ces facteurs font qu'il est parfois facile de rater la critique de bonne qualité qui est publiée. Il faut continuer à encourager la critique sérieuse qui existe et créer des espaces où elle peut se développer.

D. Alexis : La réalité académique n'est pas plus enviable. L'attraction qu'exerce la production littéraire est de loin supérieure au désir de se colleter les études longues et fastidieuses qui sont celles des critiques universitaires. L'état d'indigence de l'enseignement supérieur, qui n'est pas une priorité des dirigeants d'hier à aujourd'hui, n'arrange pas les choses. La critique académique sur la littérature haïtienne se déploie beaucoup plus à l'extérieur parmi les universitaires originaires d'Haïti et d'ailleurs. Il faut souligner, je pense, le travail inestimable accompli par l'Association des études haïtiennes qui, grâce à sa conférence annuelle et sa revue, participe à la création de communautés de chercheurs dans ce champ.

N. Ménard : Pour que la critique continue de se développer et de s'épanouir, on a besoin d'espaces de discussion, de lieux de débats scientifiques à l'oral comme à l'écrit. Il en existe, mais ils ne sont pas suffisants. On aurait besoin d'une critique plus féministe ou du moins une critique dénuée de tout machisme. Combien de fois les poètes haïtiens ont-ils été loués pour la façon dont ils célèbrent « nos femmes » ? Il est plus que temps de revenir sérieusement sur la façon d'aborder la littérature écrite par les femmes, mais aussi sur des questions comme l'indigénisme comme réaction à l'occupation américaine ou cette question de la littérature haïtienne comme étant essentiellement engagée. La critique traditionnelle a peut-être besoin de renouvellement, mais on ne peut pas dire que la critique n'existe pas.

Nadève Ménard, Ph.D.
Darline Alexis,
DEA ès Lettres

Stéphane Martelly : Pour un renouveau de la critique littéraire haïtienne

Née en 1974 en Haïti, Stéphane Martelly vit, depuis 2002, au Canada où elle mène une double carrière de professeure et d'écrivain. Essayiste, poète et peintre, elle est l'auteur, entre autres de La boîte noire Suivi de Départs *et* Inventaires *(deux recueils de poèmes et* Le sujet opaque, *une lecture de l'œuvre poétique de Magloire Saint-Aude, un essai monumental sur l'un des plus grands poètes surréalistes haïtiens du 20ème siècle. Elle vient de publier* Les jeux du dissemblable : folie, marge et féminin en littérature haïtienne contemporaine, *fruit de plusieurs années de recherche.*

Legs et Littérature (L&L) : *Stéphane Martelly, vous êtes peintre, poète et chercheure attachée à l'Université Concordia au Canada. Vous venez de signer en novembre 2016* Les jeux du dissemblable. Folie, marge et féminin en littérature haïtienne contemporaine *aux éditions Nota Bene. Dites-nous de quoi ce livre est-il fait ?*

Stéphane Martelly (SM) : *Les Jeux du dissemblable* (2016) est le titre de mon dernier essai. C'est surtout le nom d'une démarche intellectuelle, une démarche de création qui a duré plusieurs années. Il me fallait non seulement me pencher d'une manière pertinente sur un objet complexe, soit le littéraire haïtien de l'époque contemporaine, époque que je placerais de 1968 à 2010, mais aussi pour ce faire, trouver un langage, une écriture qui me permettrait d'accompagner cette réflexion que je désirais « impliquée ». Je veux dire par là un travail sur des marges de plus en plus puissantes, sur des représentations de la folie de plus en plus radicales, qui ne laisserait pas intactes l'expérience de lecture, ni l'écriture critique chargée de les rendre ou de les accompagner. Il fallait donc pour moi non seulement lire attentivement des œuvres de haut calibre, comme celle, fondatrice, de Marie Vieux Chauvet, Amour, Colère et Folie (1968), mais aussi celles qui lui succèdent dans des « filiations larvées » (Davertige, Frankétienne, Jan J. Dominique et Lyonel Trouillot), mais aussi trouver l'écriture qui me permettrait de manière non surplombante de parler de ces œuvres de folie. C'est ce que je crois avoir réussi dans ce dernier essai.

L&L : *En 2001, vous avez fait un travail extraordinaire sur l'œuvre de Magloire-Saint-Aude,* Le sujet opaque. Une lecture de l'œuvre poétique de Magloire-Saint-Aude. *Ce livre se veut une clé donnant accès à l'œuvre de ce grand poète surréaliste, on ne peut plus hermétique. S'agit-il, dans ce nouveau livre, de cerner la figure du féminin et de la folie dans le champ littéraire haïtien ?*

SM : Ce premier travail sur l'œuvre de Magloire-Saint-Aude, *Le Sujet opaque* (2001), a été pour mon parcours d'une importance capitale. Je suis contente qu'il ait eu un certain écho et ait pu trouver ses lecteurs. De mon côté, cette première réflexion m'a permis de prendre conscience de ce qui donnait pour moi une certaine cohérence à ma démarche, soit un souci pour les figures de marginalité en littérature et un questionnement, voire une « inquiétude propice », sur les limites de l'interprétation; une passion pour l'écriture poétique et un goût immodéré pour les édifices littéraires complexes. Ceci a grandement informé l'évolution de mon cheminement par la suite et a provoqué, en quelque sorte, que j'aille plus loin avec *Les Jeux du dissemblable*.

« *Cette première réflexion m'a permis de prendre conscience de ce qui donnait pour moi une certaine cohérence à ma démarche.* »

Ce dernier projet n'est pas seulement le parti pris d'une posture, mais a aussi émergé d'une réelle urgence (celle pour moi de penser le contemporain haïtien depuis ma place) et tout simplement d'un constat : Depuis la deuxième moitié du XXe siècle et le tournant du millénaire, l'apparition de multiples figures de folie et du féminin dans le paysage littéraire haïtien, surtout dans l'œuvre majeure et, à mon avis, inaugurale de Marie Vieux Chauvet. Dans ce triptyque, *Amour, Colère et Folie* (1968), qui avait déjà retenu l'attention de la critique par la représentation de la violence dictatoriale, par le point de vue relativement nouveau de narratrices et de personnages féminins et aussi par la vigueur et la grande qualité de l'écriture, le dernier récit de *Folie*, tout particulièrement, me semblait porter des configurations très importantes : une « catastrophe » et une absences essentielles, que je retrouverai par la suite dans d'autres œuvres de la littérature haïtienne contemporaine. Aussi, me suis-je efforcée, en lisant Vieux Chauvet, de rendre apparentes ces configurations portées dans le cataclysme par les regards des fous, qui, plaçant le lecteur au cœur même de la folie, confrontant par ailleurs sa lecture incertaine à des poèmes qui ne s'écrivent pas, l'ébranlant sans relâche par des marqueurs d'incertitude, par des effets de folie ou par l'expression des différentes formes de violences privées, sociales et politiques, portaient les subjectivités lisantes et écrivantes depuis le point de vue de la folie à celui du féminin. Ce texte me permettait aussi de discuter largement de ce que pouvait recouvrir la notion de « folie », de ce qu'en serait ma lecture de ce que j'approchais comme un « concept qui se défait » et dont je voulais imprudemment reconnaître et embrasser la part d'opacité. En m'appuyant sur les travaux de Felman, j'esquissais petit à petit ce que serait mon heuristique du défaut, de l'absence, du manque et finalement de la marge. J'en profitais alors pour préciser l'approche rhétorique utilisée dans ma démarche, tout en amorçant une réflexion sur les enjeux théoriques posés par une lecture de la folie comme « absence d'œuvre » (Foucault).

Ainsi, en remarquant les grandes tendances qui font coïncider l'expression de la catastrophe, de la défaite du sens et l'apparition de personnages et de figures féminins majeurs dans les œuvres haïtiennes du tournant du siècle, mon interrogation pouvait alors porter sur la folie, la marge et le féminin dans la littérature haïtienne contemporaine en tant qu'expressions concourantes de la dissemblance. Au moment de l'émergence de cette dissemblance, je ne pouvais, grâce à l'acuité du texte chauvetien, que remarquer les effets de la folie textuelle dans laquelle les lecteurs sont plongés; je ne pouvais que prendre acte de « ce » qui « les regarde », ces fous et nous les regardant, et qui pointe vers un hors-champ de l'œuvre, autrement dit, un innommable logé au cœur même de l'écriture, les zones obscures de méconnaissance et de subversion que la folie, tout comme la chose littéraire, ayant dorénavant partie liée dans l'écriture, pourraient occuper.

Marge, folie et féminin...du texte absent ou du texte « échoué »

L&L : *Quel rapport établir entre marge, folie et féminin dans le discours et/ou la production littéraire haïtiens ?*

SM : Comme je viens de le mentionner dans ma réponse précédente, c'est en tant que formes concomitantes ou conflictuelles d'altération, comme expressions concourantes de dissemblance que ces figures ou ces dispositifs étaient susceptibles de m'intéresser. C'est-à-dire que je ne croyais pas que c'était le hasard qui les faisait émerger ensemble, au même moment, mais qu'il y avait quelque chose là non seulement à lire, mais aussi, comme lectrice —profane ou experte—, à vivre, à expérimenter. Pour ce faire, il fallait en quelque sorte aller plus loin que ma démarche avec l'opacité glissantienne que j'associais la première en 2001 à l'œuvre de Malgoire-Saint-

Aude et consentir que l'écriture critique elle-même accepte d'accompagner le vacillement des œuvres, qu'elle soit elle-même inquiète et ébranlée. La seule manière d'y parvenir était d'accepter que le lieu depuis lequel je lisais et écrivais ne soit pas un lieu de certitude.

Il a bien fallu trouver pour cela une écriture qui permettrait de surprendre ce savoir, au moment même où il semble faire défaut. Une écriture qui décalerait toujours la lecture dans un jeu de miroir et de confrontation où serait non seulement aperçu, mais expérimenté, infiniment performé son objet.

Autrement dit, rendre possible non seulement l'intelligibilité, le fonctionnement mais aussi l'expérience de cette dissemblance que j'apercevais dans les œuvres. C'est pour toutes ces raisons que dans mon essai, j'ai choisi de toujours décaler le texte littéraire dans la théorie et inversement décaler le texte théorique dans le littéraire (les œuvres ou l'écriture littéraire). Tout ceci afin de maintenir ces « écrits de catastrophe » en mouvement, dans l'ébranlement fondateur qu'ils nous proposaient, afin de laisser se mouvoir une pensée de « l'absence d'œuvre » qui devient la limite absolue de toute création.

> *« J'ai choisi de toujours décaler les texte littéraire dans la théorie »*

« Comme si », il fallait, pour parler de la folie, de la marge et du féminin toujours aménager la place ou la possibilité du texte absent ou du texte « échoué ».

« Comme si », par ailleurs, l'œuvre du dissemblable, l'œuvre absente était le risque, voire la condition même de la création.

L&L : *La perception/représentation est-elle la même dans la poésie que dans le roman ?*

SM : Il serait possible de répondre très longuement à cette question. Mais je vais éviter de le faire en donnant une réponse facile que je donnais quelquefois à mes étudiants en création: la poésie, c'est la littérature qui sait qu'elle écrit.

Bien sûr, c'est un peu caricatural comme réponse, car il y a des romanciers qui n'essaient pas du tout de masquer, contrairement à ce qu'on a pu voir dans les romans réalistes, toute trace du travail sur les formes, sur le langage. Et il y a des poètes qui veulent au contraire qu'on oublie leur travail sur les formes pour se concentrer sur un éventuel « message ». Mais malgré tout, il y a une part de vérité: la poésie est la forme littéraire qui s'intéresse avant tout au langage et aux formes.

Si je voulais continuer d'être un peu facétieuse et sérieuse en même temps, je dirais, en ce qui me concerne, que c'est la poésie qui m'intéresse dans le roman ou l'écriture narrative *(La Maman qui s'absentait*, Vents d'ailleurs, 2011).

« *La poésie est la forme littéraire qui s'intéresse avant tout au langage et aux formes* »

En tout cas, la poésie est mon langage principal qui infiltre tôt ou tard toutes les formes d'écriture que j'aborde. C'est ma table nue, le tri des choses qui manquent et qui demeurent (*Inventaires*, Triptyque, 2016).

L&L : *Entre la fiction et la poésie, lequel de ces genres, d'après vous semble mieux articuler l'image du féminin ?*

SM : Justement, ce n'est pas tant l'image du féminin qui m'intéresse que ce que fait celui-ci: soit ce qu'elle fait ou ce qu'on en fait dans le texte littéraire. Quelle est sa fonction ? On sait bien que l'image du féminin en soit peut être parfaitement réactionnaire, à l'image de la femme-objet, femme-figure-de-style tant utilisée par nos poètes de l'époque romantique jusqu'à la modernité littéraire. Moi, c'est le féminin-sujet, celui qui parle et qui dérange qui m'intéresse au plus haut point.

J'ose avec mon travail, je l'espère du moins, faire la preuve qu'il est un lieu valable depuis lequel on peut réfléchir, créer, voire théoriser.

Vous me direz que ceci me concerne un peu… Tout-à-fait!

Propos recueillis par Dieulermesson Petit Frère

Yanick Lahens : « Il y a toujours eu une méfiance vis-à-vis des critiques littéraires »

Née en 1953, Yanick Lahens détient un Diplôme d'Études Approfondies (DEA) en Lettres de l'Université Paris IV-Sorbonne. Romancière et essayiste, elle a enseigné les lettres pendant une dizaine d'année à l'École Normale Supérieure avant de se consacrer entièrement à l'écriture. Elle a publié nombre d'articles dans des revues dont Chemins critiques, Boutures, Conjonction *et* Legs et Littérature. *En 2014, elle a reçu le prix Femina pour son roman* Bain de lune *paru chez Sabine Wespieser.*

Legs et Littérature (L&L) : *Yanick Lahens, on vous connaît surtout comme romancière mais vos débuts en littérature ont plutôt rapport avec l'essai puisque le premier texte que vous avez publié,* L'exil entre la fuite et l'ancrage : L'écrivain haïtien, *est une réflexion sur la littérature, particulièrement sur le rapport de l'écrivain avec l'espace, le milieu, comment il l'habite et vice versa. Qu'est-ce qui vous a amenée à la littérature ?*

Yanick Lahens (YL) : Je n'ai jamais dissocié la réflexion critique de mon activité d'écrivaine ou d'auteure. Mais une chose est de faire métier de critique littéraire et une autre est d'écrire. J'ai commencé par enseigner à l'université. Mon travail critique d'alors était le prolongement naturel de mon travail d'enseignante. À cette époque-là, j'ai publié cet essai que vous mentionnez ainsi que des articles autour du champ littéraire. Je continue à accompagner mon travail d'écrivaine de réflexions aussi bien sur la société, les mutations en cours dans le monde et sur cette île où je vis. Et sur la manière dont j'utilise une forme ou une autre pour dire de quel lieu je parle.

Il y a toujours ce double qui ne me quitte jamais. Et quand je présente une conférence, c'est toujours à partir de la manière dont je vois ma présence au monde. Mais les formulations sont moins techniques aujourd'hui parce que je suis dans un ancrage résolument plus littéraire mais elles demeurent essentielles.

L&L : *Vous avez écrit sur Marie Chauvet et vous avez vécu Haïti littéraire, le spiralisme, Houguenikon ou tout autre mouvement ou tendance issue des différentes époques de la création littéraire haïtienne, quel regard portez-vous sur la production des cinquante dernière années ?*

YL : Je n'ai pas vécu Haïti Littéraire. J'étais bien trop jeune à l'époque. Et les autres mouvements je les ai vécus d'assez loin. Le spiralisme a fleuri autour de Frankétienne et Jean-Claude Fignolé mais je ne crois pas qu'il y ait eu de regroupement majeur depuis autour d'une conception de la littérature qui fasse manifeste ou école. Mais que puis-je dire de ces cinquante dernières années si ce n'est que comme partout ailleurs il y a moins une évolution autour d'écoles qu'un foisonnement d'écritures individuelles. La littérature est dans la société et dans l'histoire donc quand l'histoire se déroule inexorablement et que la société évolue tout aussi inexorablement, la littérature, elle aussi, se transforme et le statut de ceux et celles qui la produisent avec elle. Avec ce qu'on a appelé le recul des idéologies à la fin de l'affrontement des deux blocs dominants vers les années 1990, et qui n'était, en réalité, qu'une nouvelle reconfiguration de la question idéologique, la littérature a, à la fois, annoncé et épousé ces mutations. Qui aujourd'hui prennent des formes intéressantes et surtout nous sortent d'une bipolarité et nous ouvrent à une diversité d'expressions littéraires de par le monde. Cette diversité ne reflétant que la multipolarité qui émerge avec cette volonté de décoloniser les mémoires et les expressions et qui surgit un peu partout dans les pays du Sud.

> « *Il y a moins une évolution autour d'écoles qu'un foisonnement d'écritures individuelles* »

De par notre histoire je dirais que nous avons une certaine longueur d'avance par rapport à ces questions et nous devrions soutenir cette avance par une revitalisation constante de la réflexion. Mais localement je trouve qu'il y a eu un processus amorcé de décolonisation interne grâce à une avancée très intéressante d'une littérature en langue créole d'auteurs qui contrairement auparavant ne sont pas issus de familles et de milieux francophones. Beaucoup de ces auteurs écrivent d'ailleurs aussi en français sans exclusive. Une manière de mettre en lumière la nécessité d'une réflexion sur la pratique des langues en Haïti. Ensuite il y a eu incontestablement la parole des femmes qui s'est imposée. Le paysage romanesque ne peut exister aujourd'hui en dehors d'elles. Et dans leur écriture se pose la question d'une féminité non prise en compte, et pour cause, par la réflexion féministe classique très ethnocentrée sur l'Occident. Je ne voudrais pas passer sous silence le maintien de la poésie à une certaine hauteur et son évolution vers le slam poétique. Et je pense pour finir que la production littéraire des écrivains de la diaspora en anglais ou en espagnol nous oblige à une réflexion aujourd'hui sur la définition même de littérature nationale que nous ne pouvons plus aborder avec des références du 19e siècle. Nous devrions approfondir cette question où nous avons là encore une longueur d'avance dans ce monde en devenir.

> « Il y a eu incontestablement la parole des femmes qui s'est imposée »

L&L : *Qu'en est-il de la critique littéraire? Que pouvez-vous nous en dire de son évolution en Haïti?*

YL : La critique littéraire a évolué partout ailleurs. Je pense qu'il y a toujours eu de la part de certains auteurs comme de certains écrivains une méfiance vis-à-vis des critiques littéraires. Mais avec encore une fois ce qu'on a appelé le recul des idéologies, on a assisté à un affadissement progressif du rôle des intellectuels pendant toute une période jusqu'à aujourd'hui. Et bon nombre de revues littéraires prestigieuses

> « La critique littéraire a évolué partout ailleurs »

comme *Tel Quel* en France ou *Sur* en Argentine ont disparu. Aujourd'hui La Quinzaine littéraire a du mal à survivre par exemple. En Haïti nous avons eu des revues certaines littéraires comme *Boutures* ou d'autres comme *Les Cahiers du vendredi*. Et une revue comme *Chemins Critiques* dont je faisais partie a représenté un moment majeur dans la pensée haïtiano-caribéenne. Mais là encore je pense que les choses sont peut-être en train d'évoluer. Que nous avons ici et là un foisonnement de revues à une échelle autre et qui représentent cet éclatement dont je parlais plus haut. Et c'est très bien. Mais dans un pays comme Haïti je dis souvent qu'il nous faut nous écrivains et/ou intellectuels être tes modestes quant à notre impact réel. En 1946 des intellectuels et des poètes autour de la revue *La Ruche* ont pu ébranler un pouvoir politique. Ceci est impossible aujourd'hui compte tenu de l'évolution de la société. Même si des revues ont vu le jour ces deux ou trois dernières années et témoignent de la vitalité de la réflexion. La critique littéraire devra trouver sa juste place dans ce paysage qui se dessine.

« La critique littéraire devra trouver sa juste place dans le paysage qui se dessine »

Propos recueillis par Mirline Pierre

Troisième partie
Lectures

211 Le chant des blessures
   Par Mirline PIERRE

214 Port-Melo
   Par Lagnoh K. Robert SILIVI

218 Effeuillage
   Par Kokouvi Dzifa GALLEY

221 Emma ou la rage de vivre
   Par Jean Florentin AGBONA

225 Le sang et la mer II. Hérodiane
   Par Carl-Henry PIERRE

228 Le jeu d'Inéma
   Par Jean Watson CHARLES

231 ...des maux et des rues
   Par Marie-Josée DESVIGNES

235 Trois femmes puissantes
   Par Dieulermesson PETIT FRERE

Née en 1990 à Port-au-Prince, Sybille Claude a fait des études en linguistique à la faculté de Linguistique appliquée (FLA) de l'Université d'État d'Haïti (UEH). Enseignante et passionnée de littérature, *Le chant des blessures* est son premier roman.

Sybille, Claude, **Le chant des blessures**, Port-au-Prince, LEGS ÉDITION, 2017, 115 pages.

Agée de 19 ans, Sarah Aurore Barreau porte un bouquet de cicatrices après la mort de son père, tué par des bandits commandités lors de l'opération Bagdad à Port-au-Prince. Son frère, le seul homme qui reste du cocon familial, laissera le pays en vue de se rendre utile à sa mère et sa sœur bien-aimée. Malheureusement, il sera mort noyé dans le vaste océan atlantique. Il ne reste qu'Aurore, cette jeune fille plongée dans le chagrin et la solitude. Elle n'avait même pas encore fait son deuil que sa mère perd l'usage de ses sens. Que faire face à ce désastre ? Comment va-t-elle faire pour vider cette peau de chagrin qu'elle porte comme une ombre sous ses bras?

Ce roman de Sybille Claude, jeune plume de la toute nouvelle génération d'écrivains haïtiens, a paru en août 2017 chez LEGS EDITION dans sa collection « Textes courts » dirigée par le professeur Marc Exavier. Récit pathétique mais captivant, de la première à la dernière page, l'histoire se déroule au cœur de la ville de Port-au-Prince où les actes banditisme sont au rendez-vous, où des jeunes de tout âge veulent partir à tout prix pour fuir la misère, carte visite de presque tous les quartiers populaires du pays. Entre temps, une jeune fille, la narratrice, pleure, sans larmes, sa chère famille emportée par la mort à la file indienne.

Bouquets de cicatrices…

Le récit commence avec le naufrage du frère de la narratrice en pleine mer, cet évènement malheureux qui est le fil conducteur même du récit. Cette mésaventure est arrivée suite à la mort violente de son père assassiné après avoir reçu cinq balles par des bandits ambulants. Tout le récit tourne autour de ces morts. Mort du père. Mort du frère. Ce dernier est le pilier de l'histoire. Sa mort peine la narratrice au point qu'elle n'arrive pas avoir ses pieds sur terre. Elle vit comme une mort ambulante comme sa mère qui mourra à petits feux de chagrin. Donc, la narratrice est sombrée dans la solitude pour ne pas dire dans l'isolement. Seule la lecture et l'écriture seront son refuge avant de faire son cure avec les morts.

L'eau a eu raison de la ténacité de mon frère. Je ne peux imaginer sans vie. Un hyperactif emprisonné dans un cœur qui s'éteint. L'eau a brulé tous les rêves de mon frère. Le soleil glace encore le sang de ma mère. Je croyais dur comme fer que les gens comme lui ne mourraient pas dans ces circonstances. Un drame. Le drame, c'est le quotidien des masses. Ces hommes et ces femmes sans lendemain que la vie piétine au quotidien. J'avais l'habitude de voir à la télévision des gens dans des embarcations de fortune qui fuyaient la misère et laissaient leur peau. Je n'avais jamais imaginé qu'un jour je pleurerais un boat people dans ma famille. (p.11)

La migration a aussi un impact majeur dans le récit. Patrice, le frère de la narratrice, laisse le pays dans l'espoir d'envoyer des grains de bonheur à sa mère et sa sœur. Il est naïf. Il part comme ces milliers de gens qui ne veulent plus rester à vivre dans l'incertitude, le dégoût et le désespoir. Il veut changer d'horizon juste pour trouver un mieux-être pour lui et pour sa famille qui souffre, qui, en manque de pain, de sel et d'eau, peine à joindre les deux bouts. Ici, chez nous, il n'y a pas d'avenir. Prendre la mer comme ces milliers de *boat people* est la dernière chance qui reste à ce jeune pour sauver sa famille en détresse.

Sur chaque visage dans cette ville est tatoué un Mémorial. On commémore la misère, la violence et le mirage d'un vivre autrement. La soif d'une existence humaine. Cette soif qui a conduit mon frère vers les eaux assassines. Mon frère est mort noyé. Mes frères mourront broyés. (p.17)

Les actes de banditisme ont toujours eu carte blanche dans la ville de Port-au-Prince. Le poète philosophe est victime de ces actes et justice ne lui a pas été rendue. Toute une famille est en larmes, dos aux murs, face à la douleur, parce que le père, poète, chef et pilier de la maison n'est plus. Il était le symbole de l'espoir et de la lumière. Dans une société patriarcale, la mort du père ravage et déstabilise le projet familial. Cet acte donne un goût amer à l'existence. André Barreau était un homme qui voulait le bonheur de tous. Il luttait pour le peuple. Incorruptible de renom. Il a sacrifié sa vie pour un groupe d'hommes et femmes qui ne sont pas encore prêts à se libérer eux-mêmes. Il a aussi mis en puéril sa propre famille. S'il était là, disait la narratrice, les eaux n'auraient pas eu raison de son frère et mère n'aurait pas sombré dans ce chagrin jusqu'à ce que la mort s'empare d'elle. C'est tout un rêve de famille part en fumée.

Je fais un saut dans le passé et je revois ma famille. Ma tête sur le torse chaud de mon père. Mère débordante d'énergie préparant le repas du dimanche. Mon frère qui ne peut pas se tenir en place. Comment serait ma vie s'il n'y avait pas eu toutes ces dérives politiques ? Mon père serait peut-être encore en vie et mon frère aurait à coup sûr fréquenté l'université pour devenir Ingénieur en informatique comme il le désirait. Les hommes de la maison sont partis. Et mère n'est plus que l'ombre d'elle-même. (p.13)

Faire son deuil...

Face à cette solitude, Aurore se trouve dans un dilemme. Faut-il vivre sa vie pleinement ou céder à la mort ? Cette mort cruelle qui la ronge à petits feux. On ne peut vivre et mourir en même temps. Elle doit faire son choix. Elle n'aura pas assez de force pour sombrer dans cette solitude éternelle. Elle doit fait son deuil, sinon elle va mourir de chagrin comme Mère sur sa chaise roulante. Elle doit vider son chagrin dans le cas contraire le chagrin/la tristesse aurait raison d'elle.

La lecture de L'alchimiste de Paulo Coelho et son exposition de photos sous-titré « Pars en paix » a fait d'elle une autre fille. Ayant repris goût peu à peu à la vie, elle va pouvoir la célébrer dans toutes ses couleurs. Elle en découvrira d'autres facettes. Ainsi, à la fin du récit, elle s'est rendu compte que l'eau ne peut pas uniquement emporter son frère mais qu'elle peut aussi apporter le bonheur et la joie.

Mirline PIERRE, M.A.

Romancier, nouvelliste et essayiste, Edem AWUMEY réside aujourd'hui au Canada. Il a obtenu en 2006, le Grand prix littéraire de l'Afrique noire pour son premier roman, *Port-Mélo*. Finaliste du prix Goncourt en 2009, il est l'auteur de *Les pieds sales* (2007) et *Rose déluge* (2011).

Edem Awumey, ***Port-Melo***, Paris, Gallimard, 2006, 192 pages.

Edem fait partie de cette génération d'écrivains africains de la diaspora dont les œuvres sont empreintes des tourments et des questionnements de l'errance, la quête de soi et des autres dans le mouvement perpétuel des migrations. Le propos entend ici faire découvrir bien sûr un auteur mais aussi une écriture dont l'épaisseur et les mouvements sont la postulation d'une profonde humanité. C'est un ancrage dans la matière vive d'un discours littéraire qui se définit avant tout comme une traversée du monde, une trace écrite sur les quêtes et les aspirations d'une génération d'hommes et de femmes qui tentent d'exister.

Ses trois romans révèlent une écriture où la poésie devient un langage de la transhumance, la seule mesure réelle des rêves et des périples qui sont au cœur de l'acte de vivre des êtres qui peuplent son espace romanesque. Cette communication portera exclusivement sur *Port-Mélo* et se propose de mettre en lumière, sans être exhaustif, loin de là, quelques structures et résonnances lyriques, qui font dire qu'Edem est d'abord et avant tout un poète.

Dimension poétique d'un discours romanesque

Port-Mélo, c'est la terre d'origine, celle qui mutile ses propres enfants et les jette sur les routes de l'exil. Un exil intérieur symbolisé par les lieux de détention et de violence. Le roman s'ouvre sur la répression d'un soulèvement populaire. Au-delà du récit d'une révolution avortée, l'auteur nous fait écouter, les cris, les chants, les émotions qui ont ponctué une page d'histoire appelée à survivre au silence et à l'oubli.

La toute première technique qui permet au romancier de donner des résonnances poétiques à son écriture, c'est l'insertion. Dès le début du roman, face au peloton d'exécution, un condamné entonne son dernier Gospel : « Amazing Grace... » (p. 13). La chanson, la musique et des fragments de poèmes ponctuent le récit. L'on peut lire à la page 83, le petit poème en vers suivant :

Je voudrais t'écrire, Cori, t'écrire
Une histoire
Un conte avec plein de bruits et de têtes coupées
Seulement qu'il fait nuit
J'ai pas de plume, Cori
Une histoire
Avec un Wharf, une milice, des bérets rouges
Et quelques rebelles...

La citation est une autre forme d'insertion qui convoque dans le récit des noms qui sont à eux seuls des poèmes comme : « Rimbaud » ou « Joséphine Beker ». (p. 52)

Les éléments rythmiques affleurent, une poésie âpre où les sonorités se répètent sans fin : « violée et découpée » ; « condamné » ; « fermés » ; « refermées » ; « jeté » ; « projeté » (pp. 14-15). L'harmonie imitative crée un effet de martèlement sonore obsédant destiné à traduire avec force le climat de violence qui caractérise la répression.

À la folie de la violence, succèdent des moments de mélancolie. Edem recourt alors à une technique qu'il affectionne et qu'on peut appeler la phrase en écho ou entonnoir rythmique qui consiste à répéter tout en modulant sa longueur, une structure syntaxique avec des variantes au niveau lexical pour obtenir un effet de crescendo ou de decrescendo. On peut ainsi lire à la page 14 : « De l'herbe à perte de vue, à perte de temps... » ou « Le fromager, c'est l'arbre des mots, l'arbre des bruits, l'arbre des masques... » ; « L'arbre des questions sans réponses ». (p. 58)

Les scènes les plus banales prennent une dimension poétique grâce à la syntaxe et à la ponctuation. L'alternance de propositions de longueur inégale permet de varier le rythme des phrases pour leur donner un mouvement plus dense et plus ondoyant presque comme les courbes d'une respiration irrégulière : « ...un beau mouvement d'ensemble prend source au niveau de la taille, qui se plie, se déplie, les pilons suivant le geste, se soulevant et retombant sur les noix ». (p. 52)

L'enchaînement des phrases se fait souple et légère, sans heurt grâce aux phrases non verbales, certaines sont constituées d'un seul adjectif : « un ensemble de couloirs interminables. » Plus loin à la page 15, on lit « Dans mes oreilles, un bruit de grilles refermées » ; toujours à la même page : « un gardien. De nouveau, le couloir ». « crosse dans les côtes, croc-en-jambe ». (p. 14)

Parfois le récit se charge de souvenirs éblouissants, une douce nostalgie aux accents érotico jubilatoires. L'atte-lage de plusieurs propositions gé-néralement longues à un même verbe permet d'obtenir un effet visuel proche du travelling : « Il montait dans un arbre et avait vue sur toute la scène : le cercle des danseuses pen-chées sur la matière jaune du mortier, les poitrines dénudées et ruisselant de sueur. Ce fut son premier contact avec la chair ». (p. 52)

Notre romancier affectionne aussi les métaphores. Elles sont flamboyantes et légion. Grâce aux nombreuses images qu'elles génèrent, les mots prennent toute leur épaisseur poé-tique. La parole devient fortement connotée et demande à être décryptée pour en saisir les miroitements. Le ton se fait sensuel : « Les danseuses traçaient une carte de désir sur la peau et dans le cœur » ; « Les filles semblaient caresser le ciel, elles donnaient caresse à un amant invi-sible » (p. 52). « La fille bouge sur l'écran, elle joint ses deux mains au centre de son être, la danse débute au noyau de la femme, elle relève les bras bien au-dessus de sa tête, les balance de gauche à droite, d'un désir à l'autre » (p. 68).

Les métaphores participent aussi à l'inscription dans le récit de passages descriptifs propice à l'élan roman-tique de la contemplation : « Le crépuscule et la fille toujours as-sise sur le wharf, la pensée plongée dans l'horizon. » « Le crépuscule faisait des traits d'or sur le ciel ». (p. 55)

Les images sont aussi porteuses d'espérance : « Elle se représente ce rempart des temps anciens et un peuple creusant dans le mur de violence une faille d'espoir ». (p. 63)

Mais chez Edem, la poésie c'est aussi les cris de désespoir face à l'horreur de sa condition d'homme. La poésie se fait plus heurtée, la progression des phrases est plus hachée et les constructions plus lourdes comme l'accumulation des verbes au par-ticipe présent : « Le pays est un mouroir. Exil, ces mots : « Je pars ! » coulant des lèvres tremblantes, je pars, ces mots te prenant, t'étripant, te soulevant bien haut et te lançant dans l'aventure, sur les routes de Madère et du Mississipi... ». (p. 116)

Pour peindre la tragédie des répressions Edem emploie ce qu'on peut appeler la vision d'horreur ou la Fresque macabre, successions d'i-mages terrifiantes :

...ils avaient les lèvres ouvertes

comme sur un dernier cantique. Le tapis de corps couvrait l'allée centrale, de l'entrée de l'église à l'autel. [...] Les gorgées tranchées, une tête d'enfant coupée s'accrochant encore par les lèvres au sein de sa mère, les entrailles profondes au ventre. [...] Elles n'avaient pour seule parure que la mince culotte de raphia. Une main avide avait écarté la barrière des raphias, un liquide noir coulait de l'intimité offerte aux mouches. Une eau noire, la mort écrit entre les cuisses à l'encre violent du viol et de la torture. (pp. 82-83)

Conclusion

La conscience poétique de cette écriture se mesure au souci de la charpente du propos, son mouvement, sa progression toute harmonieuse et sa musicalité au service d'un projet humain. Dire la mémoire, la violence, le conflit qui justifie la séparation, le départ et les échos qui vont alimenter l'espace traumatique de la mémoire. Souvent, Edem abandonne le récit des faits pour laisser éclore les vibrations des cœurs face aux évènements. La poésie prend alors la forme d'un chant et fait entendre les cris et les tumultes qui ont rythmé le combat héroïque des soulèvements populaires, tentative pour changer le destin d'un pays et d'un continent. Il évoque avec lyrisme la lutte politique et ses souffrances, ses pertes et ses désillusions. C'est une quête humaine profonde où l'écriture s'élève bien souvent au-dessus de la fable pour accéder au rang parole, un brin thérapeutique pour sortir du silence.

Lagnoh K. Robert SILIVI, M.A

Mirinda-Marc Elom AMEKE est née à Lomé. Elle y fait ses études primaires et secondaires. Après des études de droit à l'université de Nancy II et un master 2 en droit du commerce international, elle devient juriste en droit des affaires.

Mirinda-Marc, *Effeuillage*, Lomé, Graines de Pensées, 2016, 72 pages.

Effeuillage, premier recueil de poèmes de Mirinda-Marc Améké, n'est pas une goutte d'eau dans la mer mais une étendue de laves. Cette déferlante nous aspire, nous rejette sur la plage de l'intime. Là, on retrouve les fleurs de notre jardin. Leur parfum nous habite. On touche à leurs pétales, de mémoire. On palpe leur couleur encore chaude au cœur de notre émoi. Des fruits murs aux saveurs encore sonores nous viennent en bouche. Parfois amères, ils font vaciller nos papilles. On ferme les yeux; une invitation au voyage. Un voyage autre.

La poétesse, dans ce grand voyage, ne lâche rien. Ne laisse presque pas le choix aux mots comme à l'élu de son cœur. Est-elle Méduse pour transformer en statue de pierre tous ceux qui la regardent dans les yeux? Elle est une toute autre. Une volière. Une douce cage. Un cœur qui s'ouvre comme une fleur, puis se referme telle une cage sur l'heureux élu :

...dans ce désert
je guettais, j'espérais un compère.
Et voilà que tout près tu te poses
Las de tes voyages, tu te reposes.
(p.16)

Le recueil nous entraîne. Le cœur de la femme aimante y est exigeant. Tenace. Les vers ont le punch percutant. Un combat sans merci se mène pour l'être aimé et pour soi. Elle ne ferme pas ses grilles sur le premier conquistador (p. 33) venu à l'abordage. Elle a une prédilection pour les prédateurs : un loup (p. 16) ou un aigle (p. 16). Là, l'amoureuse ouvre grandement ses persiennes :

J'ai vu comme mon cœur s'est ouvert
Quand tu as plongé dans ma volière
[...]
J'ai déployé les banquets de ma cage
pour qu'à jamais tu sois pris au piège [...]
À tes dépends mon cœur a fait ripaille
Mets rares: à ma table, s'offre un aigle. (p. 16)

L'amour, dans *Effeuillage*, se déploie, avec ses ailes feutrées de sensualités. Les mots ont de la chair.

L'attente y déroule ses envies inassouvies et ses espoirs comblés. L'offrande, une gaîté qui résonne.

J'attends
Mes lèvres ont revêtu
Ce rouge qui t'enivre
J'attends
Et ma peau toute nue
à ton verdict se livre (...) J'attends
Tes caresses, un baiser. (p. 32)

Et quand le bois se lie au bois, les vers de la poétesse, incandescents, laissent des marques. L'amoureuse mue en flore.

Chaque millimètre de mon corps
Garde une trace de l'explorateur
[...] Tu as tiré de mes forêts toute la sève. (p. 33)

Cette passion, jadis tenace, fricote alors avec la soumission, se met sous le contrôle et l'administration de l'aimé. « Mes pores réclament ton protectorat ». (p. 33)

Les vers de Mirinda-Marc résonnent, dépeignent les aléas de ces amours inachevées, meurtries.

Le temps que s'ouvrent mes paupières
Mon amour saignait dans la souricière. (p. 47)
[...] Je voulais te prendre dans mes filets
Où répandre tout mon amour ?
Mon cœur inondé en déborde [...]
Où coucher mon flot de baiser
Mes ''je t'aime'' qui m'étouffent
Mes ''je t'aime'', torrents d'amour
D'un fleuve sans embouchure. (p.38)
La peur, l'anxiété, le doute ponctuent cette quête.
Et quand je te retrouverai
M'aimeras-tu encore? [...]
Que sont les feux les plus intenses devant le temps et la distance ? (p. 40)

Ici, l'amour est parfois un château en ruine, un vase ébréché qu'on reconstruit pièce par pièce. Une brèche qu'on colmate avec de l'argile pétrie de ses mains. Elle se bat, prête à exhumer l'ombre de l'être aimé dans les décombres de son cœur.

Dans dix ou vingt ans/ J'espère que le temps/ épargnera ton sourire [...]
Je fermerai les yeux/ Et mon cœur éperdu/ Saura revoir le creux/ De tes joues perdues ! (p. 45)

La femme aimante est perdue, malade d'amour. Folle de cette passion incrustée en elle à jamais. Elle effeuille les souvenirs de ces temps où tout n'est qu'ordre, luxe, calme et volupté. Malgré les affres de ses battements de cœur, la voix chante en boucle nuit et jour :

J'ai gardé ta chemise en soie
Que tu as oublié dans ta fuite
Trophée d'un amour vaincu
Avec cette odeur indélébile
Ce parfum d'un autre temps
J'ai gardé ta chemise de soie
Les nuits, l'ombre se déploie
seule, en proie à ma démence
J'y glisse mon cœur meurtri
Et je m'imagine dans tes bras. (p. 55)

Dans *Effeuillage*, tout l'or de l'amour nous comble de bonheur. Hélas, très vite les sourires s'envolent. Les bulles d'alcool montent la gamme, la voix garde le meilleur : « Dans ce lit, tu as été divin/ J'ai vu du paradis un brin. » (p. 67)

Et la liberté est un vent qui se suspens à l'espoir, et porte avec une certaine lucidité l'aimant et l'aimée. « Je te laisse déployer tes ailes, tout fier ». (p. 38) « Chère couvée, envole-toi de mon nid/ J'airai me consoler dans d'autres lits ». (p. 65)

Il y a une nuée d'ivresse sous la plume de cette auteure ! Effeuillage est une fleur de coquillage. Une brochette de mots choisis à l'aune d'un ruisseau passionné d'amour, de vie. Ici, un disque d'images défile sous chaque mot. Une présence sensible qui glace le sang. Profonde comme une lave brulante, la plume de Mirinda-Marc déploie, au fils des soixante-douze pages du recueil, une poésie fluide, à résonance multiple.

De plus, Mirma, un autre avatar de la poétesse, illustre la couverture et les pages intérieures de l'ouvrage avec des portraits de Mirinda-Marc dans tous ses états. Une synthèse des émotions de la poétesse gravée et livrée aux lecteurs.

Dans sa préface du recueil, Kouméalo Anate salue « une plume d'une remarquable beauté. » (…) une histoire qui emporte loin, très loin.

Kokouvi Dzifa GALLEY, M.Sc.

Euphrasie Calmont est une écrivaine martiniquaise d'origine béninoise. Auteure de trois romans : *Les Revers de l'amour* (2012), *Chemins de vie, chemins d'amour* (2014) et *Capital et charité* (2016). Elle y aborde des thèmes liés à la vie, à la condition humaine et au rapport entre l'homme et la nature.

Euphrasie Calmont, **Emma ou la rage de vivre**, Nantes, Amalthée, 2008, 157 pages.

[...] La petite fille, assise sur le vieux banc rouge à bords fissurés, échoué depuis des siècles sous la fenêtre de la chambre de sa mère, attendait, on ne sait quoi... De courtes pensées lui traversaient l'esprit, celles notamment de sa maman hospitalisée depuis une semaine (p. 61). Ce passage constitue l'un des moments graves de l'histoire très touchante d'Emma.

Comment une fillette d'à peine neuf ans peut-elle faire face à des évènements aussi bouleversants de la vie ? Le deuil, la perte d'un être cher, d'une mère, à cet âge-là... Et pourtant, cette benjamine d'une famille qui compte sept enfants devait continuer à vivre, malgré tout. Elle devait le faire, pour son père qui l'aime tant, pour ses frères et sœurs, prêts à tout pour l'aider.

L'autre face de l'histoire d'Emma remonte à des temps immémoriaux ; elle qui est originaire de Mitro, descendante d'arrières grands-parents venus de Doga. En rapportant fidèlement la belle légende de Mitro, l'auteure, avec dextérité, emmène le lecteur faire un petit tour d'histoire de près de cinq siècles en arrière.

Issus de peuples fiers et courageux de l'Afrique occidentale, élevés dès l'enfance dans le respect des valeurs de la communauté : le courage, l'endurance, la loyauté et la solidarité, ces hommes, femmes et enfants étaient tous partis de Doga, fatigués des guerres tribales de 1624. Ils s'enfoncèrent alors dans la forêt, sans esprit de retour, à la conquête de leur modeste royaume. Tombé sur une vallée abrupte, à la sortie de la jungle aux mille péripéties, le groupe d'immigrants pensa un moment s'être perdu dans un endroit hostile à leur établissement. Devant ce paysage qui ne leur paraissait guère hospitalier, certains parmi eux tressaillirent de frayeur, dont notamment Hounké qui lança :
- Hélou, mi tro ! (SOS, Nous sommes perdus !)

Mais Manou, le patriarche, lui, contemplait plutôt la vallée verdoyante que des pentes protégeaient. Devant tout le groupe désemparé au sortir de la forêt, le vieux déclara :

Nous ne sommes pas du tout perdus. C'est ici que nous devons nous arrêter, construire nos maisons et faire des enfants. Regardez tous ces signes d'une belle eau et d'une bonne terre, ces arbres qui portent des fruits... (p. 21)

Ainsi fut fondé Mitro en 1626, village échoué dans un trou, au bas d'une chaîne de collines en plein cœur de la vallée de l'Ouémé, au sud du Bénin. Hounké, Wanou, Hano, Manou, Sica, Aïssa, Aïcha et Bintou qui l'ont fondé comptaient tous parmi les aïeux d'Emma Dassiga, le personnage principal de l'œuvre.

La vie d'Emma était pleine de promesses. Elle était épanouie, faisait la fierté de tout son entourage. Rien ne l'arrête dans sa quête du bonheur, elle est née pour être heureuse, tout le prédit. Son enfance fleurie lui fait vivre tant de moments intenses. Le récit s'ouvre sur cette enfance radieuse et frénétique.

Et c'est à ce moment précis où elle croquait la vie à belles dents qu'un évènement lugubre survient : le décès brutal de sa mère. Peu avant cette mauvaise nouvelle, « Emma ressentit un frisson fugace dans le dos » (p. 63). En plus de toutes les qualités qu'elle avait, elle était aussi dotée de prémonition :

- *Tu sais, maman est très malade, dit Mélanie en dévisageant Emma que Frédéric et elle tenaient chacun par la main.*
- *Oui, ça, je le sais. Emma lut de la gravité dans leur geste, ... puis elle ajouta, et vous voulez me dire aussi qu'elle est morte, c'est bien ça, n'est-ce pas ?*

Les deux aînés restèrent bouche bée. Emma leur facilita ainsi la funèbre tâche qui, autrement, eut été rude. Mais, brusquement :

- *Et comment cela se peut-il ? Maman était bien portante, hier, je l'ai vue ! ajouta-t-elle, effondrée.*

Forte, la petite fille put supporter ce coup du sort, soutenue par son père. Le temps passa, sans qu'Emma ne soit ébranlée par les vicissitudes de la vie.

Emma ou la rage de vivre n'est pas que roman, c'est à la fois une œuvre d'histoire, de sciences naturelles, d'éducation, de développement personnel, de spiritualité et même d'évasion. Elle se caractérise par un fonds riche et varié rempli de plusieurs champs sémantiques, empruntés notamment aux règnes végétal et animal. Recettes de médecine douce, d'art culinaire et bien d'autres dont le livre est parsemé renseignent merveilleusement sur la culture africaine authentique. C'est avec finesse que l'auteure a dépeint les êtres, les événements, les lieux, les us et coutumes évoqués dans le texte. L'art de décrire, la qualité et la concision du style d'Euphrasie Calmont révèlent une écrivaine qui laisse libre cours à sa pensée.

Dans ce roman invitant à un retour aux sources, elle développe une véritable philosophie de la vie. Au-delà du bel hommage rendu aux ancêtres, le lecteur redécouvre les valeurs fondamentales qui confèrent à la vie son réel sens. Tout ici est exaltation et optimisme. Malgré les péripéties qui survinrent dans le récit, l'auteure a su semer sur chaque page la joie de vivre. Un sentiment qu'elle veut contagieux pour tous les humains, sans oublier de rappeler, à la fin, « ce ne sont pas les autres qui font ta joie. Tu te donnes les moyens de ta bonne humeur. Ton bonheur, il part de toi et grandit au contact des autres ». (p. 157)

L'ouvrage, sorti depuis 2008, a déjà fait le tour de plusieurs salons et festivals littéraires, et toujours avec le même accueil enthousiaste du public. Sollicité lors de grands évènements culturels consacrés à la littérature, il connaît également de prestigieuses séances de présentation, au Bénin, à la Martinique, en France et ailleurs. Les thématiques qu'il aborde ainsi que son allure socioculturelle en appellent à son adaptation cinématographique. Un beau film est caché dans cette pseudo-fiction.

Extrait :

À neuf ans, Emma, véritable boute-en-train, en paraissait le double, par la profondeur de son raisonnement et ses attitudes déjà empreintes de maturité. Menue, en flèche, avide de toute chose qu'elle dévorait de ses yeux marron clair avec une célérité et une persévérance à toute épreuve, Emma faisait aussi preuve d'une aisance remarquable parmi les enfants de son âge ou même lorsqu'elle communiquait avec les adultes. De son père, homme pondéré, sage, loyal, généreux, avide de connaissances, et au visage expressif, elle hérita l'esprit de curiosité, le goût du travail et de l'analyse, la sincérité et enfin, l'art de trans-former chaque catastrophe en évènement drôle devant servir de leçon. *Emma tenait de sa mère le dynamisme, l'énergie, la détermination, l'esprit de décision, l'autonomie et ce qui pouvait passer pour de l'impassibilité devant les épreuves ; en fait, une capacité de concentration hors du commun.* (p. 29)

Jean Florentin AGBONA

 Gary Victor est un écrivain et journaliste haïtien, né à Port-au-Prince en 1958. Auteur entre autres de *À l'angle des rues parallèles* (2003, prix du livre insulaire Ouessant), *L'escalier de mes désillusions* (2015, prix Carbet des Lycéens), il est l'un des romanciers les plus lus en Haiti et dans la Caraïbe.

Gary Victor, **Le sang et la mer II. Hérodiane**, Port-au-Prince, Imprimeur II, 2016, 157 pages.

Le sang et la mer II. Hérodiane de Gary Victor est un récit érotique. Mettant en scène les désirs amoureux, sensuels et sexuels entre des humains, des dieux, entre des dieux et des humains, il prend tantôt une dimension héroïque car les personnages, précisément Hérodiane, prennent des risques énormes, tantôt une dimension épique, en ce qui a trait aux portées irréelles des actions accomplies et la présence des mondes parallèles.

L'héroïne du roman, Hérodiane Palus, est sauvée de la noyade par Jean Aurélien, un puissant Sénateur qui avait, à Saint-Jean, des années auparavant, dépossédé ses parents de leurs terres. À travers sa relation avec cet homme de pouvoir, elle concocte sa vengeance prochaine et soudaine, mais en même temps elle se livre dans une quête sans merci d'un frère dont la disparation parmi les vivants se révèle énigmatique : Estevèl. Elle se rendra à l'évidence qu'entre son frère, le sénateur et elle s'installe une lutte entre les dieux voulant bénéficier de l'amour charnel des hommes. Leur jalousie fera ainsi surface avec tout ce qu'elle traîne derrière elle en termes de destruction et de ressentiments.

Hérodiane est ce personnage embarrassé. Au tout début du roman, elle s'est demandé s'il lui faut tuer le désir ou l'être qui le suscite. Ou les deux simultanément. Repris constamment presque jusqu'à la fin du texte, ces thèmes s'interpellent et traversent l'œuvre indissociablement. Tuer le désir qui la propulse vers Jean Aurélien ou le venger par devoir familial. Sa moindre odeur lui rappelle son père. Cet homme puissant se dresse comme une espèce de Père symbolique (Pierre Daco) pour cette femme. D'où toute la charge émotionnelle et la dimension de la confusion de l'acte qu'elle s'apprêtait à accomplir. Partagée entre plusieurs schèmes de sentiments (désir, amour, vengeance, devoir) elle apprend à désirer ou aimer le sénateur en même temps qu'elle le désaime.

La mer, à travers ce récit de Gary Victor, n'est pas ce liquide symbolisant l'immensité, mais plutôt une atmosphère du mal. Ou peut-être du mal intense, profond et vaste. Ce qui rappelle par exemple deux nouvelles d'Edgar Allan Poe ayant pour cadre la mer : *Le manuscrit trouvé dans une bouteille* et *Une descente dans le Maelstrom*. La mer est cet élément maléfique qui détruit les personnages et leur expose aux triomphe des dieux. Elle est cette énergie qui les pousse vers un néant ou la folie (le suicide de Wilson, p. 127). L'absence du modèle, Estevèl, est génératrice de malheurs pour ce peintre, comme à la Basil Hallward dans *Le Portrait de Dorian Gray* d'Oscar Wilde, fonciè-rement amoureux de lui. Wilson aime Estevèl autant qu'Agwe. Mais celui-ci porte en lui un amour possessif et exclusif pour ce jeune homme solitaire. Agwe, l'homme à la chevelure ornée de coquillages, gouverne les gestes du jeune homme et l'emmène toujours vers le bleu. La mer est comme le symbole du sang dans l'atmosphère. Et le sang, un liquide sacrificiel qui ouvre des portes invisibles et obscures. L'eau, en général, dirait peut-être Bachelard, est cette substance outrageante jetée dans la nature. Comme il écrit dans *L'eau et les rêves* (1942), l'eau n'est plus une substance qu'on boit, mais une substance qui boit, avalant l'ombre comme un noir sirop. Le texte est dynamique parce que les personnages arpentent divers espaces géographiques: Port-au-Prince, Saint-Jean, Grand-Anse.... Le temps du récit n'est également pas linéaire. L'inceste est un terme que l'auteur a exploité à travers l'amour impossible d'Hérodiane pour son frère Estevèl. L'homosexualité aussi, s'il faut compter les longues années d'amour entre Estevèl et le peintre Wilson, entre Wilson et Emilio, entre Estevèl et Agwe. Cela se voit notamment dans l'intention du dieu de la mer de s'accaparer Jean Aurelien.

Les scènes du roman se répètent. Une façon de mettre en évidence le rapport entre les rêves et la réalité. Il n'y a pas de frontières entre eux. Ils se donnent la main pour créer un univers fantastique. Les dieux, Damballah, Agwe et Ayida, savent être en guerre, tout comme nous les humains. Ils savent se transformer en humains. Et l'humour de Gary Victor est toujours au rendez-vous même dans la description de certaines scènes dotées d'une haute sensibilité. C'est le cas de ce jeune homme ratiné travaillant au service de la carte postale d'Agwe (pp. 149-150). Il n'y a pas au monde plus galant que Damballah dans la peau d'un pêcheur. Son acte sexuel avec

Hérodiane est des plus délectables. C'est un texte qui dit surtout que la société sait créer quelquefois ses propres monstres.

L'écologie est intégrée dans ce livre qui dit les relations de tension entre les hommes et leur souci d'échapper à la convoitise des dieux. L'écrivain essaie de questionner l'autonomie de l'homme par rapport à sa manière d'être et d'agir. Sa liberté aussi. Son œuvre, sa volonté, sa raison ont-elles été dictées par une énergie supérieure qui serait divine. Il s'agit d'une œuvre de fiction engagée et qui n'est pas dégagée des questions politiques, environnementales et sociales... *Le sang et la mer II* décrit un système d'opposition entre le pouvoir et les plus faibles, les inégalités et les injustices sociales. Surtout la cassure dans la société haïtienne entre les gens à la peau claire et les autres fractions de la société. Hérodiane par exemple a été charcutée pour avoir porté dans son ventre l'enfant d'Yvan.

Le sang et la mer II. Hérodiane se lit comme un puzzle, un récit brisé et énigmatique.

Carl-Henry PIERRE

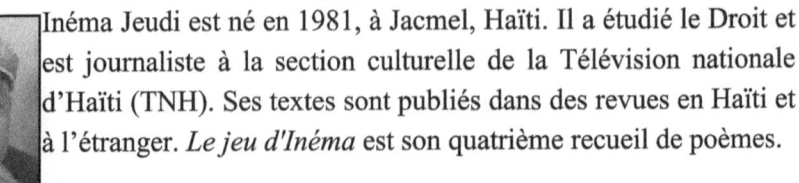

Inéma Jeudi est né en 1981, à Jacmel, Haïti. Il a étudié le Droit et est journaliste à la section culturelle de la Télévision nationale d'Haïti (TNH). Ses textes sont publiés dans des revues en Haïti et à l'étranger. *Le jeu d'Inéma* est son quatrième recueil de poèmes.

Jeudinema, **Le jeu d'Inéma**, Paris, Le temps des Cerises, 2016, 141 pages.

Oh poème d'ambulance
et d'empire fragile

À qui appartient
La chanson voisine
De l'évidence au goût de l'écoute
La joie à base de gingembre
D'amour en berne
Aux couleurs trouées

Déjà l'été à haute marée voix
Dédie la beauté
Aux endroits bruns
Qui nous constituent (p. 84)

Si la poésie est un travail sur la langue, sur les émotions et sur le réel, alors Jeudinema est un grand poète. Avec son dernier recueil paru aux éditions les temps des cerises, le poète incarne l'« esprit nouveau », celui qui possède la conscience poétique, à un moment la poésie s'éloigne de son essence pour devenir haut-lieu du snobisme, d'imposture et de « société du spectacle » (Guy Debord). Sa poésie est celle de l'étalement, ce chant général qui évoque tant le réel, la souffrance, où le « beau est mortel combat ». Le poète donne une dimension nouvelle à la poésie : elle n'est plus « fossoyeur de l'aube » (René Bélance), mais un désir intemporel de traduire les émotions, d'invoquer la mémoire collective et de dire l'indicible :

Je n'ai que bouche
D'horloge déréglée
De paroles qui tombent
À l'âge des seins lourds
D'hésitation fêlée
Et d'amours déguerpies (p. 11)

Cette quête d'une parole se veut aussi quête du silence. Le poète découvre combien le silence habite la parole, cette dualité qui se bouscule de page en page devient lieu initiatique et symbolique où le « beau moderne » (Baudelaire) est transgressé pour libérer la parole :

Combien de peuples t'imitant
Te courant après
T'imitant
Avalant ton portrait
Futur proche
T'imitant

J'ignore vers qui mon verbe s'en va...
(p. 31)

Jeudinema pèse à la fois le poids du silence dans les mots : hésitant à nommer le réel, il est contraint de passer par le style, l'enchaînement des anaphores, par des rejets et des jeux de mots... Il part à la conquête d'un langage fait d'images et d'imagination. Le poète devient « l'illumination systématique des lieux cachés » (André Breton), en quête d'une parole droite par « Doute expérimentale/Vestige d'événements rares ».

Le recueil ne se résume pas uniquement à cette dualité (Parole/Silence), il y a aussi ce « je-autre » qui se confronte avec la voix du poète, sa réalité, où il libère le langage de son rôle référentiel pour que les mots s'imposent comme un lieu cathartique. De l'autre côté, il y a ce dialogue entre le « je » et le « tu », image subliminale (peut-être !) de sa présence, son être en-soi dans les mots ; mais aussi une parole libérée. Que devient la subjectivité du poète en temps des catastrophes ? Elle devient, en tout cas, dans la poésie de Jeudinema : tropes, catachrèse, métaphores, images détournées du réel. Un style atypique !

Oh poème
Et d'empire fragile
Ici la mort est de calibre 38
Qui assiège le rire édenté
Entre les reins
Qui avalent la jeunesse
Et la vérité
Qui crache fourgue et foudre
Il y a
L'approximative jouissance des iles
Mon cadavre
En pleine santé millénaire
Brave la vie.... (p. 24.)

L'œuvre de Jeudinema apparaît sous un jour nouveau, elle est pleine de sens, parfois trempée d'incertitudes : « l'avenir ne me sert plus/ Ne me sert plus la main / Je nourris de lumière d'abîme » (p. 12), mais aussi elle porte en elle le souffle d'un aède qui fustige une tradition littéraire trop longtemps mise en cause, encore plus les clivages esthétiques, enfin « Il y a peut-être eu des écoles plus riches en génies isolés. », pour reprendre les mots de Julien Gracq. Et ceci Jeudinema l'avait bien montré depuis l'apparition de son premier livre en créole. *Le Jeu d'Inema* tente d'explorer les mécanismes du langage, en marquant un trait-d'union entre le dire et le non-dire, le sensible et l'intelligible, mais surtout entre l'homme et la réalité troublante dans laquelle il vit quotidiennement. Il ne tend pas d'en faire usage pour se donner une bonne conscience, mais de l'utiliser comme une sorte de jeu du miroir dans lequel il se met en scène.

Jean Watson CHARLES
Certifié ès Lettres

Janvier 2010, Haïti est frappé par un puissant séisme. Quatre ans plus tard, le centre-ville est déclaré d'utilité publique. Le gouvernement rêve de rebâtir la ville. Quatorze écrivains et un historien parlent de leurs souvenirs, leur attachement à la ville.

Collectif, *...des maux et des rues*, Port-au-Prince, LEGS ÉDITION, 2014, 126 pages.

12 janvier 2010, c'est une date dont le monde entier se souvient. En Haïti, un séisme de magnitude 7,3 a ravagé l'île et Port-Au-Prince, sa capitale. Octobre 2011, presque deux ans plus tard, dans le centre-ville de Port-au-Prince déclaré « zone d'utilité publique » sont lancés des travaux de reconstruction qui passeront par la démolition de quartiers et de rues entières. Tandis que le monde reste prostré face à la catastrophe, pensant à la reconstruction et comment, les habitants de Port-au-Prince aspiraient à « inverser la marche du temps tandis que tourbillonne une nouvelle danse macabre au bas de la ville, scandant la cacophonie des machines d'acier broyant dans la férocité de leurs mandibules ce qui subsiste de nos souvenirs. » (Marie Alice Théard, *Port-Au-Prince dans ma mémoire*).

Mais cette reconstruction passera par l'expropriation des habitants pris par surprise, par les autorités dont le but ultime est alors d'acquérir de nouveaux terrains. Les résidents n'ont pas été avertis de la date des opérations. « De la poussière. Des fers rouillés, des vitres brisées. Ils ont tout détruit, jusqu'à l'enseigne. 106, rue de l'Enterrement. Un contrat à la main avec des mots qui disent l'indécision d'aller vivre nulle part. Dans le vide. Le néant. Président-antérieur-tremblement-contrat-délai-démolition. Tout payé, rien reçu. Et nous voilà dévidés de nos souvenirs, laissant derrière nous les briques cassées de notre mémoire. La rue de l'Enterrement est devenue poussière ; la rue où l'on enterre les souvenirs ». (Webert Charles, *106, rue de l'Enterrement*)

Pour beaucoup d'entre eux c'est une nouvelle violence, un second séisme qui va dévaster leur vie. « La chose du mardi 12 ne leur a pas suffi. Il a fallu encore que cet autre événement vienne s'ajouter à leur lot de malheurs pour qu'en un seul jour ils assistent à l'écroulement de leur édifice qu'ils ont pris du temps à construire. » (Mirline Pierre, *Rue des morts #13*)

Au cœur des bouleversements du

monde, entre guerres incessantes et catastrophes, les cadavres s'empilent et remontent inlassablement, telle une houle rouge sombre recouvrant toujours d'autres morts. Ce sont des bouts de nous que le séisme a emporté avec les morts quand la terre s'est ouverte. C'est la même poussière, le même vacarme qui a fait irruption dans le cœur de la ville pour araser le sol et le préparer à un « renouveau ». « La vie est une florissante entreprise de démolition. Enterrement perpétuel... À la rue de l'Enterrement, comme partout dans la vie, je n'ai fait que passer. Les pas dans la rivière ne laissant pas de traces. » (Marc Exavier). Nos vies sont en perpétuelle transformation, nos villes aussi, et « le monde est une branloire pérenne » disait Montaigne. Rien ne dure, tout est voué toujours à disparaître, nos vies mêmes ne comptent pas pour grand-chose au milieu d'un désastre.

En guise de prologue, Georges-Eddy Lucien rappelle l'histoire mouvementée de Port-au-Prince et les différentes expropriations au profit des catégories les plus aisées dont « l'historiographie haïtienne jusqu'ici, fait abstraction [...] et de tout ce qui formait la quotidienneté de ces expropriés : leur espace vécu, leur rapport à l'espace. »

Et il s'agit bien ici de parler ce respect de la vie, et de toutes ces vies malmenées. Comme à chaque fois qu'il est porté atteinte à la dignité, chaque fois qu'il est question de la considération de l'humain, chaque fois qu'il faut faire face à une réalité, « cela vaut bien la levée d'une colère, contre toutes les façons, y compris savantes, y compris vertueuses, d'être inattentif » dit Marielle Macé dans son dernier livre *Sidérer, considérer* (2017) évoquant quant à elle, la démolition d'un camp de migrants en 2015 à Paris. « Belles colères que celles qui ont pour seul ennemi l'inattentif : celui qui ne voit pas la différence, celui qui ne voit pas le problème, celui à qui « ça ne fait rien » [...] la colère est ce moment où ce qui est tenu pour peu, négligé, saccagé est justement ce à quoi je tiens », rajoute-t-elle.

Marielle Macé dans son court mais dynamique essai évoque cette notion de la « considération » à l'égard des migrants parqués puis déplacés, déconsidérés, considérés comme rien, niés, dont on décide de détruire les campements construits initialement pour eux. Les migrants ont vécu la guerre, l'exil, la catastrophe de devoir quitter un pays, une vie entière pour en commencer une autre quelque part, ils ne savent où.

Il s'agit encore ici de déplacement, et de prise en compte que ce sont des vies, des êtres vivants dont on décide des vies, du vécu de ces vies... Que l'on quitte un pays ou une ville, un quartier, une rue ne change rien. Nous sommes tous d'une même humanité, avec une vie propre, qu'il convient de considérer, de prendre en compte. Considérant que toute catastrophe, guerre ou séisme amenant son lot de drames et de chamboulements au cœur de vies éprouvées durement, chacun a droit aussi à sa considération, que déplacer sans sommation, détruire même pour reconstruire sans prendre en compte chacun dans sa singularité est une violence rajoutée à la violence, un trauma impensable dans le drame initial.

Les auteurs de ce collectif sont tous écrivains mais aussi historien, philosophe, professeurs, médecin. Leurs mots, ils les ont confiés à LEGS EDITION pour témoigner avec nostalgie, amertume, parfois avec rage de cette expropriation et cette néantisation de leur mémoire collective et intime. Il importait de rendre compte de cette souffrance rajoutée à la souffrance, parler la rage de dire que permet la littérature et « dater sa colère » (Baudelaire). Chacun des auteurs a choisi de parler de sa rue et de ses souvenirs saccagés. Gary Victor enrage et parle de sa rue désormais comme d'une « rue sans préservatif dans le cul d'une ville putain ! », sa rue, « la Rue des Arts Plastiques » : « elle aurait dû savoir, cette rue, que dans le cul d'une ville putain, sans plastique, elle déshonorerait ce nom qu'elle devrait porter avec fierté ». C'est une colère qui déborde de souffrance, « cette rue me donne mal au cœur » (Gary Victor, *Rue des Arts plastiques*)

C'est une colère parfois sourde ou pudique qui traverse les récits, une colère souvent mêlée de tristesse, au milieu des souvenirs fracassés, « ces *colliers de débris* semblables au gris qui enveloppe le bleu du ciel » (Mirline Pierre) de ceux qui n'ont pas eu d'autres choix, subissant une nouvelle violence dans la violence. Car, « il ne date pas d'hier le démolissage. Ca fait des lustres qu'on assène des coups de masse à nos mémoires et que rien ne repousse à la place ». (Kettly Mars, *Le Requiem des marteaux-piqueurs*)

Ce recueil douloureux empli de souvenirs vivaces et dignes toujours, veut redonner vie et garder trace de la mémoire de ces rues tant aimées, rues d'enfance enterrées désormais. « À la rue de la Réunion, la douleur tombe sur la ville comme cette balle perdue lâchée par surprise dans le coin du ciel gris. [...] J'ai appris à lire la vie sur le visage de ma mère. [...] Il ne reste plus rien de ces jours gais à courir sous le soleil ». (Dieulermesson Petit-Frère, *Épitaphe pour la Rue de la Réunion*)

Chacun de nous a une rue où il a grandi, on se construit dans ce corps mouvant qu'est l'espace de nos vies dont le corps garde trace aussi. « J'ai adopté le bas de la ville pour la violence de son urbanité. Pour ce jeu de chaise musicale entre les opérateurs de la journée et ceux de la nuit. Pour tous ces débris qui s'infiltrent dans chaque interstice d'un monde qui représente l'envers de ce que l'on rêve et auquel on s'accroche sans l'ombre d'un désespoir ». (Jean-Euphèle Milcé, *La Musique des bulldozers*)

Rue de la Réunion, Rue de l'Enterrement, Rue des morts, Delmas 4, Place Pétion, Rue Saint-Honoré, Champs de Mars, Quai Colomb en face de la place d'Italie... « Chaque ville porte ses rues. Chaque rue habite ses hommes. Comment séparer une ville de ses rues ? Et une rue de ses hommes ? Le jour où la terre se dérobe sous nos pieds l'espace, dirait-on, manquera à sa surface. [...] Pour exister, l'homme a besoin d'un corps sur quoi étendre son histoire ». (Charles Fredo Grand-Pierre, *Les nuits badaudes*) Avec la nostalgie et la tristesse demeurent encore l'espoir et l'amour : « dans la solitude du monde, seul le désir d'aimer lui rappelait [à l'homme] d'où il venait ». (Jean Watson Charles, *En temps d'enfance*)

Considérer la vie, faire cas de toutes ces vies, vulnérables, des vies que l'on saccage sans se préoccuper de ce qu'elles sont, ont été, seront. Il n'y a pas de vie sans qualité, pas de vies à négliger, à nier. Comme le souligne Georges-Eddy Lucien dans le prologue du recueil : « cet ouvrage ne peut laisser nos lecteurs tout à fait indemnes ».

« Le bas de la ville, ce sont ces corps perdus et désespérés, comme le mien, tenaillés pourtant par l'envie de vivre, de reprendre par tous ses bouts l'histoire sans cesse interrompue. J'ai aimé et j'aime encore la brisure de ces après-midi, ces silences qui n'existent pas, cette géographie incertaine qui a su pourtant inventer une âme. Les murs étaient promis à la pérennité, faits pour abriter les bons et les mauvais soirs. Et tout s'effondre, encore une fois, et pour toujours, surtout ma vie. » (Emmelie Prophète, *Sans Histoire*)

**Marie-Josée DESVIGNES,
DEA ès Lettres**

D'origine métisse (mère française et père sénégalais), Marie N'Diaye est une figure importante de la littérature française contemporaine. Prix Femina en 2001 pour *Rosie Carpe*, elle a reçu le Goncourt en 2009 pour *Trois femmes puissantes*.

Marie N'Diaye, ***Trois femmes puissantes***, Paris, Gallimard, 2009, --- pages.

L'œuvre de Marie N'Diaye accorde une large place à la condition humaine, le portrait psychologique de l'être. Ses personnages sont toujours aux prises à des situations difficiles et extraordinaires. Les lieux abondent dans son œuvre. Il y a un rapport étroit chez elle entre le temps et l'espace, la mémoire et la famille. Très attachée aux questions liées à la famille, l'histoire, la mémoire, N'Diaye est une auteure intimement liée à la question des origines, donc de l'identité. À la dynamique du mouvement, des traversées, des déplacements, du voyage. Par extension à l'errance. Cet attachement à l'Afrique, la terre des Aïeux.

Paru en 2009, son roman *Trois femmes puissantes* a été salué par la critique littéraire, entres autres, Christine Lecerf qui y voit un « roman sur les origines ». Pour ainsi dire, une sorte de *Cahier d'un retour au pays natal*. Dans ce livre, comme il en est dans bien d'autres, Marie Ndiaye accorde une place capitale à la question liées aux relations parentales, les rapports familiaux et place les personnages dans des cadres où ils se voient toujours obligés de faire appel au souvenir, à la mémoire.

Trois femmes puissantes est l'histoire d'une série de cicatrices. Histoire de trois femmes : Norah, Fanta, Khady. Maltraitées, bousculées et secouées par les soubresauts de l'existence tendent, tout de même, à rester debout dans la vie, la tête levée vers le soleil. Écrit dans un style qui se détache en grande partie du roman traditionnel, tant par le phrasé (quoique dès fois ennuyant) que par la construction du récit, l'auteure, Marie N'Diaye, s'est vu attribuer la même année le prix Goncourt pour le livre. Composé de trois chapitres sans de véritables liens –donc trois vies, trois récits–, ou ordre chronologique, –ce qui rend un peu difficile l'appropriation de l'histoire – il y a toutefois lieu d'y relever une ou des thématiques récurrentes : celle de la famille. Et aussi de la mémoire, la force et le courage de surmonter les obstacles.

La première partie du livre s'ouvre avec l'arrivée de Norah, avocate de profession, dans la maison paternelle. Ayant été élevée en compagnie de sa sœur par une mère délaissée, loin de son frère Sony, elle n'a pas vraiment connu ce père qui l'a fait venir en ce lieu de toute urgence. Dans cette maison quasi désertée, livrée un peu à la détresse ou plutôt le mal de vivre, c'est un père chagriné et déchu qu'elle a découvert. Déboussolé et paniqué en sa présence (elle semble ne pas l'aimer), Norah cherche à comprendre pourquoi il l'a appelée. Ce n'est qu'à la fin que le motif lui sera enfin révélé. Un meurtre a été commis dans la maison. Son frère, l'accusé, étant en prison rejette tout sur le dos du père.

Professeure de français dans un lycée à Dakar, Fanta a dû suivre Rudy Descas, son mari, en France, où il rêvait de vivre de beaux jours. Riches et joyeux. Cependant, le destin a décidé autrement. Il s'est retrouvé vendeur chez Manille, homme à la situation bien faite. Mais toute l'histoire tourne autour de Rudy, et Fanta n'existe vraiment ou n'a de présence dans le récit que dans sa tête, ses incertitudes et à sa foi en un amour mal partagé.

La troisième et dernière partie, qui est la plus courte d'ailleurs, met en scène Khady Demba. Une jeune africaine pauvre, sans le sou, qui tente de quitter clandestinement –donc dans des conditions difficiles- l'Afrique après la mort de son mari. N'ayant pas d'enfant, livrée à elle-même après été chassée par la famille de ce dernier (cet homme si bon, si pacifique, p. 261), c'est en France, chez Fanta (« une cousine qui avait à présent épousé un blanc », p. 269), qu'elle espère trouver refuge. Mais elle mourra au cours de cette terrible traversée qui n'a fait qu'augmenter sa misère, sa souffrance et son humiliation.

Confrontée chacune à des situations assez pénibles dans leur existence, Norah, Fanta et Khady Demba sont, au fait, trois femmes victimes des trappes du système social. Meurtries et broyées par les coups bas, elles n'ont pas lâché prise, mais s'arment de courage pour affronter courageusement leur destin.

La famille est un élément clé de ces trois récits de femmes. Aussi prend-elle des proportions différentes dans chaque partie : nucléaire et/ou élargie. Dans le premier récit, elle se révèle très complexe car les rapports sont pour le moins assez compliqués. Une sorte de conflit (latent ou symbolique) se développe peu à peu au fil des lignes entre Norah et son père. La rencontre entre la fille et le père n'a pas vraiment porter la joie au milieu d'eux. En plus d'être étrange à ses yeux, celui-ci ne semble pas gagner sa sympathie. On sent un sentiment d'aversion et de rejet manifesté par la fille à son endroit. Cela est surtout dû à l'attitude cavalière et autoritaire qu'il a exercée sur la famille à une époque de l'enfance de Norah. Elle n'est pas prête d'oublier tout ce qu'elle a subi au cours de cette période. Car les souvenirs affluent dans sa mémoire à un rythme incontrôlable. Elle se souvient qu'au sein de la famille, sa mère devait obéissance à son père et devait se courber à tous ses caprices.

C'est, entre autres, ce même type de relations qu'il convient de découvrir dans le deuxième récit. Si avant il était question du père et de la fille, ici il s'agit d'un père et d'un fils. Rudy Descas ressemble à un inconnu aux yeux de son fils qu'il aime pourtant. Sa présence le gêne. Il ne le supporte pas. Ainsi, leur rapport est tout aussi compliqué. C'est que tout comme Norah, il ne se retrouve pas à travers son père. Alors que nos deux héros vouent un amour sans faille à leur mère. S'il est toutefois possible de voir le rôle prépondérant que joue la mère dans le façonnement de ces deux héros, c'est pourtant la figure paternelle qui domine dans les récits.

Alors que c'est précisément à la mère qu'ils s'identifient. Norah est donc, comme sa mère, une femme responsable qui se soucie du bien-être de sa progéniture et le fils de Rudy Descas ne veut lui aussi pas ressembler au père.

Avec le récit de Khady, la famille se présente sous un autre aspect. Elle devient un peu élargie avec la présence des parents de son mari et les enfants de ces derniers. Son manque consiste dans le fait qu'elle n'a pas pu avoir d'enfant de son mari. La mort de ce dernier augmentera sa douleur, elle qui n'est pas aimée de sa famille. Il y a une sorte de répulsion –avec des motifs différents- développée dans chaque part du récit au sein de la structure familiale. Mais elle n'est pas tout à réciproque.

Aucun de nos héros ou plutôt des personnages n'a pu se dire découvrir le bonheur au sein de leur famille. Mis à part Norah qui semble jouir d'un peu de bonheur grâce à la présence de sa fille Lucie. Même si le comportement de son homme, Jakob, y compris sa fille Grete, ne rend pas tout à fait confortable (couple gracieux et subtilement malfaisant, p. 41). Fanta est déçue de Rudy qu'elle a dû suivre en Europe. La famille, au lieu de resserrer ou raffermir les liens, est plutôt devenue un lieu de tensions et de malaise. Les personnages sont des êtres opprimés. Dans ce récit bouleversant, s'apparentant certaines fois à un monologue intérieur, Marie Ndiaye a, en quelque sorte, fait un procès au personnage masculin considéré comme la cause de nombre d'événements malheureux dans la vie de la femme ou de l'ossature familiale. Entre émiettement de l'intrigue, constructions hétéroclites, descriptions d'objets de peu d'intérêts, *Trois femmes puissantes* de Marie NDiaye distillent une série de perceptions humaines, comportements comparables à ceux de notre vie quotidienne. Avec l'histoire de ces trois femmes, l'auteur a certainement voulu attirer notre attention sur un fait d'importance, à savoir le désagrègement de la famille en tant qu'institution et lieu de reproduction du lien social. Les malaises et malentendus décrits sont le fidèle reflet de la société actuelle.

Dieulermesson PETIT FRERE, M.A.

Quatrième partie

Créations

243 Le voyageur
Robert Silivi

247 Deuil
Kokouvi Dzifa Galley

251 Sablier et boussole
James Stanley Jean-Simon

Pour Claude Pierre (1941-2017)
Serge Legagneur (1937-2017)
et Jean-Claude Fignolé (1941-2017)

Le voyageur
Robert Silivi

Né en 1974 à Lomé, Lagnoh K. Robert Silivi a effectué des études littéraires à l'Université de Lomé. Titulaire d'un DEA ès Lettres, il a obtenu en 2001 le premier prix Senior Plumes Togolaises pour sa pièce Croisée de solitudes. *Il a dirigé la revue* Itinéraires *éditée par le Club des Étudiants de Lettres Modernes de 1998 à 1999. En 2008, il a fondé et dirigé jusqu'en 2012, le réseau d'auteurs Escale des Écritures. Il quitte ce monde le 18 juin 2017.*

Le voyageur

Qui es-tu ? Tu traverses le vent à portée de nos regards sans que nul ne te voie, sans que tes pas si lourds ne laissent la moindre trace. Que viens-tu chercher là où nul n'ose s'aventurer, où nul herbe ne pousse sans autorisation. Je te vois partout sur les murs, parmi les graffitis qui s'effacent. A ces heures trempées de sueur, étendues sur les berges où l'eau les avait rejetées, j'ai compris qu'il n'y a rien de tel que le silence et la solitude pour régénérer le besoin de parole et une insatiable soif d'habiter chaque parcelle du monde. J'ai vu de près le péril, l'immense toile d'araignée où venaient s'échouer mes pensées qu'il me fallait traire sans répit en une machinerie implacable. Alors j'ai senti comme un épuisement brusque de ma sève. J'étais là face à un regard pétrifié, aux traits tirés. L'œil gauche en travers de l'œil droit et ils se creusaient chacun à son rythme sous la force d'une horde de visions hallucinatoires. J'étais penché de côté, le flanc ouvert où un flot de hurlements s'engouffrait pressé par l'urgence du mouvement.

Et le temps s'écoule au fil des traces de pas difficilement repérables dans les ruelles boueuses de la ville. La ville, celle dont on apprend à taire le nom. Il y a longtemps que plus personne ne met le nez dehors par peur des quatre vents comme on les appelle. Je ne peux pas en dire davantage. Il y eut des jours sombres ponctués de cris. Il y eut des nuits interminables de chasse au gibier. On pouvait entendre des bruits de pas alentour, des miaulements de chats pareils aux lamentations d'une foule qui s'étouffe, piétinée. On pouvait entendre les fracas d'objets lourds qui s'abattent durement sur de la chair qui explose. Et des doigts ont souvent laissé des traces profondes dans la terre au lever du jour. Puis, viennent les pluies et l'eau, petit à petit, emporte la terre, ouvrant des failles là où les ongles avaient marqué leur ultime sursaut de vie.

Depuis, nous avons appris à devancer les prédateurs, à lire leur position d'un seul coup d'œil aux nuages. La rumeur court que bientôt, ils iraient chercher leurs proies jusque dans les terriers.

Deuil
Kokouvi Dzifa Galley

Né en 1980 à Lomé, Kokouvi Dzifa Galley est titulaire d'une Maîtrise en Sciences Économiques à l'Université de Lomé. Membre du réseau d'auteurs Escale des Écritures, il a participé à plusieurs résidences d'écritures au Togo, au Bénin, au Cameroun et en France. Finaliste des septièmes jeux de la francophonie en 2013 avec sa nouvelle Le Testament, il a remporté les prix Plumes Francophones 2012 avec Le Code et Napoli Racconta 2014 de l'Université de Naples avec La Pomme de discorde.

Deuil

une ligne immobile
couchée
tout autour
des larmes essoufflées déplorent
ton dernier exil

***

le mal en robe noire
te donne son bras
devient ta demoiselle d'honneur
ses pas t'emportent
malgré les cœurs morcelés
malgré le ciel coupé en deux
les portes de l'horizon ouvertes
se ferment
dernière traversée

***

une morsure
et la rage souffle sur la bougie
qui illumine ta vie

***

les amis d'enfance
disparus
des cicatrices indélébiles
comme des visages ils figent le temps

***

un bois flottant!
ho! des pieds! des mains!
un visage connu que portent des hurlements d'enfants

***

l'odeur a un nom
celui des mouches qui vrombissent
affolées, excitées comme des guêpes bavardes,
bouillantes comme des laves volcaniques

***

le village se réunit
te porte d'une seule voix
bain de larmes, de cris, de mains levées
ultime hommage

***

ton linceul hissé par mille mains
tel un flambeau qui brûle
et nous lacère ton silence fumeux
nos corps un fleuve acide en crue

***

des champs vastes comme l'écho d'un chant
battements de mains
entrain d'infatigables pieds
la vie célèbre ta mort-vie

Sablier et boussole
James Stanley Jean-Simon

Né à Petit-Goâve en 1979, James Stanley Jean-Simon a fait des études de Lettres, de Sciences Juridiques et de communication à l'Université d'État d'Haïti. Poète, nouvelliste et conteur, ses textes ont paru dans des journaux et revues d'Haïti et à l'étranger. Il a déjà publié un recueil de poèmes en créole titré Nyaj dènye sezon *et* Ti-Jean et le trésor de Fort-Royal, *un recueil de contes.*

Sablier et boussole

Sablier et boussole
tu regardas filer le temps mal ficelé
aux boutons de ton corps sage

Tu glissais pain de lessive gluant
dans les bulles d'arc en ciel
que tripote le vent

Et le temps coulait en toi si léger
tel le souffle fragile du vent

Cinquième partie

Regards

257 **En lisant, Un festival de théâtre à Port-au-Prince**
     Par Carl-Henry PIERRE

261 **Prix, distinctions et événements**

En lisant, un festival de théâtre à Port-au-Prince

Organisé par la Brigade d'intervention Théâtrale – Haïti (BIT-Haïti, le festival de théâtre « En lisant » s'installe déjà dans la capitale haïtienne comme un véritable rendez-vous théâtral. Son but est de promouvoir les œuvres dramatiques et les auteurs contemporains.

La première édition de ce festival, tenue du 23 juin au 02 juillet 2016, a été consacrée à Bernard-Marie Koltès (1948-1989), dramaturge français assez prolifique dont l'œuvre tourne autour des thèmes liés à l'incandescence des années 70-80. Ses textes tels que *La marche* (1970), *La nuit juste avant la forêt* (1977) et *Tabataba* (1986), explorant l'amour en temps de guerre, l'homosexualité et l'inceste, ont mis du baume sur le cœur des mordus du théâtre à Port-au-Prince. La deuxième édition, réalisée du 06 au 16 juillet 2017, a été organisée autour du théâtre de l'absurde. Cette édition entendait sillonner principalement l'héritage du théâtre de l'absurde dans la dramaturgie contemporaine.

À partir d'une série de représentations, de causeries, de lecture-spectacles, de conférence-débats et d'ateliers de formation, des œuvres comme *Les Bonnes* de Jean Genet, *La Leçon* d'Ionesco, *Temps Mort* de Michel-Philippe Lerebours, *L'Étranger* d'Albert Camus, *En Attendant Godot* et *Premier Amour* de Samuel Beckett,

Kavalye Pòlka de Syto Cavé, ont été à l'honneur. Entre le comique et le tragique, les thèmes essentiels du théâtre de l'absurde ont été explorés : la solitude de l'homme et le tragique de l'existence, l'incommunicabilité, l'inutilité et la vanité du langage, l'angoisse et la dérision. Le sentiment du vide avec Beckett et l'impression de l'absurdité de répétitivité quotidienne de la vie avec Ionesco, l'absence d'intrigue, un décor vide, un langage fait de non-sens et de silences, enfin tout le legs du Théâtre de l'absurde a été mis en relief au cours de la deuxième édition d'En Lisant. En regardant jouer des personnages prisonniers d'une existence monotone et répétitive, anonymes, sans épaisseur et sans caractère bien définis, le public du festival n'a pas caché son charme et sa surprise.

Pour Eliezer Guérismé, le directeur artistique du festival, l'objectif n'est autre que de faire découvrir au public haïtien les œuvres majeures des auteurs contemporains. Il entend également « marquer une rupture après la Seconde Guerre mondiale avec la barbarie et apporter une embellie à la jeune génération pour l'éclairer à un double point de vue : l'absurdité générée par la Seconde Guerre mondiale et la rupture au niveau de l'écriture [...] Le théâtre de l'absurde ou nouveau-théâtre, en prônant une forme d'anti-théâtre, a contribué au renouvellement du personnage et du burlesque dans la représentation. Depuis, on assiste à un dialogue ininterrompu autour du *sujet-personnage* ».

En lisant est un festival qui utilise en grande partie l'espace public comme lieu de représentation. C'est aussi une manifestation qui est largement réservée aux théâtreux, c'est-à-dire aux gens qui ne connaissent pas le théâtre, mais qui nourrissent le désir de s'informer sur le sujet.

À Port-au-Prince, aux cotés du festival Quatre Chemins qui est aujourd'hui à sa quatorzième édition, le festival de théâtre En Lisant, avec ses deux premières éditions, fait désormais partie des plus grands festivals de théâtre en Haïti. Supporté par la Fondation

Connaissance et Liberté (FOKAL) et l'Institut français en Haïti (IFH), En lisant est de ces festivals qu'il faut dans une ville pour que le théâtre ne meure pas et pour qu'il brille donc de toutes ses étincelles.

Carl-Henry PIERRE

Prix, distinctions et événements

LEGS ÉDITION au Salon Livre Paris 2017

Du 24 au 28 mars 2017, le directeur de publication de LEGS ÉDITION, Dieulermesson Petit Frère, a participé au salon Livre Paris, aux Portes de Versailles. Invité par le Bureau international de l'édition française (Bief) et l'Ambassade de France en Haïti, dans le cadre d'une mission des éditeurs Afrique et Haïti, tous les derniers titres de son catalogue ont été exposés sur le stand Pavillon Afrique au Salon. Inscrite dans le prolongement de son invitation à la foire du livre de Francfort, en Allemagne, en octobre 2016, ce salon a permis à Petit Frère de discuter sur la cession de droits avec des maisons d'édition françaises et francophones.

Louis-Philippe Dalembert, Prix Orange et France bleu du livre 2017

L'écrivain Louis-Philippe Dalembert a été doublement récompensé au cours de l'année 2017 pour son roman *Avant que les ombres s'effacent*, publié chez Sabine Wespieser, en mars dernier. Ce livre dont l'histoire se déroule entre l'Europe et l'Amérique, précisément en Haïti, a été lauréat du Prix Orange du livre par un jury présidé par Erik Orsenna et composé d'écrivains, de libraires et de lecteurs, et aussi du Prix du livre France Bleu. Né le 8 décembre 1962 à Port-au-Prince, Dalembert a déjà publié une quinzaine d'ouvrages et remporté de nombreux prix dont le prix Casa de las Américas (2008), le prix RFO (1999) et le prix Thyde Monnier de la Société des Gens de Lettres (SGDL) en 2013.

Salon du livre de Limbé

La première édition du salon du livre de Limbé a été organisée, du 23 au 25 juin 2017, au musée de Guahaba à l'initiative de la

Prix, distinctions et événements

Bibliothèque Georges Castera du Limbé dirigée par le poète Clément Benoît II. Ayant comme invité d'honneur, l'écrivain Pierre Clitandre, l'activité a réuni près d'une centaine d'auteurs et d'éditeurs. Le salon a aussi engendré des rencontres fructueuses et livresques entre les jeunes du département du nord d'Haïti et ceux venant de villes comme Jacmel, Ouanaminthe, Mirebalais, Cap-Haïtien, Port-au-Prince...

Quinzaine des Vagues littéraires

L'association Vagues littéraires a réalisé, du 11 au 23 juillet 2017, la troisième édition de sa quinzaine du livre baptisée Vagues littéraires autour du terme « J'écris comme je vis ». Le poète belge Arnaud Delcorte a été l'invité d'honneur. À l'occasion, une pléiade d'activités a été organisée dans les différentes villes du pays dont Port-au-Prince, Gonaïves, Léogâne, Jérémie et Lascahobas, où l'invité d'honneur a pu présenter aux lecteurs son dernier livre, *Quantum Jah*, paru aux éditions des Vagues.

Makenzy Orcel et Odette Roy Fombrun, invités d'honneur de Livres en folie 2017

La 23e édition de Livres en folie s'est déroulée, les jeudi 15 et vendredi 16 juin 2017, dans les jardins du Musée du panthéon national haïtien (Mupanah). Cette année, il y a eu deux invités d'honneur : Makenzy Orcel et Odette Roy Fombrun, l'auteure centenaire. Cette édition a réuni onze maisons d'éditions, 143 autres en signature et plus de 17 000 personnes.

Joël Des Rosiers à l'Académie des lettres et des arts du Québec

Le poète-essayiste et psychiatre québécois d'origine haïtienne, Joël Des Rosiers, a été élu membre de l'Académie des lettres et des arts

Prix, distinctions et événements

du Québec, le 12 septembre 2017. La cérémonie de réception a eu lieu à la maison des Écrivains, le 19 septembre dernier. Né aux Cayes (sud d'Haïti), le 26 octobre 1951, Des Rosiers est l'auteur d'une œuvre poétique et critique de qualité. Récipiendaire du Prix de la poésie Fetkann-Maryse Condé, pour *Chaux*, en 2016, il est, depuis 1996, vice-président de l'Union des écrivaines et écrivains québécois (UNEQ) et a été vice-président de la Société Littéraire de Laval de 1991 à 1995. Au sein de l'Académie des lettres et des arts du Québec, il servira et défendra la langue et la culture d'expression française.

Inauguration d'une Bibliothèque à Port-Magot

À l'initiative de Haïti-Livres, le premier ministre haïtien Jack Guy Lafontant a inauguré le 20 juillet 2017 une nouvelle bibliothèque baptisée « Bibliothèque Lisette Desrosiers Lafontant de Port-Margot », à Port-Margot, ville du département du Nord. L'écrivain Gary Victor a été mis à l'honneur en cette occasion. Dotée environ de 1400 titres, cette nouvelle bibliothèque, construite en l'honneur de la mère du premier ministre, permettra aux jeunes de s'épanouir avec les livres aux côtés des autres espaces de lecture comme la bibliothèque Dominique Batraville et la bibliothèque Solidarité.

Sixième partie

Repère bibliographique d'oeuvres critiques de la littérature haïtienne

Recensement sélectif d'œuvres critiques de la littérature haïtienne[1]

---

1. Ce travail est réalisé par Mirline Pierre avec le concours de Dieulermesson Petit Frère à partir de recherches effectuées en ligne et dans leur bibliothèque personnelle. Nous sommes très reconnaissants envers Thomas Spear, créateur du site île en île (http://www.ile-en-ile.org) qui rassemble des données importantes sur la littérature haïtienne, lesquelles nous ont été très utiles.

Baridon, Silvio F. et Philoctete, Raymond
- *Poésie vivante d'Haïti*, 1978

Bellegarde, Dantès
- *Écrivains haïtiens* [1947], 1950

Castera, Georges, Pierre, Claude, Saint-Eloi, Rodney et Trouillot Lyonel
- *Anthologie de la littérature haïtienne. Un siècle de poésie : 1901-2001*, 2003

Charles, Jean-Claude
- *Le Corps noir*, [1980], 2017
- *De si jolies petites plages* [1982], 2016
- *, Quelle fiction faire ? Que faire ? ; notes sur la question littéraire haïtienne*, 1999

Charles, Wébert et Shread, Carolyn
- *Dictature, Révolte et Écritures Féminines »*, Revue Legs et Littérature, No 3, 2013
- Charles, Wébert (dir.), Shread, Carolyn, « *Traduction, Réécriture et Plagiat »*, Revue Legs et Littérature, No 4, 2014

Charles, Wébert et Estépha, Jean James
- « *Les plumes francophones émergentes »*, Revue Legs et Littérature, No 7, 2016

Chemla, Yves
- *Littérature haïtienne, Port-au-Prince*, 2015

Cornevin, Robert
- *Le Théâtre haïtien des origines à nos jours*, 1973

Dalembert, Louis-Philippe et Trouillot, Lionel
- *Haïti, une traversée littéraire*, 2010

Delas, Daniel
- *Littératures caraïbes de langue française,* 1999

Desroches, Jenner
- *Prolégomènes à une littérature haïtienne en diaspora,* 2000

Desrosiers, Joël
- *Théories caraïbes, poétique du déracinement* [1996], 2009
- *Métaspora: essai sur les patries intimes,* 2013

Dominique, Max
- *L'arme de la critique littéraire. Littérature et idéologie en Haïti,* 1988
- *Esquisses critiques,* 2000

Dumas, Pierre-Raymond

- *Anthologie de nouvelles haïtienne,* 2002.
- *Panorama de la Littérature Haïtienne de la Diaspora* [2000], 2012.

Fignolé, Jean-Claude

- *Etzer Vilaire, ce méconnu,* 1970
- *Pour une poesie de l'authentique et du solidaire : « ces iles qui marchent » de René Philoctète,* 1971
- *Sur Gouverneurs de la rosée : hypothèses de travail dans une perspective spiraliste,* 1974
- *Vœu de voyage et intention romanesque,* 1978

Fardin, Dieudonné et Pierre, Eddy B.
- *Anthologie des poètes et écrivains du Nord-Ouest d'Haïti,* 1962

Fardin, Dieudonné et Jadotte, Hérard
- *Cours d'histoire de la littérature haïtienne,* 4 vols, 1969

Fouchard, Jean
- *Le Théâtre à Saint-Domingue*, 1955

Fouché, Franck
- *Guide pour l'étude de la littérature haïtienne*, 1964

Gardiner, Madeleine
- *Visages de femmes. Portraits d'écrivains*, 1981

Gouraige, Ghislain
- *Histoire de la littérature haïtienne, de l'Indépendance à nos jours*, [1960], 1973
- *Les Meilleurs Poètes et romanciers haïtiens*, 1963

Jannini, Pascuale A.
- *Breve antologia del la poesia haitiana*, 1962

Hoffmann, Léon-François
- *Le roman haïtien : idéologie et structure*, 1982
- *Essays on Haitian Literature*, 1984
- *Haïti. Couleurs, croyances, créole*, 1990
- *Haïti : lettres et l'être*, 1992
- *Littérature d'Haïti*, 1995

Jean, Eddy Arnold
- *Pour une littérature haïtienne nationale et militante*, 1975
- *Gouverneurs de la rosée le texte et ses lectures*, 2001
- *L'Itinéraire romanesque de Jacques Stephen Alexis*
- *L'univers poétique d'Etzer Vilaire* [2001], 2011
- *Le vingtième siècle haïtien* [2008], 2014
- *Le dix-neuvième siècle haïtien* [2009], 2014
- *Les idées politiques haïtiennes*, 2014

Jonassaint, Jean
- *La Déchirure du (corps)texte et autres brèches*, 1984

- *Le Pouvoir des mots, les maux du Pouvoir : des romanciers haïtiens de l'exil*, 1986
- *Des romans de tradition haïtienne sur un récit tragique*, 2002
- *Typo/Topo/Poéthique : Sur Franketienne*, 2008

Lahens, Yanick
- *L'exil. L'écrivain haïtien : entre l'ancrage et la fuite*, 1990

Laroche, Maximilien
- *Trois études sur Folie de Marie Chauvet*, 1984
- *Contribution à l'étude du réalisme merveilleux*, 1987
- *Le patriarche, le marron et la dossa*, 1988
- *Dialectique de l'Américanisation*, 1993
- *Sémiologie des apparences*, 1994
- *La littérature haïtienne. Identité, langue, réalité* [1981], 2000
- *La double scène de la représentation* [1991], 2000
- *Teke, Port-au-Prince*, 2000
- *L'avènement de la littérature haïtienne* [1987], 2001
- *Mythologie haïtienne*, 2002
- *Littérature haïtienne comparé*, 2007

La Selve, Edgar
- *Histoire de la littérature haïtienne* (suivie d'une anthologie), 1875

Latortue, Régine
- *The Woman in the Haitian Novel*, 1983

Lherisson, Léïla
- *Manuel d'Histoire de la littérature haïtienne*, 1955

Lubin, Maurice A.
- *Jacmel et la poésie haïtienne*, 1967
- *Poésies haïtiennes*, 1956

Marc, Jules André
- *Regard sur la littérature haïtienne*, 2 vols, 1973

Marcelin, Émile
- *Médaillons littéraires, poètes etprosateurs haïtiens*, 1906

Martelly, Stéphane
- *Les jeux du dissemblable; folie, marge et féminin en littérature haïtienne*, 2016
- *Le sujet opaque une lecture de l'oeuvre poétique de Magloire-Saint-Aude*, 2001

Marty, Anne
- *Haïti en littérature*, 2000

Menos, Solon, Bellegarde, Dantes, Duval, Amilcar et Sylvain, Georges,
- *Œuvres des écrivains haïtiens : Morceaux choisis, poésie*, 1904

Ménard, Nadève
- *Écrits d'Haïti. Perspectives sur la littérature haïtienne contemporaine (1986-2006)*, 2011

Michel, Jean-Claude
- *Les Écrivains noirs et le surréalisme*, Naaman, 1982

Morpeau, Louis
- *Anthologie d'un siècle de poésie haïtienne 1817-1925*, 1925
- *Anthologie haïtienne des poètes contemporains (1904-1920)*, 1920

Petit Frère, Dieulermesson
- *Haïti : littérature et décadence. Études sur la poésie de 1804 à 2010*, 2017

Petit Frère, Dieulermesson, Charles, Wébert et Pierre, Mirline
- *50 livres haïtiens cultes qu'il faut avoir lus dans sa vie*, 2014

Petit Frère, Dieulermesson et Pierre, Mirline
- « Langues, Littératures et Cultures de la Caraïbe », *Revue Legs et*

Littérature, No 9, 2017
- « La littérature jeunesse », », *Revue Legs et Littérature*, No 6, 2015
- « Migration et Littérature de la diaspora », *Revue Legs et Littérature*, No 5, 2015

Petit Frère, Dieulermesson, Pierre, Mirline et Shread, Carolyn
- « Marie Vieux-Chauvet », *Revue Legs et Littérature*, No 8, 2016

Petit Frère, Dieulermesson, Charles, Wébert
- « Érotisme et Tabou », *Revue Legs et Littérature*, No 2, 2013
- « Insularité (s) », *Revue Legs et Littérature*, No 1, 2013

Pierre, Claude
- *Antoloji Kreyol Pwezi d Ayiti, Randevou*, 2000

Pompilus, Pradel et Berrou, Raphaël

- *Histoire de la littérature haïtienne illustrée par les textes*, 3 vols, [1975], 1978

Rey-Charlier, Ghislaine
- *Anthologie du roman haïtien 1859-1946*, 1978

Saint-Louis, Carlos et Lubin, Maurice A.
- *Panorama de la poésie haïtienne*, 1950

Tippenhauer, Yasmina
- *Ayiti cheri. Poésie haïtienne 1800-2015*, 2017

Trouillot, Hénock
- *Les Origines sociales de la littérature haïtienne*, 1962

Trouillot, Lyonel
- « La critique littéraire », *Revue Conjonction*, 2001

Underwood, Edna W.
- *The Poets of Haiti*, 1934

Vaval, Duraciné
- *Histoire de la littérature haïtienne ou L'âme noire*, 1933
- *La Littérature haïtienne. Essais critiques*, 1911

Viatte, Auguste
- *Anthologie littéraire de l'Amérique francophone*, 1971
- *Histoire littéraire de l'Amérique française*, 1954

Wilson, Edmund
- *Red, Black, Blond and Olive ; Studies in Four Civilizations :Zuñi, Haiti, Soviet Russia, Israel*, 1956,4

Liste des rédacteurs et contributeurs :

Jean Florentin C. AGBONA
Darline ALEXIS
Catherine BOUDET
Fritz CALIXTE
Jean Watson CHARLES
Webert CHARLES
Carrol F. COATES
Claudy DELNÉ
Marie-Josée DESVIGNES
Alix ÉMERA
Jean James ESTÉPHA
Pierre Suzanne EYENGA ONANA
Kokouvi Dzifa GALLEY
Guillemette de GRISSAC
Eddy Arnold JEAN
James Stanley JEAN-SIMON
Yanick LAHENS
Stéphane MARTELLY
Loudiyi MOURAD
Nadève MÉNARD
Dieulermesson PETIT FRÈRE
Mirline PIERRE
Carl-Henry PIERRE
Carolyn SHREAD
Lagnoh K. Robert SILIVI

Déjà parus

- *Insularité(s)*, No. 1, Janvier 2013
- *Érotisme et tabou*, No. 2, Juillet 2013
- *Dictature, révolte et écritures féminines*, No. 3, Janvier 2014
- *Traduction, réécriture et plagiat*, No. 4, Juillet 2014
- *Migration et littérature de la diaspora*, No. 5, Janvier 2015
- *Littérature jeunesse* , No. 6, Juillet 2015
- *Les plumes francophones émergentes* , No. 7, Janvier 2016
- *Marie Vieux-Chauvet* , No. 8, Juilllet 2016
- *Langues, Littératures et cultures de la Caraïbe*, No. 9, Janvier 2017

Imprimé pour le compte de LEGS ÉDITION
26, delmas 8, Haïti
(509) 37 45 33 05/37 48 59 51
legsedition@fr.ht
www.legsedition.com
Octobre 2017

www.ingramcontent.com/pod-product-compliance
Lightning Source LLC
Chambersburg PA
CBHW020747160426
43192CB00006B/270